DRC 国务院发展研究中心学术指导
中国发展出版社编辑出版

中国智库

CHINA THINK TANK

第3辑

包月阳 主编

3

2013

做政府与理论界和民众之间的桥梁

中国发展出版社
CHINA DEVELOPMENT PRESS

图书在版编目（CIP）数据

中国智库·第3辑 / 包月阳主编. —北京：中国发展出版社，2013. 7

ISBN 978-7-80234-973-5

Ⅰ. ①中… Ⅱ. ①包… Ⅲ. ①中国经济—问题—研究
Ⅳ. ①F12

中国版本图书馆CIP数据核字（2013）第163650号

书　　名：中国智库·第3辑
著作责任者：包月阳
出 版 发 行：中国发展出版社
（北京市西城区百万庄大街16号8层　100037）
标 准 书 号：ISBN 978-7-80234-973-5
经　销　者：各地新华书店
印　刷　者：北京科信印刷有限公司
开　　　本：787×1092mm　1/16
印　　　张：14.5
字　　　数：280千字
版　　　次：2013 年 7 月第 1 版
印　　　次：2013 年 7 月第 1 次印刷
定　　　价：35.00元

联 系 电 话：（010）68990646　68990692
购 书 热 线：（010）68990682　68990686
网 络 订 购：http：//zgfzcbs.tmall.com/
网 购 电 话：（010）68990639　88333349
本 社 网 址：http://www. develpress. com. cn
电 子 邮 件：cheerfulreading@sina. com

逆水行舟，不进则退

包月阳

百年之后，历史学家在回顾2013年这个时点时，或许会说：对中国来说，那是一个关键的时刻，转折的时刻。

“重要”、“关键”，这类词汇几乎每年都出现在官方文件和学者的文章中。固然，历史是一条永无休止的河流，每一个时刻都不可或缺，从这个意义上说，每个年度都重要、关键。但种种迹象表明，我们正在度过的这个年度，或许真能当得起转折之年的称呼。相对于此前若干年，从乐观的角度说，人们看到了一个新局就此开启的更大可能性；从悲观的角度说，人们也更加担心长期累积的风险忽然于某天梦醒时突破临界点。

从自身发展水平上说，我国已经进入上中等收入国家行列，人均国内生产总值达到6100美元，经济总量已居世界第二。从与外部世界的关系上说，我国对外贸易规模已居世界第一，经济规模和对外贸易规模占全球的比重都达到了11%，说举足轻重名副其实。但另一方面，我国发展面临的不平衡、不协调、不可持续问题更加突出，原有的发展路径已经无法引领我们走上新台阶，转变发展方式不容继续拖延。随着经济增长阶段的转换，潜在经济增长率下降，原来在高速增长时期被掩盖和后推的矛盾将会显露，当下的经济增长下行和产能相对过剩加剧就是其表现。一旦经济增长出现大的波动，累积的系统性风险就可能被引爆，应对不好，甚至可能导致经济—社会危机。

何以解忧？唯有改革。不管是从转变发展方式、寻找发展新动力出发，从解决当下经济社会矛盾出发，还是从改革的自身逻辑出发，深化改革都是唯一出路。而改革的关键，首先在政府。

吴敬琏先生在《重启改革议程》一书中说，中国在20世纪末初步建立起来的经济体制，仍然是一种半统制、半市场的混合体制，政府和国有经济虽然已经不再囊括一切，但还是牢牢掌握国

民经济的一切“制高点”，主宰着非国有经济的命运。且不说现行的体制离“市场在资源配置中发挥基础作用”的要求还有很大的距离，即使已经建立起来的市场，也呈现出一种缺乏规则和权力多方干预的“原始”状态。中国社会存在的种种问题，正是由于中国改革尚未取得完全的成功，20世纪末期初步建立起来的市场经济体制还很不完善造成的。制度缺陷造成了两个严重问题：第一，中国迫切需要的经济增长模式转型迟迟不能实现，而资源短缺、环境破坏、劳动者生活水平提高缓慢等问题变得愈来愈严峻。第二，权力对于经济活动的广泛干预造成了普遍的寻租环境，使腐败活动不可扼制地蔓延开来。

魏杰先生认为，经济增长方式转变包括五个主要内容：一是从资源消耗多、环境污染重的粗放型增长转向节约资源保护环境的内涵型增长；二是从出口导向型转向内需拉动型；三是从投资推动型转向消费支撑型；四是从成本优势型转向市场创新型；五是从政府主导型转向市场经济为基础的经济增长方式。其中，政府主导型增长是主要矛盾，如果不实现政府主导型向市场经济为基础的增长方式转变，其他几个转变都无从推进(参见魏杰《中国经济转型》)。说到底，粗放型、出口导向型、投资推动型和成本优势型增长，背后都有政府主导资源配置的“看得见的手”的推动。“看得见的手”在中国经济高增长的30多年中发挥了不可忽略的推动作用，也累积了越来越深的矛盾。

国务院发展研究中心于2011～2013年就“改革的重点领域和推进机制”进行了深入的研究。课题组认为，当前我国的经济体制存在六大深层次矛盾：（1）市场基础制度不足以保障公平和充分竞争，包括产权界定不清、保护不力，市场主体发育还不成熟，价格扭曲现象依然存在；（2）市场监管制度体系不顺、有效性不足，包括市场准入限制较多，市场竞争秩序得不到有效维护，经济性监管不到位，社会性监管不力；（3）经济调控制度科学性、权威性不够，包括财税制度不尽合理，金融调节体系有待完善，产业、区域与土地利用规划的合理性、有效性不足；（4）成果分享制度不够公平，包括收入分配制度不合理，公共服务供给不足不均；（5）科教体制对创新发展的支撑不够；（6）社会管理制度不适应利益多元化格局。

这些矛盾的产生，很大程度上要归因于政府与市场的关系未理顺，政府“越位”和“缺位”并存：一方面政府对微观经济领域的直接干预依然较多，另一方面政府在规范市场竞争秩序、管理宏观经济、提供公平的公共服务方面还未起到应有的作用，影响了效率的提高和公平的增进（参见本期封面文章《改革的基本思路和整体布局》）。

政府与市场的关系以及与企业、社会的关系没有理顺，一方面严重影响了经济活力和效率。竞争是市场经济的生命，30多年来我国经济活力的惊人释放以及生产力的飞跃发展，都是市场竞争推动的结果。有效市场竞争的前提是经济主体拥有经济自由和主体之间处于平等地位。政府越位使经济主体自由度不够，也造成了经济主体之间的竞争不平等。行政干预、行政垄断、准入限制以及各种经济联盟行为，都严重扭曲了市场配置资源的功能，也带来了不公平和寻租，降低了效率。另一方面，政府过多介入具体经济活动，使其没有足够的精力履行社会管理和社会服务职能，这是当前公共服务欠缺、各种社会矛盾频发的内在原因。

政府越位客观上为权力寻租制造了机会，增加了改革继续深化的难度。吴敬琏先生说：中国向何处去的问题并没有获得彻底的解决。由于命令经济或称统制经济旧体制遗产的严重存在，现有的体制具有很强的过渡性质：它既包含新的市场经济的因素，又包含旧的统制经济的因素；既可以通过进一步的改革进到较为完善的市场经济制度，又可能通过统制的强化，回到旧体制去。

改革历来是逆水行舟，不进则退。当下的境况更是如此。目前，我们面临改革的良好机遇，但机遇稍纵即逝。30多年经济高增长积累的社会财富为缓解结构调整带来的震荡创造了相对宽松的环境，一旦经济增长速度大幅下降，改革环境无疑会恶化。国务院发展研究中心课题组判断："十二五"时期是完善社会主义市场经济体制的至关重要的窗口期，这期间我国经济仍可以较高的速度增长；"十三五"时期，我国经济潜在增长速度有可能明显下降。因此，必须加快改革攻坚步伐，到"十二五"期末务使重要领域和关键环节改革取得重大进展，为完善社会主义市场经济体制奠定新的基础。

这个窗口期还有两年半。窗口期一过，改革的最佳时机错过，即便改革进程没有中断，至少也将付出大得多的代价。

改革有风险，也将有更多阻力，因为当今的改革面临比以前复杂得多的利益关系，在许多方面可能遇到改革改革者自身的难题。因此，改革不仅要积极进取，还要谨慎稳妥，有序有效。国务院发展研究中心课题组建议，建立改革的有效机制，形成改革的动力机制：（1）确立改革领导机制，加强党对改革的领导、指导与监督；（2）建立改革动员机制，扩大改革支持者队伍；（3）建立改革组织协调机制，形成深化改革的合力；（4）建立风险防范机制，保证改革稳步推进；（5）建立改革保障机制，确保顺利实现改革目标。

有效推进新一轮改革，需要决策者的决心、勇气和智慧，也需要参与者、执行者的责任感、毅力，乃至牺牲精神。

利率市场化并不是一个孤立的市场规则变化，而是牵一发而动全身，对商业银行影响巨大。利率市场化并非是一个水到渠成的过程，而是从一种体制转换到另一种体制的“惊险的跳跃”：跨越之前和跨越之后风险都不大，但是跨越的过程风险非常大。（详见109页）

从理论上说，网络化城市群的发展模式，既能够实现大城市的规模效益，又可以避免单个城市盲目扩张带来的大城市病；既可以降低大城市生活成本，又可以避免小城镇缺乏就业机会的现象。（详见204页）

封面文章

公共政策

进入20世纪80年代之后，西方发达国家开展了声势浩大的行政改革运动，其精髓在于注重结果和产出、追求效率、实行绩效管理、增强公共部门的责任等。这场改革进一步强化了公共政策评估工作。（详见162页）

“好生活”的“好”是一个综合的评价指标，它当然应该包括好的经济增长方式，但是又不仅仅是好的经济增长方式，它还应该包括：好（合理）的政治体制，好（优良）的道德环境，好（正确）的价值观和世界观，好（和谐）的人际关系（好社会），好（愉快）的心情，等等。（详见171页）

文化与社会

世界与中国

全球智库

中国评论

改革的基本思路和总体布局①

国务院发展研究中心“改革的重点领域与推进机制研究”课题组

我国改革开放走过了30多年的风雨历程，取得了举世瞩目的巨大成就。综合国力大幅跃升，已成为世界第二大经济体；人民生活水平显著提高，跨入了上中等收入国家行列。但随着形势的发展变化，经济社会发展不全面、不协调、不可持续的矛盾也日益突出，支撑经济多年高速增长的现有体制机制越来越不适应生产力发展的新要求。为了促进经济发展方式实质性转变，推动我国成功跨入高收入社会，实现中华民族的伟大复兴，必须进一步深化经济体制改革，推进全面制度建设，加快形成规范、高效、公平的社会主义市场经济体制。“十二五”是发展的关键时期和改革的攻坚阶段，国内经济社会深刻变革，国际经济和全球治理格局深度调整，形势紧迫，不进则退，必须坚定信心，痛下决心，加大力度，加快步伐，务求改革取得重大突破和实实在在的进展。

① 改革问题是国务院发展研究中心2011年和2012年连续两年的重大研究课题。本文摘编自2011年课题报告的“总论”部分。全部课题成果已经结集成书：《改革攻坚（上）——改革的重点领域与推进机制研究》和《改革攻坚（下）——推进经济体制重点领域改革研究》，于2013年6月由中国发展出版社出版，敬请关注。

一、深化改革是当代中国面临新形势、新任务必须做出的历史抉择

（一）我国社会主义市场经济体制的基本框架已经确立

经过30多年来由上下互动、内外共进、渐次深入的改革，我国基本建立起了社会主义市场经济体制。首先，通过采取明晰产权、放宽准入、放开价格为主的举措，奠定了市场基础制度，重建了资源配置机制，形成了多元主体参与市场竞争的格局，极大地提高了经济效率。其次，通过重塑政府、市场、企业、社会之间的关系，建立了市场监管制度和经济调控制度，比较有效地保障了竞争的规范进行和经济的平稳运行。最后，通过改革工资制度、允许非劳动要素参与分配以及构筑新的公共服务和社会保障体系，建立了与社会主义初级阶段生产力水平基本相适应的成果分享机制，既克服了平均主义，比较充分地释放了全社会创造物质财富的积极性，又显著提高了城乡居民收入，保持了社会和谐稳定。

在人类社会现代发展史上，中国的改革极具突破性、创造性和历史性意义。改革冲破传统思想束缚，回答了社会主义与市场经济能否兼容的问题；克服重重阻碍，创造了在社会未发生剧烈变动的前提下实现经济体制转轨的范例，使中华民族迈上了走向复兴的新征程，还为发展中国家探索现代化道路提供了经验。如果没有改革，我们不可能实现生产力的跨越式发展，更不可能在动荡多变的国际环境中巩固和发展社会主义制度。

（二）完善社会主义市场经济体制是新时期应对挑战、推动发展的必然要求

在改革的推动下，30多年来，我国生产力获得了极大的发展，但经济社会发展仍然存在不少突出矛盾和问题：一方面效率问题没有根本解决，另一方面公平问题又日益凸显。与此同时，中国发展所处的阶段和所面临的外部环境已然变化。继续深化改革，是应对发展新挑战、适应发展阶段性变化的必然要求。

1. 深化改革是应对综合国力竞争进一步加剧的现实需要

2008年的国际金融危机冲击了现存的全球经济格局，暴露了旧有的发展模式和全球治理机制的缺陷，促使世界各国为赢得新形势下的发展主动权而加快结构调整步伐，提升国际竞争的软硬实力。金融危机后，世界经济增长放缓并有可能成为长期趋势，外部市场需求增长不容乐观。各国为在全球新一轮技术革命中占领制高点积极谋划，我国突破产业长期处于价值链低端的格局、在全球产业重组中占领制高点的机会稍纵即逝。气候变化等全球性问题更加突出，资源环境约束增强，碳排放压力增大。应对一系列外部挑战，必须加快形成经济增长的新动力和新的比较优势，建立有助于发展新动力成长和竞争新优势形成的体制机制。同时，随着经济实力的增强和国际政治角逐的加剧，我国不仅要积极参与国际规则的制定、全球治理机制的

重构，还要通过改革形成软实力，在全球制度竞争中立于不败之地。

2. 深化改革是适应发展进入新阶段的根本需要

随着发展进入新阶段，原有发展模式的不可持续性越来越明显。外需增速放缓，基础设施建设投资规模接近峰值，经济增长对消费需求的依赖增强。人口未富先老，不仅影响劳动力供给，也影响社会总储蓄水平和社会总需求增长。国内资源开采过度，国外资源供给不稳定性增大，生态环境脆弱性加大，工业化、城市化面临土地和环境承载力不足的制约。只有深化改革，才能建立内需扩大的长效机制，提高资源利用效率，增强生态环境承载力，形成推动增长的新动力。

3. 深化改革是化解经济社会潜在风险的紧迫需要

未来我国经济潜在增长速度将明显下降。目前，我国经济依然是速度效益型经济，如果经济实际增长速度显著下降，将会出现企业亏损面明显扩大、财政收入增幅下降、就业压力增大等问题，高速增长下被掩盖的财政、金融等风险可能会进一步积累。只有利用目前经济增速尚处于高位这一有利时机，通过深化改革，加快形成新的经济发展方式，才能有效化解各类风险。否则，错过改革的时间窗口，改革的选择空间将越来越小、阻力越来越大，现有矛盾会激化，发展进程有可能中断，全社会将付出极大代价。

4. 深化改革是顺应社会结构深刻变化的必然选择

按照世界银行标准，2010年我国已进入中上等收入阶段。中等收入阶段往往是社会加速分化时期。一些国家之所以会掉入“中等收入陷阱”之中，就是因为它们没有成功应对现代化过程中的这一社会整合危机。当前，我国社会分化现象已比较突出：在城乡二元结构还远未消弭的同时，城市内部的二元结构已然形成并日渐突出；富人和穷人、资本和劳动的分野日益清晰。在日益分化的社会中，人们对于公平正义的渴望越来越强烈。只有深化改革，才能顺应人民的新期待，防止社会分裂，促进社会融合，为经济发展创造长期稳定的社会环境。

二、深化改革必须直面经济体制存在的深层次矛盾

我国已建立了市场经济体制的基本框架，但是现有体制在市场基础制度、市场监管制度、市场调控制度和成果分享制度等方面都存在制约效率提高和公平增进的因素。总体上既存在市场化不足、行政干预过度的问题，又存在政府责任不到位、公共产品或准公共产品领域过度市场化的问题，但市场化不足、竞争不充分，是现阶段的主要矛盾。具体地说，当前经济体制存在六大深层次矛盾。

（一）市场基础制度不足以保障公平和充分竞争

市场基础制度是市场经济体制的核心制度，包括产权保护机制、市场主体发育机制、价格形成机制等。经过多年的改革，我国市场基础制度已基本形成，但依然有不完善的方面。

1. 产权界定不清、保护不力

以《物权法》的颁布为标志，我国产权改革取得了突破性进展，产权的界定和保护进入了法治化阶段。但目前仍然存在产权界定不明晰、收益权分配不合理、产权保护不力、产权交易不规范等现象。在产权界定和收益权分配方面，存在国有产权边界模糊、集体产权界定不清、农用地转为城市建设用地所产生的级差地租收益占有权不明等问题；在产权保护方面，既存在对私有产权保护不力的现象，又存在国有产权经常受到侵害的现象。

2. 市场主体发育还不成熟

改革开放以来，我们赋予个人自主择业、创业的自由，允许和鼓励非公有制经济发展，推动国有企业改革，各类市场主体不断成长、壮大并焕发出巨大活力。但仍存在不少问题，突出表现为国有企业定位还有争议，尚未成为完全市场主体。一方面，作为一般的企业，国有企业在市场上尽力谋求利益最大化；另一方面，作为国家所有的企业，在享受国家特殊照顾的同时，又承担着更多的社会责任。国有企业在治理结构、资产管理和布局调整等方面的改革都尚未到位。不少非公企业运作不规范，侵害职工权益，偷逃国家税费的现象时有发生。

3. 价格扭曲现象依然存在

目前，绝大多数产品的价格已经放开，但要素价格的市场化程度还不高，公共服务的定价机制还不完善。一是价格形成机制不合理，电力、成品油、天然气等产品的价格不能反映市场供求关系，许多经济活动的负外部性没有充分反映在价格中。二是价格传导机制不畅，以“市场煤、计划电”为代表的体制性矛盾冲突依然存在，公路、铁路、民航、水运、管道等各种交通运输方式价格比价关系扭曲。三是公共服务定价方式不合理，价格形成过程不规范，价格监管不到位，既侵害了消费者权益，又影响了公共服务的供给。

（二）市场监管制度体系不顺、有效性不足

政府监管是矫正市场失灵、保障公共利益的必要手段。没有有效的政府监管，市场经济难以健康有序运行。监管必须遵循依法、透明、专业、独立、可问责的原则，政府干预市场的自由裁量权应受到限制。改革开放以来，我国建立了与市场经济发展要求基本相适应的市场监管制度。但对照上述要求，还有较大的改进空间。

1. 市场准入限制较多

虽然2004年开始实施的《行政许可法》规定了政府设定行政许可的范围和方式，但目前许多领域仍存在实质性的行政性审批，为一些政府部门对经济的不适当干预提供了可能，这

限制了企业进入，导致了竞争的不充分。

2. 市场竞争秩序得不到有效维护

由于存在司法不公、执法不力等问题，正常的市场交易得不到法律的有效保护，如拖欠工人薪酬事件屡屡发生；由于对相关监管部门缺乏有效的问责机制，价格欺诈、价格合谋、滥用市场支配地位等现象在相当程度上存在。

3. 经济性监管不到位

我国在电力、电信、民航、天然气等网络型产业的可竞争环节引入了竞争，但由于缺乏专业机构对垄断环节（如输配电网络、干线传输网、天然气长途输送网等）的有效监管，出现了企业滥用垄断地位、延伸垄断环节、交叉补贴非垄断业务等现象，导致垄断行业经营效率低、供给不足、产品质量不高、创新缺乏动力等问题。

4. 社会性监管不力

在食品药品安全、生产安全、环境保护等必须严格监管的领域，由于缺乏严厉惩处违规者的法律条款，以及监管体系不够健全，监管程序不够规范和问责机制不够有力，一些企业在生产、经营等方面常常突破道德甚至法律底线，致使食品药品质量事件、环境污染事件、生产安全事件屡禁不止，损害了广大人民的切身利益。

（三）经济调控制度科学性、权威性不够

经济调控是政府运用财政、金融、规划等政策工具促进经济增长、熨平经济周期性波动、调整经济结构的重要手段，是实现国家战略目标必须依托的基础性制度。目前存在的主要问题有如下几个方面。

1. 财税制度不尽合理

在中央和地方的财权事权关系方面，存在着中央和地方之间事权划分不合理、财力与事权不匹配等现象。虽然大多数公共服务是市县级政府提供的，但由于地方稳定的税源不足，税收分成和转移支付安排不合理等体制原因，落后地区、基层政府的财政能力较为薄弱。财力与事权的不匹配，导致地方行为与中央政策目标不一致；而专项转移支付比重过大和“口袋预算”（即中央预算内投资，由国家发展改革委等单位掌管）的存在，又进一步扭曲了地方政府行为，出现“跑部钱进”现象，既损失了效率，又容易产生腐败。在税收制度方面，以增值税、营业税等间接税为主的体系，鼓励了地方政府热衷资本密集型产业的发展，而忽视第三产业的发展；资源税税负过轻，环境保护税未开征，不仅不利于自然资源国家所有权的实现，也不利于资源集约利用和生态环境的治理及保护；地方可利用税源不足，使其过度依赖土地出让金收入和依靠地方政府融资平台，引发了拆迁纠纷、房价高企等问题，埋下了财政风险的隐患。

2. 金融调节体系有待完善

在利率方面，人为将资金成本特别是存款利率长期维持在很低的水平上。其结果，一是导致投资需求过旺，延迟经济结构调整；二是使得家庭部门无法获得合理的收益，抑制国内消费需求；三是弱化金融机构

激励机制，使之难以形成真正的核心竞争力。在汇率方面，现有汇率管理方式不利于内外经济的均衡，保护了低端制造业，制约了产品的创新和产业的升级。在信贷指导方面，对银行信贷总量频繁地进行行政控制，使得市场化的资金需求与行政化的信贷供给之间在时间和区域维度上产生错配，引起投资的大起大落。在金融监管方面，过度监管和监管真空并存，现行分业监管模式越来越难以适应金融机构综合经营的发展趋势，系统性风险防控体系尚未健全。

3. 产业、区域与土地利用规划的合理性、有效性不足

规划是国家调控经济运行不可或缺的手段，其在我国经济社会发展中曾起到重要作用。然而，随着经济关系复杂性的提高和经济体制的变革，规划的合理性和有效性不足的问题日益显露。一是规划体系不完整，缺少顶层规划。总体规划和各专项规划之间缺乏统一和协调；国家和地方层面的规划互相冲突的情况普遍存在；长期规划和短期规划不衔接、不配套。二是规划的权威性不强、约束力不足。规划的法律地位不高，没有强制执行力，不少规划被“束之高阁”，既浪费了社会资源，又损害了政府威信。三是规划制定的科学化、规范化和民主化程度不够。一些规划制定过程中的部门化和地区化倾向十分明显，国家整体利益经常让位于部门利益和地区利益，区域规划的碎片化程度严重。

（四）成果分享制度不够公平

公平的成果分享制度是市场经济体制合法性的来源。过大的收入差距和不均等的公共服务，会影响社会稳定。成果分享制度不公，是当前经济社会发展中的突出矛盾。

1. 收入分配制度不合理

第一，对经济和社会资源的初始占有不公平。无论是土地、矿产等物质资源，还是行业准入、工程招标、政府补贴等政策资源，都未能实现公平占有，造成了经济和社会资源向资本拥有者和公权力滥用者倾斜的现象，导致了分配起点的不平等。第二，一次分配失衡。资源、劳动力等要素价格被人为扭曲，处理劳资关系缺乏有效机制，部分企业获取不合理的高利润。劳动力市场存在着户籍、性别、年龄、家庭背景等方面的歧视。第三，再分配调节力度不够。调节居民收入分配的税种设置不科学，个人收入调节主要依靠个人所得税，而房地产税、遗产税、赠与税等对收入分配有较大调节力度的税种缺失。公共服务和社会保障存在逆向转移支付现象。第四，受税收、文化传统、社会心理的影响，社会慈善事业发展缓慢，三次分配没有起到应有的调节作用。在这些因素中，对经济和社会资源初始占有机会不公平是收入差距扩大的最重要影响因素。

2. 公共服务供给不足、不均等

受政府财力等因素制约，公共服务投入长期不足，服务能力不能适应人民群众日益增长的需求。受财政体制、户籍制度、管理能力等因素影响，城乡之间、区域之间、群体之间享

受的公共服务差距较大。公共服务供给的不足和不均等不仅造成收入和生活质量的差距，也造成人力资本积累方面的差异，容易使社会阶层固化，影响社会稳定和谐。

（五）科教体制对创新发展的支撑不够

我国已成为科技投入大国，但创新的质量和效率不高。科教与创新“两张皮”的问题突出。国家创新体系不完善，产学研结合不够密切，行业共性技术研发平台薄弱。政府科研管理体制不合理，科研项目低水平重复，科技经费产出效率不高。基础研究、应用研究与产品开发未能有效衔接，引进技术的吸收转化机制不畅，科研对经济增长和产业结构调整的引领作用不明显。企业缺乏良好的创新环境。资源要素价格偏低，致使企业创新压力不足；缺乏有效的知识产权保护，致使企业创新动力不足。政府对教育的管、办职能尚未理清，大学和科研体系存在行政化、官僚化倾向，教育结构、人才结构不能很好地适应创新发展的需要，创新型人才培养和成长环境亟待改善。

（六）社会管理制度不适应利益多元化格局

在经济高速发展的同时，我国社会结构发生了深刻变革，出现了新的社会阶层和群体，利益格局日益复杂，各种矛盾相互交织。在市场经济条件下，社会矛盾应更多地通过利益的有效协调来解决。但社会组织发育滞后，部分阶层利益特别是弱势群体利益得不到充分表达，利益协调和争议处置机制不顺，社会矛盾难以通过群体内和群体间的沟通解决，抬高了社会管理成本。社会管理基本上沿用计划经济时期形成的老办法，过多依靠行政手段，不适应信息传播迅速、人口流动加快、思想理念和行为方式日趋多元的新形势。

这些矛盾的产生，在很大程度上归因于政府与市场的关系未理顺，政府“越位”和“缺位”并存：一方面政府对微观经济领域的直接干预依然较多；另一方面政府在规范市场竞争秩序、管理宏观经济、提供公平的公共服务方面还未起到应有的作用，影响了效率的提高和公平的增进。

三、以理顺政府与市场以及政府、企业、社会的关系为核心，完善社会主义市场经济体制

（一）社会主义市场经济体制的中国特色和时代特征

从市场在配置资源中处于基础地位这一点来看，市场经济具有历史和空间的一致性。无论建立何种市场经济体制，都要通过价格和竞争机制引导社会生产和交换，从而实现资源的优化配置。这一点毋庸置疑。然而，从政府在经济社会发展中的作用之大小、政府与企业的关系之疏密等方面来看，市场经济又是有差别的。这种差别既在横向上表现为国与国之间的差别，又在纵向上表现为不同历史阶段的体制差异。

横向地看，在当今世界，市场经济大体上可分为自由市场经济和社会市场经济两种。以英美为代表的自由市场经济模式，强调市场、自由竞争与私有化，体现了放松管制、轻视国家作用的“国家最小化、市场最大化”原则。作为社会民主主义思潮的产物，以德国等欧洲国家为代表的社会市场经济模式（又称莱茵模式），在主张市场调节促进经济发展的同时，强调国家调节保障市场公平竞争和社会公平，推行高税收、高福利制度，并重视财富在社会各阶层间公平分配。20世纪80年代以后，受里根、撒切尔主义的影响，社会市场经济的国家干预和福利有所减少。不言自明，自由市场经济模式和社会市场经济模式之间，还有诸多市场经济的变种，有的更接近于自由市场经济模式，有的更接近于社会市场经济模式。

纵向地看，在不同的历史时期，政府和市场在经济社会发展中的相对地位一直在发生变化：20世纪30年代之前，西方国家政府普遍相信市场机制的自发作用；30年代经济危机后，凯恩斯的国家干预理论和政策成为主流；为了应对70年代的滞胀，里根和撒切尔政府又转向亲放松管制的新自由主义政策；此次金融危机后，美国政府在短期内对市场进行了有条件、有期限的介入，各国都在重新审视市场的地位和作用范围。

因此，无论是从国别比较还是从历史比较来看，都不存在普遍适用的、完美的市场经济体制。成熟的市场经济之所以“成熟”，很重要的一点就是能够根据国情与世情的变化，进行动态的适应性调整。由此可见，我国要建设的市场经济体制必然要有中国特色和时代特征，特点如下。

1. 我国的市场经济应是生产力不够发达阶段的市场经济

我国已经进入上中等收入阶段，但生产力仍然不够发达，在经济和技术上追赶发达国家的空间还比较大，任务还比较艰巨。这意味着我国要坚持和完善公有制为主体、多种所有制经济共同发展的基本经济制度，毫不动摇地巩固和发展公有制经济，毫不动摇地鼓励、支持、引导非公有制经济发展；意味着要充分发挥市场机制的作用，加快培育新的比较优势和新的增长动力，引导结构转型、产业升级和资源环境集约利用；还意味着我国要利用技术后发优势，恰当发挥政府在经济和技术追赶方面的引导作用，甚至不排除积极发挥政府在某些方面中的主导作用。

2. 我国的市场经济应是公平导向的市场经济

公平是社会主义制度合法性的根本所在。只有消除机会不均等，并通过政府的社会政策修正市场竞争可能带来的结果不均等，保障广大人民公平享受经济发展的成果，才能扩大社会主义市场经济体制的利益相关者队伍，才能巩固社会主义制度。当然，这里所说的公平是广义的公平，不仅包括收入分配的公平，而且包括机会均等、公平竞争和平等受到法律保护。它不是各方面的绝对平均（平等），也不是现在就要实现。其所强调的是，市场经济的发展必须以公平为最终导向，也许在特定的时期内，它可以偏离这一方向，但它不能长时期偏离这一方向。

3. 我国的市场经济应是人口大国、文明古国的市场经济

我国是一个多民族的人口大国，不同区域处于不同的发展阶段，各地市场发育的程度也相差甚远。在保证基本原则一致的情况下，各地可以探索妥善处理政府、企业和社会关系的具体办法；在全国市场不被分割的前提下，个别地区也可享受特殊的政策。同时，我国具有独特的文化传统和历史背景，在契约精神和个人与集体、社会、国家的关系等方面与西方发达国家有所不同，与西方国家相比，道德在调节各方利益方面，应发挥更大的作用。

4. 我国的市场经济应是全球化时代的市场经济

在全球化时代，各国经济广泛而深入地交织在一起，既相互竞争，又相互合作。在这种背景下，我国的市场经济体制必须与国际惯例和通行规则相衔接。只有建立与国际规则相衔接的市场经济体制，才能降低我国在“走出去”与“引进来”中的交易成本，为充分利用“两个市场”和“两种资源”创造有利环境。

5. 我国的市场经济应是能充分发挥政府、市场和社会三者合力的市场经济

经过200多年的发展，市场经济体制的优势、劣势充分显露，人们对于政府、市场和社会作用已有相当全面和清晰的认识。应当说，现在建立一个政府、市场和社会各在其位，政府失灵和市场失灵都得到有效矫正的市场经济体制已有比较深厚的认识基础。我国应借鉴国内外经验，以政府的力量矫正市场失灵，以公众的力量矫正政府失灵，建立政府、市场和社会力量达到适当均衡的市场经济体制。

6. 我国的市场经济应是多元主体共同参与的市场经济

现代社会，人们利益日趋多元化，思想意识日趋多样化，思想交流日趋便利，参与发展的要求日趋强烈。只有实现多元主体的共同参与，市场经济才能有序健康发展。我国市场经济运行和发展应能够反映民意，体现共同参与。

（二）改革的总体思路

根据党对完善社会主义市场经济体制的总体部署，应对我国现代化建设的新形势、新挑战和新任务，面对人民群众对于发展改革的新期待，基于经济体制改革业已取得的进展，借鉴市场经济发展正反两方面的国际经验，我们认为，新时期经济体制改革的基本思路应是：

“以科学发展观为指导，以建立规范、高效、公平的社会主义市场经济体制为根本目标，从推动经济社会全面转型的需要出发，紧密围绕加快经济发展方式实质性转变这一主线，把理顺政府与市场以及政府、企业、社会[①]的关系作为核心，把切实转变政府职能作为突破口，强化市场基础制度，完善市场监管制度，健全经济调控制度，建立成果公平分享

① 指个人和社会组织。

制度，协调配套推进政治、文化和社会领域的改革，抓住历史难得机遇，加快改革攻坚步伐，到‘十二五’末务使重要领域和关键环节改革取得重大进展，为完善社会主义市场经济体制奠定新的基础。”

规范、高效、公平[①]是社会主义市场经济体制的内在属性[②]。三者之间相互依存、互为条件。规范、公平是高效的前提，高效、规范是公平的基础。把建立规范、高效、公平的市场经济体制作为改革的根本目标，既符合市场经济发展的一般原则，也符合中国国情和适应我国现阶段的生产力水平，是中国特色社会主义市场经济的本质要求，是有效解决我国当前经济社会发展中存在的诸多问题和矛盾，以及提高劳动生产率、促进社会公平、实现长期持续发展的唯一正确途径。

改革应服务于发展。我国正处于经济社会向现代化全面转型的关键时期和加快转变经济发展方式的攻坚阶段，经济和社会结构正经历前所未有的变化。推动改革重在破除制约发展方式转变和生产率提高的各种体制性因素，重在建立有利于实现社会公平和长期稳定的体制机制。

推进改革要明确具有全局意义的战略重点。政府与市场以及政府、企业、社会的关系广泛而又深刻地影响着市场经济的运行和发展。合理界定政府职能是妥善处理这些关系的关键。只有科学界定政府职能，并以此为目标，实现政府职能的根本转变，才能为形成合理的政府与市场以及政府、企业、社会的关系创造必要前提。

推进改革要明确改革的主要着力点。要针对经济体制中存在的突出矛盾，科学合理设计改革方案，积极稳妥落实改革部署。市场经济规范、高效运行靠市场基础制度、市场监管制度和经济调控制度支撑，市场经济的合法性来自于机会均等、公平竞争和发展成果的公平分享。而起点公平、机会均等对于实现社会公平更具基础性意义。建立规范、高效、公平的市场经济体制必须完善市场基础制度、市场监管制度、经济调控制度和成果分享制度。

经济体制和政治体制、文化体制、社会体制相互影响、相互作用。经济体制改革要靠其他领域的改革来支撑，经济体制改革的成果要靠其他领域的改革来巩固。改革是全面的、系统的，经济体制改革必然要求其他领域同样进行深刻的变革。

改革机遇稍纵即逝。在经济高速增长时期，社会财富的快速积累为缓解结构调整带来的矛盾创造了相对宽松的环境。一旦经济增长速度下降，不仅被高速增长所掩盖的风险将会显性化，而且会出现新的矛盾。“十二五”时期，我国经济仍可以较高的速度增长；“十三五”时期，我国经济潜在增长速度有可能明显下降。要利用好“十二五”时期经济仍可保持较高增长速度这一难得机会，同时要利用好在经济社会发展中的矛盾业已充分暴露、

① 公平包括起点公平、机会均等和分配公平。

② 社会主义的本质是解放生产力，发展生产力，消灭剥削，消除两极分化，最终达到共同富裕。

国际经济环境不稳定性不确性增加、加快转变经济发展方式的要求十分紧迫的背景下改革共识正在凝聚这一有利条件，加快推进重要领域和关键环节的改革。

（三）改革的总体目标和“十二五”时期的主要任务

1. 改革的总体目标

完善社会主义市场经济体制，需明确改革的总体目标和阶段性任务，稳妥、有力、有序、有效地推进各领域和各环节的改革。

我国经济体制改革应以建立“规范、高效、公平的社会主义市场经济体制”为总体目标。具体内容如下。

（1）以法治为基础，形成边界相对清晰的政府和市场的关系以及相互依存和相互制衡的政府、企业、社会的关系，建立透明、可预期的法律、法规、政策制定和实施机制，形成对政府权力的有效约束。

（2）建立产权有效保护机制①和以充分竞争为基础的价格形成机制，放宽市场准入，打破行政性垄断，赋予市场主体更多自由，形成牢固的市场基础制度。

（3）健全政府市场监管功能，合理化经济性监管，强化社会性监管，形成既能充分释放各类所有制经济的发展活力，又能对各类企业的行为加以严格规范的市场监管制度。

（4）健全政府经济调控功能，形成有效的综合运用财政、金融和规划等多种政策工具的经济调控制度。

（5）建立公平、透明的公共物质资源和政府政策资源分享机制，健全工资增长机制，完善公共服务制度，形成公平的成果分享制度。

（6）完善科研和教育体制，提供充足创新资源，形成创新驱动增长的动力机制。

（7）建立促进社会组织健康成长的机制，形成政府主导、各方参与、有利于国家长治久安的社会管理新体制。

市场经济是法治经济，法律法规和各种规则是调节各种经济关系的最主要的依据。在调节各种经济关系时，也要恰当发挥道德力量的作用。中国特色的社会主义市场经济体制尤其要发挥法律和道德力量的作用，并使之有机结合、相得益彰。

政府、市场的关系既与国情有关，又与发展所处的阶段和时代有关。我国将长期处于社会主义初级阶段，其发展还具有“赶超”的性质。推进国家现代化，要在充分发挥市场基础性作用的同时，注重发挥政府在规划发展、引导发展等方面的积极作用。

政府、企业、社会之间应形成相互依存、相互制衡的关系。政府应提供公平的、可预期的竞争环境和覆盖全面、水平适当的公共服务，并依法依规对各类所有制企业生产经营实施公正的经济性和社会性监管；企业应在履行最基本的社会责任的前提下，通过正当竞争，追求自身利益；社会（个人和社会组织）应在法律许可的范围内活动，监督政府权力的运作，在保证市场经济健康运行和社会和谐稳定

① 包括土地财产权保护机制、知识产权保护机制等。

中发挥积极作用。

市场基础制度、市场监管制度、经济调控制度和成果分享制度是市场经济最主要的构成部分。建成稳固的市场基础制度、有力的市场监管制度、有效的经济调控制度和公平的成果分享制度，是新时期改革的核心目标。而为使市场经济能够平稳运行和持续发展，还必须建立符合创新驱动发展需要的科研教育体制和适应社会结构日益多元化趋势的社会管理体制。

2.“十二五”时期的主要任务

建立规范、高效、公平的社会主义市场经济体制的目标要分阶段实现。“十二五”时期的改革应重点消除制约经济发展方式实质性转变的体制性因素，重在建立健全对规范市场经济运行、增进市场经济效率和公平性有决定性影响的体制机制。主要任务如下。

（1）建设透明、可问责的现代法治政府。明确政府职责，转变政府职能；优化政府组织结构，加强政府执政能力建设；依法规范政府行为，建设现代法治政府。

（2）建设科学、公平和约束有力的现代财税制度。理顺中央地方财权事权关系，健全公共财政体制，建立透明规范的现代预算制度；优化税收结构，完善税收体制。

（3）建立健全反映资源稀缺程度、供求关系和经济活动外部性的价格机制。消除政府对价格形成的不当干预，理顺受政府调节的各种重要产品（包括服务产品）价格的比价关系；加快资源和资本要素价格市场化，将生产经营活动的负外部效应内化为企业的成本，推进生产经营成本完全化。

（4）建立体现公平原则、促进共同富裕的分配制度。创造起点公平条件，营造过程公平环境，完善初次分配制度，强化再次分配制度，健全公共服务和社会保障制度。

（5）构建以法治为基础、适应经济社会结构新变化的社会管理体制。完善法律法规，鼓励和引导社会组织健康发展，推进政府主导下的社会管理民主化；完善人口管理体制，加强应对人口老龄化、少子化的能力建设。

（6）建立高效、稳健、安全的现代金融体制。稳妥推进金融领域的市场化改革，健全金融调控机制，构建金融宏观审慎监管制度框架。

（7）形成现代国有资本管理和经营制度。进一步明确国有资本应当布局的领域，确定不同领域国有资本的实现形式和运行规范；放宽市场准入，打破行政性垄断，促进非公有制经济和公有制经济公平竞争；完善企业内部治理机制，推进国有资产管理向管理国有资本和管理国有企业并重转变。

（8）建立公平公正、有效有力的现代监管体系。健全市场监管体制，增强监管能力，规范自然垄断行业（或环节）的经营行为，严格约束企业滥用市场支配地位的行为。

（9）建设工业化、城镇化、农业现代化同步发展的城乡发展新体制，形成产权清晰、权利平等、成果共享的城乡一体化新格局。

（10）形成支撑创新驱动发展的科教体制。健全国家创新体系，优化公共科技和教育资源的分配机制，提高公共科技资源利用效率，优化教育结构，改进高等教育和职业教育管理制度。

（11）进一步完善商品房市场的制度和政策体系，健全住房保障体系，完善房地产市场监管制度。

（12）围绕充分利用“两个市场、两种资源”，提高高附加价值产业的国际竞争力，促进经济结构调整和推动发展方式转变，构建有利于中国和平发展的对外开放体制。

（四）推进改革的路径与原则

推进改革，必须选择正确的路径。首先，从落实科学发展观、加快转变发展方式的需要出发，明确改革的总体目标和阶段性任务。其次，明确各项改革之间相互关系，找出主要矛盾和矛盾的主要方面，把握改革的主攻方向。最后，从实际出发，统筹考虑理想目标和现实可能，积极稳妥、扎实有效地推进改革。

深化经济体制改革，还要把握以下基本原则。

（1）坚持公平与效率相协调，更加注重社会公平的原则。改革方案的设计，要体现公平和效率均衡的原则，既不能只顾效率、不顾公平，也不能只讲公平、牺牲效率。既要注重结果的公平，更要注重机会和过程的公平。鉴于公平问题业已相当突出，在推进改革的过程中，应在影响公平的领域和环节上多下改革的功夫。

（2）坚持高层推动与基层创造相结合，更加注重统筹协调的原则。既要鼓励基层探索，尊重群众首创精神，又要加强对于改革的统一领导，注重统筹规划、整体布局，协调配套推进各领域和各环节的改革。

（3）坚持方向的坚定性和过程的稳妥性相统一，更加注重务实有效的原则。无论遇到多大阻力和多少质疑，都要坚持中国特色社会主义市场经济的改革方向。同时，充分估计可能出现的困难和风险，做好应对各种挑战的准备，积极稳妥、务实有效地推进各项改革。

（4）坚持改革与开放相促进，更加注重深化改革的原则。适应经济全球化不断发展的趋势，密切关注全球经济体制变革的大方向，充分借鉴国际有益经验，结合中国国情和现实需要，构造既与国际通行规则相一致、又与国家长远发展利益相契合的体制机制，不断提高开放型经济的质量和水平。

（5）坚持经济体制与政治、文化、社会体制相适应，更加注重增强制度合力的原则。在坚持基本政治社会制度的前提下，不失时机地推进政治、文化和社会领域的改革，促进上层建筑更好地适应经济基础，以巩固和扩大经济体制改革的成果。

四、以转变政府职能为突破口推进重点领域和关键环节改革

经济体制改革涉及领域广泛，头绪繁多。推进改革要通盘考虑、周密设计，也要从当前矛盾最突出、要求最紧迫、影响面最广的领域入手，以局部突破带动全局变革。

（一）加快建设透明、可问责的现代法治政府

政府职能转变不到位、行政权力得不到有效制约是经济体制领域存在的主要矛盾。必须按照建设现代国家的要求，把转变政府职能、规范政府行为、约束政府权力作为深化改革的关键和突破口。

1. 清晰界定和加快转变政府职能

突出国家在保障人民享有平等的经济权利、社会权利、政治权利方面的责任，调整政府在经济调节、市场监管、社会管理、公共服务等方面的职能，并把这些职能落实到机构设置、行政程序、内部绩效考核、外部监督问责等环节，实现政府职能向建制度、严法治、重民生的切实转变。按照有效、高效的原则，确定不同层级政府在决策、执行、监督、财政支出等环节的责任。在涉及公民基本权利、市场统一和竞争秩序、国家经济建设总体战略的领域，中央政府应承担统筹责任、决策责任和监督责任。强化中央财政在全局性和跨地区事务的支出责任。在清晰界定政府职能的前提下，加快政府职能转变。深化行政审批制度改革，大幅度减少投资审批事项，进一步减少政府对微观经济活动的直接干预。落实和加强政府提供公共服务的职能，加强对公共服务筹资、购买和提供的审计和监管。

2. 着力推动政务公开，完善对政府的问责机制

尽快将《政府信息公开条例》提升为国家法律，全面推进政务公开。扩大公众参与，增强公共政策的公正性，完善政府信息公开的社会评议和社会监督机制。加强人大对政府的监督，完善对政府的问责机制。推进政府绩效考核制度化，强化对地方政府执行国家规划和政策的考核。

3. 改善法治环境，建设法治政府

在已经建立基本完整的法律体系的基础上，以更大的力度执行法律，落实依法治国方略，形成建设法治政府的良好环境。完善司法程序，减少对司法的行政干预。探索建立巡回法院或跨省区法院。利用信息技术推进司法透明化，促进司法公开，保障司法公正。改进和落实行政复议和支持行政诉讼，加快制定《行政程序法》。

4. 加强政府能力建设

加强行政基础设施建设，完善统计体系，建立以国民身份证号码为唯一代码，综合各类相关信息的国家人口信息基础库，并在此基础上建立家庭收入、社会保障等重要信息库。建立一支高水平的公务员队伍，提高公务员依法行政的意识。

5. 调整政府组织结构

结合事业单位分类改革，统筹考虑政府职能配置和各种类型的机构设置，以职能定机构，使政府在保持合理机构数量的基础上全面履行职能。在中央政府各部门之间建立有效协调机制，进一步理顺信息通信、能源、交通、文化、社会保障等几大领域的管理体制，处理好综合性政策部门与专业化监管机构之间的关系，解决职能交叉、政出多门、问责困难的问题。在积极试点的基础上，全面实施省直管县

改革，探索启动全国性的行政区划调整。

（二）建设科学、公平和约束有力的现代财税制度

财税体制既关乎政府和企业的行为，又关乎城乡居民的切身利益，必须进一步深化财政体制、预算管理制度和税收制度改革。

1. 完善财政体制

以事权优化引领财力配置的优化，建立政府间财力与事权相匹配、兼顾效率与公平的财政管理体制。进一步完善分级分税的财税体制，推进省以下财政体制改革，充分发挥省级政府在平衡辖区内财力的作用。稳步推进省直管县财政体制改革，健全县级基本财力保障机制，提高县级财政的保障能力。健全转移支付制度，进一步增加一般性转移支付规模和比例，清理归并专项转移支付项目。健全国家重点生态功能区转移支付制度，完善生态保护补偿机制。

2. 深化预算管理制度改革

加快建立科学规范、公开透明、监督有力的现代预算制度。完善公共财政预算，全面提高政府性基金预算的规范性和透明度。继续扩大国有资本经营预算实施范围，加强社会保险基金预算管理。健全预算编制制度，提高预算编制的科学化程度。健全预算支出执行管理制度，强化部门预算支出主体责任，将部门预算制度改革实施范围覆盖到县级；将国库集中收付制度改革覆盖到各级政府及所属预算单位。建立规范的地方政府性债务发行与管理制度。

3. 推进税收制度改革

按照促进经济发展方式转变的要求，优化税收结构，公平税收负担，以结构性减税激发经济活力。健全增值税制度，在一些生产性服务业领域加快推行营业税改征增值税改革。完善消费税制度，合理调整消费税范围和税率结构，研究将部分高消耗、高排放的产品纳入消费税征收范围。全面推进资源税改革，适时扩大从价计征范围；研究制定环境保护税费改革方案。加快健全地方税体系，赋予地方政府适当的税政管理权限，合理界定地方政府各自的主体税种，扩大地方税税基，规范分享制度。

（三）加快建立反映资源稀缺程度、供求关系和经济活动外部性的价格机制

建立完善、有效的价格机制是发挥市场配置资源基础性作用的关键。要形成以市场竞争定价为基础、政府实施合理监管的价格形成机制，使价格真正反映市场供求关系、资源稀缺程度和经济活动的外部性。

1. 建立促进绿色发展的资源能源价格体系

按“监管中间、放开两端”原则推进电价形成机制改革。建立清晰的成本核定标准和监管规则，实施对输配电定价的合理有效监管。放开竞争性电力市场建设和进行大用户直接交易试点，逐步解决电煤价格“双轨制”。在更大程度放开原油进口和成品油批发的基础上，实施“企业自主定价、政府间接调控”的成品油价格形成机制，政府主要以价格政策和监管来进行间接调控，建立公开、透明、实时的

监管制度，对市场主体的定价行为进行有效监管，并发挥公共舆论对价格的监督作用。加快理顺天然气价格，将天然气生产环节和输送环节分离，加快扩大井口价格和销售价格市场化试点范围，逐步使国内外气价关系、天然气与石油比价关系合理化。推进水价改革，在完善成本公开、成本监督和听证制度的基础上，降低供水成本，实施阶梯水价。

2. 健全资本要素价格形成机制

在直接融资市场发展、金融机构风险定价能力提高的基础上，改革股票上市定价机制，放宽存贷款利率浮动空间，使利率水平的确定更多地考虑通货膨胀率因素。完善有管理浮动汇率制度，扩大人民币汇率弹性。逐步推动保险费率的市场化。

3. 积极推进垄断领域价格形成机制改革

对能够形成充分竞争的业务和环节，放松价格管制。对具有行政性垄断的业务和环节，采取竞争性投标或利用价格上限管制确定价格。对公益性较强的产品和服务，区分为免费项目、补贴项目和按成本收费项目，实行分类管理。按照有关规定，在推行价格听证、规范民主决策的基础上制定价格，建立公共投入和价格联动机制。

4. 完善教育、医疗等公共服务价格形成机制

明确公共服务的范畴和定价机制，实施公共服务的全成本核算，完善特许经营权投标等制度，健全听证代表选择机制，建立定价信息公开制度，向社会公布公共产品的定价方法、定价成本、市场供需情况、价格波动情况等。

（四）建立体现公平原则、促进共同富裕的分配制度

社会主义的本质是共同富裕，消除两极分化。初次分配和再分配都要处理好效率和公平的关系，再分配更加注重公平。

1. 创造起点公平的条件

实现依法、透明、公正行政，保证全体社会成员公平享有公共物质资源和政府政策资源所带来的收益。尽快出台基本公共服务国家目录和标准，为所有的人提供均等的教育、医疗、社保方面的基本公共服务，为所有的人创造均等的就业创业机会，提升人力资本水平，增强劳动者自由、平等参与市场竞争的能力。重点解决流动人口子女按居住地接受普通高中教育和参加高考的问题，优先在农村地区推行高中阶段义务教育，研究制订全体国民公平享有优质高等教育资源的方案。

2. 完善初次分配制度

规范劳动力市场秩序，切实保证同工同酬，加强对劳动派遣行为的监管。建立工资随经济发展、劳动生产率提高相应增长的机制，合理提高最低工资标准。积极发挥工会组织作用，稳步推行工资集体协商制度。借鉴国际有益经验，完善国有企业薪酬制度，加强对垄断行业和事业单位工资总额和工资水平特别是管理层薪酬的调控。

3. 强化再分配对收入分配的调节作用

尽快建立规范的财产和收入申报制度，为发挥税收调节作用创造条件。逐步推行综合征收的个人所得税制度，抵扣时充分考虑家庭综

合负担能力。通过对保有环节和交易环节开征新税，加大房地产调节力度。在试点的基础上全面开征房产税，短期内重点放在交易环节，对暴利和投机行为课以重税。适时开征遗产税、赠与税等税种，加大对高收入者的税收征收力度。完善并严格执行公司财务和审计制度，规范企业职务消费。要清理灰色收入，坚决取缔非法收入，严厉打击偷逃税行为。通过税收减免、舆论引导等方式，鼓励捐赠，发展慈善事业，充分发挥第三次分配在收入分配调节中的积极作用。

4. 健全和完善社会保障制度

稳步提高最低生活保障标准。尽快实现新型农村合作医疗与城镇居民基本医疗保险，新型农村养老保险和城镇居民社会养老保险等筹资与管理模式相近的制度合并统一。逐步缩小农村和非从业人员社会保险与城镇职工社会保险的待遇差距，逐步推进制度的衔接和统一。加快提高各种社会保险制度的统筹层次，重点推进医疗保险的地市级统筹以至省级统筹，近期要先解决社会保险待遇的跨地区携带。综合运用推迟养老金领取年龄，规范社会保障待遇调整方式，以及在主要保险领域建立全国性调剂基金等方式，提高社会保障的可持续性与抗风险能力。

（五）建立以法治为基础、适应经济社会结构新变化的社会管理体制

要高度重视社会管理体制改革，积极探索创新社会管理体制的有效途径，加快建立以法治为基础的社会管理体制。

1. 强化法治在社会管理中的基础性作用

清晰界定公民的基本权利和义务是现代国家实施社会管理的前提。要以保障和实现公民基本权利为基础，依法进行社会管理，同时依法约束个人行为和其他法人行为。坚持法律面前人人平等，公平公正执法，杜绝执法过程中解释权和裁量权的滥用。对公共卫生、安全生产、社会治安、环境污染等重大事件的处置要依法合规。

2. 创新社会管理格局

扩大公众参与，降低社会组织成立的门槛，优先扶持公益性社会组织和以职业纽带为基础的互益性社会组织。切实发挥行业协会和基层组织的社会管理作用，畅通利益表达渠道，建立有效的对话协商机制。落实和完善基层自治，逐步形成政府管理和社会自主治理相结合的社会管理格局。

3. 完善矛盾调处机制

鉴于大多数矛盾是经济利益矛盾及其派生的矛盾，要更多地鼓励利益相关方通过协商对话方式以及司法渠道解决矛盾，既不能采取强制手段解决矛盾，也不能采取大事化小、小事化了的方式解决矛盾。在利用过去行之有效的调节模式的同时，创新调节方式，建立新型的社会调解机制。

4. 改革户籍等传统社会管理工具，促进社会融合

户籍制度是重要的社会管理工具，但户籍与公共服务和社会权利挂钩的做法越来越不适

应人口大规模流动和公共服务均等化的要求。要进一步推进户籍与公共服务和社会权利的脱钩，用居住年限、社保缴费和纳税年限等更合理的条件取代户籍作为替代性管理手段，避免出现城市内的二元结构，同时实现社会公平公正和有序管理，促进社会融合。

5. 加强对人口结构变化的综合性研究和应对工作

我国的总和生育率已经明显低于正常人口替代水平，人口红利逐渐消失、老龄化加速以及可能的劳动力短缺问题将成为新的重大挑战。要综合研究其经济社会影响，制订应对规划和政策。尽快调整完善计划生育政策。应专门设立应对老龄化问题的政府工作机构，加强对老龄化、少子化问题的综合研究和统筹协调。

6. 以省为单位进行社会领域综合改革试点

这项改革应包括公共服务、社会保障、人口、社会管理等内容，可在东、中、西部各选一个省份进行试点，为全面推进社会领域的改革积累经验。

（六）建立高效、稳健、安全的现代金融体制

建立更加高效、稳健和安全的金融体系，在有效分散风险的基础上，满足企业、家庭和政府部门的多元化金融需求，有力支撑创新型产业的发展以及消费主导的内需增长。

1. 深入推进金融领域的市场化

健全国有金融资产管理体制，继续改善金融机构的公司治理。加快推进利率市场化和人民币汇率形成机制改革。完善多层次的金融市场，更好地发挥风险投资和私募股权的作用。放宽金融市场准入的数量管制，解决债券市场分割问题，形成信贷、股票、债券与衍生品市场相互支撑、场内与场外市场相互补充、大型与中小金融机构分工协作的格局，以满足不同类型、不同规模的融资者与不同偏好投资者的多种融资、投资与风险管理的需求。

2. 完善金融宏观调控机制

增强央行的货币政策独立性，更多采用市场化的货币政策工具，减少对金融机构和金融市场的不当行政干预。避免因政府隐性担保而形成大面积的不良贷款。健全系统性金融风险预警系统，防范和应对包括影子银行风险在内的金融风险，开发监控和识别系统性风险的工具，并建立相关标准。

3. 推动金融监管转型

构建金融宏观审慎监管制度框架，建立宏观审慎监管的目标、指标和政策工具体系。设立独立于“一行三会”实体性的、负有综合协调职能的金融稳定委员会，加强各监管部门的协调，监督所有可能会带来系统性风险的机构、产品、工具和交易，加大对市场违规违法行为的惩处力度，加强对中小投资人的保护。建立问题金融机构市场化退出机制，构筑金融安全网，尽快推出存款保险制度。

4. 稳步推进金融开放

准确把握金融开放和金融安全的关系，制定审慎的资本账户逐步开放的路线图，健全跨

境资本管理制度。形成以人民币区域化为支撑的金融对外开放格局，发挥香港国际金融中心在我国金融对外开放中的独特作用，创造有效隔离境内境外风险、相对可控的人民币离岸市场，推动我国金融市场与国际金融市场的良性互动。

（七）形成现代国有资本管理和经营制度

进一步明确国有资本应当布局的领域，确定不同领域国有资本的实现形式和运行规范；放宽市场准入，打破行政性垄断，促进非公有制经济和公有制经济公平竞争；完善企业内部治理机制，推进国有资产管理向管理国有资本转变。

1. 优化国有经济布局和结构，增强国有经济活力

进一步推动国有资本向关系国家安全和国民经济命脉的重要行业和关键领域（主要是自然垄断、公共产品、外部性强的领域）集中。在重要行业和关键领域，国有资本可以完全控股；在战略性高新技术产业和新兴产业领域，国有资本发挥积极引导作用；在一般性竞争领域，国有资本通过参股、合作等多种形式与其他类型资本平等竞争。

2. 分类推进国有企业改革

按国有企业的不同功能属性，分类推进改革，建立国有企业分类管理和考核制度。对处于国家安全、自然垄断、重要基础设施和公共服务领域的国有企业，改革的重点在于按企业主要业务目标、经济属性建立和完善企业管理模式和评价指标体系。对战略性高新技术产业、新兴产业和一般性竞争领域的大多数国有企业，改革的重点在于进一步深化产权制度改革，使企业成为股权结构多元化、治理结构完善、自主决策的市场主体。剥离国有企业的社会职能，实现国有企业管理和用工的市场化，推进职工福利的社会化。

3. 完善国有资产管理体制

完善国家所有权政策，明确和规范国家资本投资目标和国家出资企业管理制度。把国家所有权政策作为对国家出资企业进行管理的基本政策工具，初步形成相应的政策体系、组织体系、法律法规体系及政策制定和实施体系。进一步探索国有资本所有权主体和监管主体的分离，以及包括国有资本投资管理公司等在内的多种形式的国有资本运营模式。在更大范围推行国有资产经营预算管理制度，逐步将国有资本经营预算支出纳入公共预算支出。建立统一的国有金融资产管理机构。

4. 加快推进垄断行业改革

针对不同垄断行业特点，采取多种形式，鼓励竞争，打破垄断。重点推进铁路、电力、电信、石油、天然气行业改革。在电力和天然气管网行业，将竞争性环节与自然垄断环节分开，放开竞争性环节准入，对自然垄断环节加强监管。在电信和石油石化等行业，引入新的竞争者，形成多元主体相互竞争的市场格局。在水务、燃气等城市公用事业，引入特许权招标等竞争机制，配置经营许可权。加快铁路改革，实现政企分开，鼓励其他企业开展铁路投

资和经营。深化电力体制改革，引入“竞价上网”机制。

（八）建立公平公正、有效有力的现代监管体系

市场经济存在不充分竞争、不对称信息、外部性并可能带来社会不公正等问题，市场经济运行需要有效监管。要在进一步促进市场竞争的同时，加快建设现代监管体系，强化政府市场监管的职能。

1. 扎实推进现代监管体系建设

完善对生产安全、食品药品安全、环境保护等进行社会性监管的监管体系。加强相关领域行业自律组织和消费者保护组织的建设。加快监管会计准则等法规建设，加强信息系统等监管基础设施建设。根据市场发育程度、技术进步方向、产业特征等因素，组建综合性监管机构。建立包括电信、电视、互联网等多种信息传输领域在内的综合性通信监管委员会；组建包括电力、石油天然气等产业领域的能源监管委员会。在适宜领域，探索建立垂直一体化监管、分层级多级监管的组织体系。

2. 改进经济性监管机制

对电力、电信、民航、天然气等网络型产业中不可竞争的环节（如输配电网络、干线传输网、天然气长途输送网等），加强政府监管。限制垄断企业延伸非垄断业务，加强对垄断企业服务质量、交叉补贴、履行普遍服务职能等方面的监管。制定监管对象的监管会计原则，确保经济性监管准确、有效。

3. 完善法律法规，严格反垄断执法

加快修订《电力法》《铁路法》等法律，抓紧制定《电信法》《石油天然气法》等法律，严格执行《反垄断法》及相关法律法规，完善反垄断内容，防治垄断行为，健全反垄断审查制度，增强程序的透明度和可预见性，反对滥用市场支配地位，保护公平竞争，维护公共利益。

4. 完善社会性监管制度

加强食品药品安全、生产安全、环境保护等方面的监管。加大违法违规处罚力度，提高违法违规成本。积极探索社会性监管领域政府监管机构的组织方式，在强调落实地方政府责任的同时，积极探索在食品药品安全、生产安全和环境保护等领域实行全国统一监管的可行性。

5. 提高监管能力，强化监管问责机制

加强监管的信息系统等基础设施建设，加大监管人员业务培训力度，提高监管机构有效监管的能力。注重事中和事后监管。立法界定政府监管机构的监管权力，规定其依法行使权力的方式，完善其有效行使权力的问责机制。政府监管要做到依法、透明、专业、独立、可问责。要严格问责机制，强化外部监督，形成对监管者行使监管权的有效制约，加强对监管机构的问责。

（九）建立支撑工业化、城镇化、农业现代化同步发展的城乡发展新体制

要形成产权清晰、权利平等、成果共享的

城乡一体化新格局。通过对农村承包地、宅基地、山地、草场等资源的确权、登记和颁证，赋予农民土地等所有资源完整的、有法律保障的使用权、收益权和转让权，允许农村集体所有土地像城市国有土地一样平等进入市场交易。改革城乡分治体制，让农民与市民享有均等化的公共服务。

1. 深化土地制度改革

落实承包农户土地承包权长久不变政策，为应对城市化带来的人地关系变化和土地承包权与经营权的分离打下长久的制度基础。改变土地权利二元格局，真正实现国有土地与集体土地的“同地、同价、同权”。加快征地制度改革，逐步实行对失地农民的土地财产权的公平补偿。完善城乡建设用地“增减挂钩”政策，规范农村土地整理工作，确保土地整治中的农民土地权益。明确农民的宅基地用益物权。

2. 改革城乡分治体制

统筹城乡发展规划，切实改变城乡分割的行政管理体制，建立城乡一体的规划制度。按照促进城乡一体化的要求，通盘考虑城市发展和农村发展，统一制定土地利用总体规划和城乡建设规划。统筹规划和整体推进城乡产业发展，引导城市资金、技术、人才、管理等生产要素向农村合理流动。统筹城乡公共服务，创新管理体制和运行机制，加大资源整合力度，切实将公共资源向农村倾斜，改变农村基础设施薄弱和公共服务不足的状况，逐步实现基本公共服务均等化。统筹城乡社会管理，大力推进社会管理创新，改变城乡分割、条块分割的管理方式，逐步形成城乡社会管理一体化的体制，形成城市工作与农村工作对接、良性互动的新格局。

3. 建立城乡均等化的公共服务体系

加快改变农村教育、医疗、社会保障等公共服务发展滞后局面，逐步建立与公共财政职能和国家财力相适应，城乡普惠、均等和一体化的基本公共服务体系。加快推进城乡公共教育均衡发展，努力改善义务教育办学条件，做到县域内学校办学条件大致均等，促进农村义务教育质量大幅度提升。加快构建城乡一体的就业服务体系。完善城乡公共就业服务体系，推动就业信息全国联网，为劳动者提供优质高效的就业服务。加快推进城乡社会保障的均等化。以广覆盖、保基本、多层次、可持续为基本原则，加快建设覆盖城乡居民的社会保障体系。加快建立能够满足城乡居民基本医疗需求的公共卫生服务体系。加快建立健全基本医疗卫生制度，加快城乡医疗卫生事业发展。建立健全覆盖农民工的城市住房保障体系。加大保障性安居工程建设力度，逐步将农民工纳入城镇住房保障体系。

4. 创建农民融入城市的制度环境

促进农民工在城镇稳定就业，加强劳动权益保护，形成农民工工资合理增长机制。继续坚持就业优先，健全人力资源市场和覆盖农民工的公共就业服务，促进农村劳动力转移和进城农民工稳定就业。在子女教育、医疗、社会保障、住房等方面推进城市公共服务体系平等覆盖农民工。进一步做好农民工子女义务教育、农民工医疗和文化生活的公共服务，切实保障其受教育权、健康权和文化权益。推进户籍制度改革和社会管理体制改革，依法保护农民工土地权益。户籍制度改革的目标是，在全国范围内取消农业户口、非农业户口的户口性质划分，建立城乡统一的户口登记制度。逐步使户籍与附着其上的公共服务、福利待遇脱钩，推进公共服务的均等化。

5. 深化农村金融体制改革，加快建立普惠型农村金融体系

健全农村金融服务体系。国有商业银行和邮政储蓄银行要加大对农村的信贷投入力度。政策性银行要面向农村扩大经营服务领域。继续深化农村信用社改革，切实落实县域内银行业金融机构将一定比例新增存款投放当地的政策。在切实加强监管的基础上，要扩大农村金融市场准入，加快发展新型农村金融机构，积极探索发展新型农民信贷互助合作组织，激活农村金融市场。加快农村金融产品和贷款担保方式创新。大力发展小额信贷和微型金融服务。扩大有效抵押品范围。大力推广农户联保贷款。探索建立政府支持、企业和银行多方参与的农村信贷担保机制。鼓励金融机构发展农民住房贷款服务。

6. 进行组织与制度创新，加快农业经营方式“两个转变”

毫不动摇地坚持家庭经营方式，提高家庭经营的集约化水平。在保障农民家庭承包经营主体地位的基础上，把家庭分散经营的优势与统一经营和服务的优势结合起来，加快农业经营方式“两个转变”，即家庭经营向采用先进科技和生产手段的方向转变，统一经营向发展农户联合与合作，形成多元化、多层次、多形式经营服务体系的方向转变。健全农业统一经营服务体系，提高农民的组织化程度。切实按照“服务农民、进退自由、权利平等、管理民主”的要求，充分发挥合作社在组织农民、落实政策、对接市场等方面的作用。大力发展多元化农业服务体系，加快推进农业技术推广体系改革和建设，强化公益性服务。

（十）加快建立支持创新驱动发展的科教体制

科教体制改革在更高层次上进行整体设计，在更广泛的范围内加强相关的配套体制改革；厘清政府与市场、公办与民办的责任边界，提高公共科教资源的使用效率，充分发挥社会资源的作用。

1. 培育多元创新主体，形成以企业为主体、产学研有机结合的国家创新体系

构造开放、有序、公平竞争的市场环境，加强对创新产品和技术的支持，改善科技型企业融资环境，从财税、金融、监管等方面，建立企业创新的激励和约束机制，使企业真正成为国家创新体系的主体。进一步深化科研机构改革和重组，完善科研组织框架，加快科研机构立法，明确各类科研机构的职能定位，建立科研机构创新评价机制。根据国家战略需要和行业特点，完善公共科研机构体系和组织管理

方式。完善具有事业单位性质的共性技术研发平台的运行机制，有效发挥部分转制行业性科研院所的共性技术平台作用。加强中小企业创新服务机构的建设。加强知识产权保护，完善创新技术的转移机制和创新人才的流动机制，建立科研机构开放合作机制，促进产学研的有机结合。

2. 完善公共科技资源分配和管理机制

健全国家重大科技决策机制，加强政府科技资源配置的统筹协调，为重大科研项目提供稳定的资金支持，提高公共资源利用效率。减少政府科技项目的管理层次，完善竞争性项目招标和评估机制，实行决策、执行和评价相互分开，改进对科研经费使用过程的监督和使用效率的评估。加强基础研究投入，对基础研究与应用研究项目的投入、管理和评价机制实施分类管理。着力支持产业共性技术研究开发，对重点共性技术方向提供稳定的财政经费来源，以项目经费支持产业联盟等其他形式的共性技术研究。

3. 改进高等教育管理机制，提高高等教育质量，培养创新型人才

明确政府的管理权限和职责，推进政校分开、管办分离，扩大学校办学的自主权，改进大学评价体系。改革地方和民间办学体制，优化办学环境，拓宽办学资金渠道，切实落实地方大学生均经费拨款制度。推进高等院校与地方、行业、企业合作共建，探索建立中央部属高等院校与地方高等院校合作发展机制。促进高等教育对外开放，探索高水平中外合作办学模式。围绕优势学科集中力量培育重点研究型大学。

4. 明确职业教育的战略地位，建立健全技能型人才培养体制机制

改革招生制度，实现职业教育与普通高等教育之间的衔接和互通。落实和扩大地方政府兴办职业教育的自主权，建立职业教育经费保障机制。借鉴国际经验，进一步探索企业参与办学和提供实习基地的机制与政策。改进和完善人事劳动制度和工资制度，为职业学校毕业生提供公平合理的就业环境和职业上升通道。

（十一）进一步完善与社会主义市场经济体制和我国国情相适应的城镇住房制度

住房问题既是重要的民生问题，也是经济发展问题。要进一步完善商品房市场的制度体系，建立和完善短期内以公租房实物配租为主，中长期形成包括货币补贴和实物配租在内的多种保障方式并存的住房保障制度，完善房地产市场监管体系，实现房地产市场规范运行。

1. 进一步完善商品房市场的制度和调控政策体系

明确住房是居住品，在此基础上，制定长期可持续的、鼓励自住型需求、抑制投资投机性需求的制度和政策。进一步完善住房金融制度，实行中性的住房金融政策。继续完善住房公积金制度，扩大惠及面。提高房地产开发企业贷款门槛，严格控制企业自有资本金比例，降低开发风险。实行有利于住房流转的税收政策。进一步完善土地供应和监管政策。合理确

定未来住宅供应计划和土地供应计划。加强对现行土地政策的执法力度。在一些条件较为成熟的地区稳步推进城乡建设用地市场一体化试点。加强住房市场调控和监测的信息基础设施建设。

2. 进一步完善住房保障的制度体系

完善多渠道的保障性住房供应体系，考虑以建为主、建补结合的推进方式，适度加大政府直接调控的房源数量。建立和完善住房保障规划、决策和实施机制。完善保障性住房的土地供应制度，增加保障性住房土地储备量，合理规划保障房用地，重点完善配套设施。拓展保障住房的投融资渠道。把住房保障作为各级财政投入的重点领域，制定住房保障专项预算，引导银行、保险、公积金等金融机构积极参与住房保障建设。探索组建政策性住宅储蓄银行，提供保障性住房建设及消费活动相关的金融服务，进行保障性住房投资信托试点。加快推进相关立法，实现住房保障法治化。在全国层面建立统一、规范的住房保障法律框架。制定地方性住房保障法律法规和文件，通过制定地方性法规来规范住房保障工作，有序推动住房保障管理工作法治化进程。

3. 进一步完善房地产行业的监管体系

健全房地产行业的法律法规，推进《住宅法》和《住房保障法》立法工作，加快修订《城市房地产管理法》。完善商品房预售制度，加强对预售资金的监管力度，强制房地产开发商披露预售许可和预售进展等相关情况，加强对房地产销售代理和经纪的资质管理。规范二手房交易行为，贯彻落实《房地产经纪管理办法》，建设公开、透明、阳光的二手房交易市场，整合房屋登记机构、交易保证机构和金融机构，搭建二手房交易结算资金托管平台。改善房屋租赁监管，落实《商品房屋租赁管理办法》，对房屋租赁代理等不合理的房地产经纪业务方式加以规制，搭建房屋租赁的网上信息平台。加强物业监管，加快修订《物业服务企业资质管理办法》，充分发挥业主委员会的桥梁作用，引入第三方物业评估监理机制。加快房地产企业信用体系建设，完善房地产估价和物业服务企业及从业人员的信用体系建设，加强信用管理。进一步加强房地产开发企业的资质管理，监管部门要对企业资质进行定期核定和更新。

（十二）构建有利于为中国和平发展创造良好外部环境的对外开放体制

要充分利用好“两个市场、两种资源”，提高中国高附加价值产业的国际竞争力，促进经济结构调整，推动发展方式转变，为经济长期稳定发展提供保障。涉外经济领域体制改革应该紧紧围绕上述目标，在对外贸易、引进外资、对外投资、对外经济合作等重点领域，健全体制、完善政策、推进改革。

1. 完善外贸管理体制，建立高效的贸易促进体系

降低进口关税水平，尤其是部分最终消费品关税，优化关税结构。指定经营商品的进口商要增加数量，增强竞争。完善出口退税制

度，实现国内料件与进口料件的平等竞争。加强电子口岸建设，推进“大通关”建设。促进东中西部之间跨地区的“大通关”合作，支持地区间产业转移和加快中西部地区的对外开放。

2. 健全外贸支持服务体系，提高外贸促进机制的效率

加强商务部、地方外贸管理部门、贸易促进服务组织和同业协会等机构协调配合，健全外贸服务和促进体系，高效使用外贸促进资源。完善贸易预警网络体系的建设，扩大预警网络对商品品种、国别区域、贸易救济措施等的覆盖范围，加强各级、各地、各行业预警机构之间的信息沟通，提高贸易预警的及时性和有效性。

3. 扩大开放领域，完善外商投资审批管理体制

扩大物流运输、教育卫生、金融、电信、旅游等服务业领域的开放，减少资质和地域等方面的限制，降低外资准入门槛，引进先进的服务业经营模式、经营方式和经营渠道。将研发、信息、金融、物流及供应链、市场营销与专业服务等我国急需发展的生产性服务业列入优先鼓励的范围，加大政策支持力度。提高外商投资审批效率，改革分类管理指导方法，在适当时机可以采用否定列表制度设定外商投资指导目录。

加强中央协调，防止各地在吸引外资上的恶性竞争，引导外商投资提升产业结构，鼓励外商投资向中西部和东北老工业基地倾斜，保护外资合法权益，促进内外资合理布局。

4. 制定统一的对外投资法，必要时可成立专门机构，协调管理海外投资

尽快制定“对外投资法”，作为管理对外投资的基本法，对我国海外投资的目标、主体、形式、审批、支持服务政策、企业条件等进行原则规定。成立统一的海外投资管理机构，负责制定国家对外投资战略，统一规划、管理、协调我国的海外投资活动。

简化海外投资审批程序，提高审批效率，增加审批透明度，加强企业海外投资服务体系建设。加强国际合作，保护我国海外投资利益，支持发挥商会、协会等民间机构的作用，建立支持对外投资的全球网络平台，发挥对外援助与对外投资、对外经济合作的配合支持作用。

5. 健全对外合作的法律法规体系，加强对外经济合作工作

提高对外承包工程和对外劳务合作法律的层次，设立专门管理机构，改变政出多门、多头管理的局面，加强财税、融资、劳务、保险等相关部门的协调，形成统一、高效的管理体制。加强对外经济合作的金融保险支持和信息服务，规范对外合作的企业经营行为，整顿行业秩序。提高对外经济合作企业和人员的能力素质，增强国际竞争力。

五、建立推进改革的有效机制

改革是复杂的利益调整过程。由于社会分层化和利益多元化的发展，改革进入了一个无

法人人都受益的阶段；又由于人具有多重社会属性、多重利益角色，一个人在拥护某些领域改革的同时，很有可能会反对另外一些改革措施。这使得改革面临的利益纠结尤为复杂，面临的质疑超过以往，面临的阻力异乎寻常。改变人民对改革存在着的犹疑态度，形成凝聚人心的改革共识，需要深入剖析改革阻力，设计出推进改革的动力机制，提出推进改革的配套措施。

（一）顺利推进改革关键在于澄清模糊认识，破除改革的阻力

1. 澄清对于改革的模糊认识

改革过程异常复杂，对改革的认识不可能一步到位。改革迟滞的一个很重要的原因，就是人们对改革的实质认识不清，对社会主义市场经济体制理解不透，对体制变革的风险判断不准。推进改革，必须正确认识改革。

（1）要认识到，当前经济社会出现的不少问题是改革不彻底、不到位、不全面造成的。这是改革过程中的阶段性现象。一些人将收入差距扩大、城乡区域发展不平衡加剧等问题完全归咎于市场化改革。其实，造成以上问题的原因是多方面的，而其重要原因乃是生产要素的流动仍然存在着诸多限制，在就业、教育、医疗、社保等方面还存在城乡、地域歧视。而这些限制和歧视，正是改革要破除的。

（2）要认识到，改革的目标是建立完善的社会主义市场经济体制。它应当兼顾效率与公平。市场经济在提高效率上有优势，遗憾的是，很多人只看到了优势；市场经济在推动公平上力有所不逮，不幸的是，一些人只看到了其劣势。前者认为当前所有的矛盾都能依靠市场解决；后者认为市场经济只能解决效率问题，不能解决公平问题，要实现公平就要回到计划经济体制上去。这两种观点都是片面的，都是对市场经济的误读。的确，单靠“市场”本身不能解决公平问题，但改革的方向并非只是简单的市场化，而是要建立一个完善的“市场经济体制”。这意味着，建立均等化的公共服务体制和公平的社会保障、社会管理等制度都是改革的重要内容。

（3）要认识到，深化改革有风险，但主动改革的风险可预期、可防控；而改革停滞将产生更大的、不可控的风险。一些人认为，在目前极端复杂的国际国内环境下深化改革风险很大，在现有体制下谋发展更便利。诚然，改革有风险。但是，如果主动深化改革，我们就能事先预判风险，做好风险应对预案，选择较合适的时机、较优化的方案和较合理的节奏，加快推进改革。相反，如果推迟改革，经济和社会矛盾不但可能会积累和日益尖锐化，而且可能会在无法预知的时间、以不可预见的方式引发程度难以预料的社会不稳定。

2. 破除改革的阻力

改革会遇到利益集团的阻挠。问题是，这些利益集团究竟在哪里？他们有什么样的动机阻挠改革？只有明确这些，破除改革阻力才能做到有的放矢。

改革的阻力来自何方与改革要建立的经济

体制新模式高度相关。如前所述，我们的改革要建立的是规范、高效、公平的市场经济体制。阻挠改革的利益集团，将是在市场经济规范化、高效化、公平化过程中利益受到损害的群体。目前来看至少存在以下三类群体。

第一类是因建立规范的市场经济而受损的利益群体。在不规范的市场经济中，一方面，由于法治尚未完备，掌握行政配置资源权力的部门和人士容易将公共权力市场化，通过扩大行政权力对经济运行的干预来设租，从而谋取小集团和个人的不当利益。另一方面，由于存在设租人，部分企业就有可能通过贿赂来获取廉价的稀缺资源，排斥潜在竞争对手或者避开监管，攫取超额利润。规范的市场经济体制必然要求起点公平、过程公正，必然消除寻租和设租的空间。规范市场运行，必然受到这些人的反对。

第二类是因建立高效的市场经济而受损的利益群体。高效的市场经济是以明晰的产权制度、灵活的价格机制为基础的。在国有资产产权界定不够明晰、国有企业内部治理不够规范的情况下，极少数国企高层人员往往可以利用不受监督的权力侵吞国有资产或以其他方式获益，如通过职务消费、不合理的薪酬激励、资本运作等方式，把本应归社会共享的成果归为个人所有。明晰产权，不会受到这些人的欢迎。另外，建立反映资源稀缺、市场供求和外部性的价格形成机制，会使一些消费品的价格上涨，影响消费者特别是中低收入消费者的福利，受影响的消费者必然对改革持怀疑态度。

第三类是因建立公平的市场经济而受损的利益群体。建立公平的社会主义市场经济体制会得到大多数人的支持，但因不公平的市场经济体制而受益的人往往希望维持现状。比如城市原有居民对放开外来人口迁入，已购房的城市居民对房产税的出台，新富阶层对遗产税的开征，都会持不支持的态度。

（二）改革需要建立新的推进机制

改革不会自发地进行，能否取得实质性突破，关键在于能否建立切实有效的推进机制。在前面分析的基础上，我们提出了以下改革的动力机制。

1. 确立改革领导机制，加强党对改革的领导、指导与监督

党的坚强领导是深化改革的根本保证。当前，改革任务十分艰巨，改革的综合性、协调性、整体性要求明显增强，所涉及的利益调整相当复杂和艰难，仅靠行政部门和地方政府，难以破除改革的阻力，难以系统整体推进改革。必须强化以党中央为核心的改革领导机制，加强对改革的领导和指导，强化对各级政府推进改革的监督。

2. 建立改革动员机制，扩大改革支持者队伍

要鲜明地亮出“规范、高效、公平”的改革旗帜，做好舆论动员工作，大力宣传深化改革是为了“起点公平、参与公平、分配公平”，改革的评判标准是“三个有利于”，改革最终目的是实现共同富裕。要及时回答民众对改革的疑问，兑现党关于改革的承诺，

树立政府威信，将那些对改革持怀疑态度和有抵触情绪的人转化为改革的积极参与者、坚定支持者。

3. 建立改革组织协调机制，形成深化改革的合力

改革需要多方参与，需要充分发挥中央和地方两个方面的积极性。为此，必须构建改革的组织协调机制。要筹建超脱部门利益的、在党中央直接领导下的改革协调机构，负责系统设计改革的思路和方案，组织实施重要领域和关键环节的改革。要准确定位和清晰界定各级政府以及其他相关主体的改革责任，加强对于改革的激励和约束。要动员、鼓励公众参与，确保改革的内容反映人民的诉求，改革的实施受到公众和舆论的监督。

4. 建立风险防范机制，保证改革稳步推进

改革过程不会一帆风顺，有可预见的风险，也有不可预见的波折。顺利推进改革，必须做好风险防范预案，建立风险防范机制。要坚持重大改革“先行先试”，选取特定区域进行改革试验，以发现改革的风险和难点所在，为全面推进改革总结经验。要根据改革过程中出现的新情况、新问题，随时调整改革的力度和节奏。

5. 建立改革保障机制，确保顺利实现改革目标

要在不动摇基本政治制度的前提下，推进政治、法治领域的改革，为经济体制改革提供强有力的保障。要扩大社会主义民主，实现党政合理分工和政府权力行使的透明化，有效约束政府权力的运作。要进一步健全法制和加强法治建设，在全社会形成法治文化，在依法依规推进改革的同时，把改革成果及时法律化，确保改革达到预期目的。

改革如逆水行舟，不进则退；改革会遇到风险挑战，务求谨慎稳妥。“十二五”期间是完善社会主义市场经济体制至关重要的窗口期。在极端复杂的国际国内形势下，必须以高度的历史使命感，认清问题，找准突破口，坚持规范、高效、公平的改革导向，科学设计改革规划和实施方案，积极、稳妥、有力、有序、有效推进各项改革，为加快转变经济发展方式、使我国成功迈向高收入社会奠定坚实的制度基础。

国务院发展研究中心
“改革的重点领域与推进机制研究”课题组
（总论部分）
负责人：李　伟　侯云春
成　员：侯永志　高世楫　杨　丛
何宇鹏　宣晓伟　王列军
何建武　卓　贤

深化行政管理体制系统化改革

国务院发展研究中心“改革的重点领域与推进机制研究”课题组

改革开放以来，在准确把握我国不同发展阶段的基本国情基础上，围绕建立、完善社会主义市场经济体制，我国行政管理体制改革不断推进。作为我国经济体制总体改革的重要部分，行政管理体制改革对促进经济、社会的快速健康发展发挥了重要的作用①。随着我国现代化建设进入新的历史阶段，政府管理经济社会事务的职能和方式也应该发生相应的变化。党的十七届二中全会通过的《关于深化行政管理体制改革的意见》提出了2020年建立起比较完善的中国特色社会主义行政管理体制的目标。“十二五”期间我国行政管理体制改革的任务比较繁重，其核心是要按照社会主义市场经济与建设和谐社会的要求，重塑政府、市场、社会的关系，转变政府职能，完善行政体系；按照《全面推进依法行政实施纲要》和建

① 在社会主义市场经济体制框架中，企业制度、市场制度和行政管理体制是三个最重要的组成部分。企业制度是市场经济的微观基础，是创造财富和形成竞争力的源泉；市场机制是配置资源、调节供求、优化结构的基本方式；政府是维护公平竞争、保障经济主体合法权益、保持经济和社会稳定的制度建设者和保护者（刘鹤，2003）。本文所研究的“行政管理体制改革”即指上述社会主义市场经济体制框架下的政府行政管理体制的改革，亦称为“行政管理体制改革”。

设法治国家的要求，转变行政方式，建设法治政府，改进政府内部的考核和问责，特别是要推进政府的透明度，使公权力在阳光下运行，加强公众对政府的监督。本文将从现代化进程中国家制度建设、政府体制建设的角度，分析我国行政管理体制存在的突出问题，探讨新的历史时期推进行政管理体制改革的重点、机制，并提出行政管理体制改革的总体战略思路和若干政策建议。

需要强调的是，我们所讨论的行政管理体制改革，并不是一次性的政府机构调整，而是包含了转变思想观念、完善法律制度、调整机构设置、优化行政程序、提高行政能力、加强监督问责等诸多环节的持续过程，使法治、透明的政府，与竞争、规范的市场相互作用，推动我国从中等收入顺利进入高收入社会，并完成现代化目标。

一、我国总体经济体制改革历程中的行政管理体制改革

自1978年十一届三中全会以来，我国共进行了六次相对集中、规模较大的行政管理体制改革，分别是在1982年、1988年、1993年、1998年、2003年和2008年。由于基本国情和所处阶段面临的突出问题不同，各次改革的重点也有所不同。根据不同阶段政府的不同职能定位，中央政府的组织机构也进行了相应的调整和改革（见图1）。

第一轮改革（1982年）是在党的工作重心

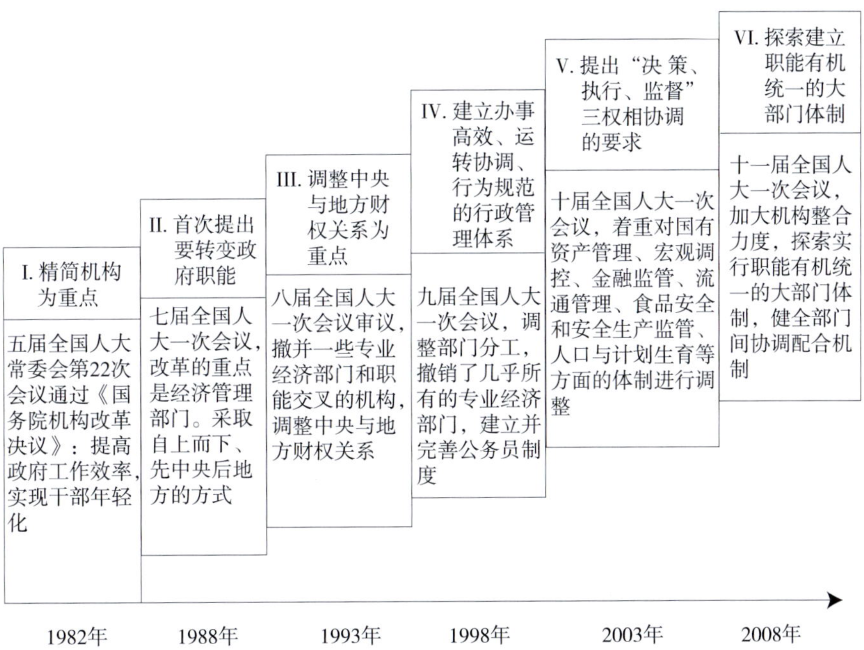

图1　我国历次行政管理体制改革中的机构改革

刚刚转向以经济建设为中心，经济体制上实行的是“计划经济为主，市场调节为辅”条件下展开的。改革的重点在于政府机构的重构与调整，明确规定了各级各部的编制数量、年龄和文化结构，是新中国成立以来规模较大、目的性较强的一次建设和完善行政体制的努力。经过此次改革，国务院各部门从100个精简至61个，人员编制从原来的5.1万人精简为3万人。精简各级领导班子和废除领导职务终身制，加快干部队伍的年轻化，是此次改革的一个重大突破，但并没有触动高度集中的计划经济管理体制。

第二轮改革（1988年）是在深化经济体制改革的大背景之下推进的，首次提出了“转变政府职能是机构改革的关键”这一命题。改革的重点是那些与经济体制改革关系密切的经济管理部门，即弱化专业经济部门直接干预企业经营活动的职能，以达到增强政府宏观调控能力和转向行业管理目的。这次行政管理体制改革，第一次在机构改革中实行定职能、定机构、定编制的“三定”工作。但由于后来一系列复杂的政治经济原因，地方机构改革未能同步实施。

第三轮改革（1993年）是在十四大明确提出要建立社会主义市场经济体制的目标后，为适应社会主义市场经济需要而推进的行政管理体制改革。按照市场经济条件下政府职能定位，中央政府在这一轮的机构改革中撤并了一些专业经济部门和职能交叉的机构，将一部分专业经济部门转化为经济或服务实体，将综合经济部门的工作重点转到宏观调控上，中央与地方财权关系的调整是此轮改革的重大措施。

第四轮改革（1998年）是规模最大、涉及面最广的行政体制和政府机构改革。在1993年明确了市场经济体制的改革方向后，国内改革进入深水区。同时，我国加快了开放步伐，为应对全球竞争，中国加快了加入世界贸易组织的步伐。内部市场化改革的需要，应对全球竞争的压力，要求重新定义政府、市场、企业的关系。为此，行政管理体制改革提出了建立办事高效、运转协调、行为规范的行政管理体系的目标。在此目标下，大刀阔斧地进行了政府职能转变、部门权责调整、精简机关人员、建设行政法治的改革。不但许多中央政府部门被裁撤、一半机关人员被分流，而且各级地方政府也进行了相应的改革，全国精简行政编制人员总额超过100万人。我国初步建立了一个与市场经济相适应的行政管理基本框架和政府组织架构。

第五轮改革（2003年）是在我国加入世界贸易组织这一时代大背景下展开的。社会主义市场经济基本框架已经形成，这一轮行政管理体制改革的突出特点，就是依法行政、建立法治政府成为指导政府转变职能、转变行为、加强对政府问责的鲜明主题。按照市场经济条件下政府必须履行经济调节、市场监管、社会管理、公共服务职能的原则，着重对国有资产管理、宏观调控、金融监管、流通管理、食品安全和安全生产监管、人口与计划生育等方面的体制进行调整。

第六轮改革（2008年）按照十七届二中全

会《关于深化行政管理体制改革的意见》的要求，根据“精简、统一、效能”的原则和决策权、执行权、监督权既相互制约又相互协调的要求，主力优化国务院机构的组织结构，规范机构设置，完善运行机制。提出“加大机构整合力度，探索实行职能有机统一的大部门体制，健全部门间协调配合机制”改革思路，进行了大部制改革的尝试。更加注重全面履行政府职能，规范政府行为，加强政府自身建设，推进服务型政府和法治政府建设。在中央机构调整组织机构的同时，鼓励各级地方政府按照中央精神积极推进行政体制改革，但机构设置上不一定要求与中央完全一致。

在2013年，伴随着新一届政府的成立，在保持原有组织机构基本不变的情况下，对国家计生委、铁道部等部门进行了调整。从历次改革的过程来看，每次改革既对上一次改革成果和经验加以继承，又根据新形势新任务进一步创新和发展，呈现为螺旋推进式改革，一次比一次更深刻，一次比一次取得的成效更大。经过六次集中改革，政府自身建设得到加强，政府职能转变迈出重要步伐，政府组织机构逐步优化，公务员队伍结构明显改善，科学民主决策水平不断提高，依法行政稳步推进，为经济社会发展提供了强有力的体制机制支撑。

二、我国行政管理体制及改革推进方面存在的突出问题

在过去30年的改革过程中，行政管理体制改革始终是总体经济体制改革的重要内容，取得了显著的成效。但是，面对我国进入上中等收入发展阶段后的国际国内形势，我国行政管理体制改革不到位的问题显得尤为突出。在政府职能转变不到位、行政管理体制改革没有达到预期目标的背后，有对新时期政府职能及其履行方式认识不足的原因，也存在实践落后于理论，方向明确但执行不力的问题。

（一）政府职能不到位、运行不协调、权力缺乏制约等问题矛盾仍然突出

1. 政府职能转变缓慢，缺位、越位并存的现象依然存在

政府职能转变是我国历次改革的重点。虽然十六大后政府在经济调节、市场监管、公共服务、社会管理这几个方面的基本职责已经明确，但在大方向明确的同时，政府部门职能不清晰、交叉重叠，缺位、越位的现象依然突出。在经济事务中政府微观干预较多，存在越位现象。在市场监管、公共服务领域的许多方面，政府责任不明或者履行责任不积极，如社会保障、基础教育、环境保护等方面又存在着不同程度的缺位。在社会管理领域出现的问题，往往重视用行政手段、用人治的方式处理，未能加强法治的作用，通过严明法治、依法处置以推动建立法治社会的长治久安机制。

2. 权责不对等，协调机制不完善，政府职能难以落实

我国现行行政管理体制，存在严重的权责不对等。不同层级政府之间、同一层级政府不

同部门之间，往往有权力的没有责任，有责任的没有相关的权力和资源。如在有效履行保障民生的职责方面，中央政府决策权力大，执行责任小；地方政府执行责任大，但事权与财力不匹配。中央政府各部门之间、中央政府和地方政府之间，在履行职责方面缺少有效协调的问题也较为突出，致使有些职能表面上看职责划分清晰，但在实际操作过程中难以协调。最典型的是食品安全：食品从地头到餐桌，分别有农业、质检、工商、卫生等部门各自负责履行监管职责，似乎在每一个环节都有监管主体，但是部门之间协调机制缺乏，在监管过程中仍有很多监管漏洞，导致食品安全问题日益严重。企业登记和运行的数据信息，在工商、税务、质检、统计等部门之间难以共享，不仅造成企业申报的负担，也为政府履行监督职能增加难度。

3. 中央—地方的财政和行政关系不顺造成众多矛盾

从中央—地方财政关系来看，各级政府事权和支出责任划分不清晰、事权和财力不对等是突出的问题，长期以来难以得到有效解决，造成许多矛盾。一是“基层财政保障能力较为薄弱，部分基层政府收支矛盾突出”，“中央请客、地方买单”的现象时有发生。二是现有的财政转移支付制度在控制区域间的横向差距方面还缺乏力度，不同地区的人均财力均等化程度还远远不够，财政转移支付的均衡能力不高。三是专项转移支付缺乏科学的标准和依据，项目决策随意性大，资金使用不够公开透明、使用效率低下，导致“跑部钱进”的现象①。

从中央—地方行政关系来看，各级政府在管理权责上存在边界模糊、职能错位的问题，造成不同层级的政府在纵向间职能、职责和机构设置上的高度统一和一致，即所谓的各级政府机构设置呈现“上下一般粗”的格局。这种不同层级的政府机构在纵向上等同配置的特点，使得一方面，可以说中央权力过大、集权过度，即大多数经济社会事务，都要中央说了算，不少完全属于地方性的事务，当地政府也缺乏相应的决策权和发言权；另一方面，又可以说中央分权过度、能力过弱，即任何一项中央的决策，大都需要地方的具体对应部门来执行。如果不能形成地方政府在具体政策执行上的激励相容，不能有效减少不同政府层级间的信息不对称，就有可能出现“政令不出中南海”的现象。

4. 制约和监督机制不健全，政府机构不能廉洁高效履行职责

目前我国政府机构不能有效履责、行政效率不高、政府官员腐败增多，根本原因是对政府缺乏内部监督有效问责，对政府权力运行缺乏监督制约。由于法律不完善和有法不依，导致行政权力运行不公开、不规范、不民主；政府内部缺乏有效考核，且受部门利益影响，内部监督和外部监督流于形式。问题官员“高

① 国务院发展研究中心课题组：《在放权和约束间建立新平衡——完善我国政府间转移支付制度的思路和行动框架》，载《经济研究参考》2011年第19期。

调问责，低调升迁”的现象也日益增多。其结果，没有得到有效监督的政府部门出现大量寻租行为，造成部门和行业垄断，部门利益固化、刚性化，甚至是法律化的趋势仍未彻底改变。得不到有效监督制约的行政权力导致了大量的腐败，在造成巨大经济损失的同时，毒化了社会风气，极大地损害了政府的公信力，给党的执政地位和经济社会发展埋下了巨大政治风险和隐患。

（二）行政管理体制改革进程滞后于规划

1. 当前我国行政管理体制改革的执行落后于规划

行政管理体制改革，总体上看有两大方面的任务：第一是确定政府应该做什么；第二是如何使政府做好。前者涉及政府的职能定位以及相应的权力和责任，包括不同层级间政府职能分工和权责划分。后者则涉及政府职能谁来履行（政府机构的改革）、怎么做（政府职能履行的程序）、如何能做好（政府能力的建设以及如何进行评估、监督和制约等）。经过多年的改革实践和相关的理论研究，中央和国务院对行政管理体制改革的规划不断完善，但相关领域的工作推进相对迟缓。

（1）党中央对如何深化行政管理体制改革已经有了系统规划。党中央和国务院对于我国行政管理体制的认识不断深入，对行政管理体制改革的任务认识不断深化、措施日益具体，并在历次中央全会的有关决议中有很好的阐述。2008年党的十七届二中全会通过的《关于深化行政管理体制改革的意见》，就是一个关于加快我国行政管理体制改革的综合性、纲领性文件，系统论述了深化行政管理体制改革的重要性、紧迫性；提出了中长期深化行政管理体制改革的指导思想、基本原则和总体目标，并明确了未来五年（2008~2013年）的重点任务。文件提出政府行政管理体制改革的指导思想是“建设服务政府、责任政府、法治政府和廉洁政府，着力转变职能、理顺关系、优化结构、提高效能，做到权责一致、分工合理、决策科学、执行顺畅、监督有力”。总体目标是“到2020年建立起比较完善的中国特色社会主义行政管理体制，建设人民满意的政府”，具体体现为实现“三个根本转变”，即政府职能向创造良好发展环境、提供优质公共服务、维护社会公平正义的根本转变，政府组织机构及人员编制向科学化、规范化、法制化的根本转变，行政运行机制和政府管理方式向规范有序、公开透明、便民高效的根本转变。其中第一个根本转变是政府应该做什么的问题，后两个根本转变则是政府怎么做好（谁来做、如何做）的问题。针对上述三个根本转变的目标，文件还明确提出了今后5年（2008~2013年）的重点任务，即“加快政府职能转变，深化政府机构改革，加强依法行政和制度建设，为实现深化行政管理体制改革的总体目标打下坚实基础”。可以看到，近期的三大重点任务分别一一对应于三个根本转变的目标。应该说，上述关于“深化行政管理体制改革”的文件目标得当、措施具体、逻辑严密、条理清晰，是一个可以指导我国政府行政管理体制改革实践的很好的文件①。

（2）在实践中，行政管理体制改革的进展相对迟缓。尽管过去几年在大部门制、行政审批体制、政府信息公开和行政问责、省直管县等方面的改革均有推进，但行政管理体制改革的进展总体上却落后于改革规划，特别是在转变政府职能方面缺乏实质性、根本性的突破。行政管理体制改革最为核心的任务是政府职能转变，然而目前政府以行政性的手段对微观经济活动干预过多、依法对市场的监管不足、公共服务职能“缺位”等问题依然十分突出，政企分开、政资分开、政事分开的改革推进迟缓，政府主导经济发展的程度近年来事实上在增强而非减弱，某些方面甚至出现了倒退②。在机构改革方面，尽管在部分领域进行了大部制的改革，但政府部门职能交叉、权责不对等、难以协调、监督不力的矛盾依然尖锐，近来频发的食品安全问题、环境污染问题等充分暴露出政府机构改革的不足。在政府决策、执行、监督和考核等方面，改革同样迟滞，有法不依、权大于法的现象仍然非常普遍，政府行为很难受到法制的有效制约，贪污腐化的现象难以得到有效遏制，法治政府和廉洁政府的目标同现实形成剧烈的反差，严重地影响了普通民众对政府的信任度。

2. 行政管理体制改革推进迟缓的现实和认识原因

行政管理体制改革的政策目标同真实的实践过程形成的鲜明对比，是由客观和主观等多方面原因造成的，既有现实的制约，也有认识的偏差。

（1）对行政管理体制改革的艰巨性和长期性估计不足。高效的行政管理体制是社会主义市场经济体制的核心内容，行政管理体制改革也是完善社会主义市场经济体制过程中最难以推动的关键环节改革之一。政府是国家事务和各种社会事务的决策者和管理者，代表政府的各级政府部门拥有着巨大的公共权力，掌握和控制着大量的公共资源。要让既有权力者放弃权力，让既得利益者放弃利益，或者让不受约束的权力受到法治的规范，难度极大。所以，任何国家的政府机构调整和改革都会充满困难和曲折。在我国现有的政体下，行政管理体制的改革从某种程度来说是一种自我革命，是执政党从人民大众利益出发，为更好地服务于人民而自觉地进行的自我完善，包括限制公权力的使用、对政府官员进行有效问责等。

而在我国又有两个历史的因素加大了行政管理体制改革推进的难度。其一，我国曾是一个具有两千多年专制统治、等级制度森严的社会。在皇权的绝对权威之下，有一个金字塔形的科层官僚机构，这个科层官僚机构采取

① 此后中央的其他文件和政策中关于“政府行政管理体制改革”的论述均未超出2008年《关于深化行政管理体制改革的意见》的框架，只是在具体的措施上加以深化。例如《“十二五”规划纲要》中有关“行政体制改革”提出了四个方面的内容，分别是“加快政府职能转变”、“完善科学民主决策机制”、“推行政府绩效管理和行政问责制度”、“加快推进事业单位分类改革”。

② 例如，某些中央主管部门在所谓通胀压力的考虑下，开始干预竞争性企业的商品自主定价，硬性规定不准涨价或者涨价幅度。

严格的“命令与控制”机制，上级的决定，下级必须执行；政府的规定，社会必须遵从。一直以来，中国社会中特权思想、权大于法的观念根深蒂固，法治观念普遍缺失①，法律意识较为淡薄。整个社会的权力分配和运行规则均由这种等级制的逻辑所支配。在一个有着“王权至上”、法治乃“依法治人”的长久历史传统的社会，缺乏对国民基本权利的保障，从而缺乏国民从捍卫自己的权利出发而对公权力的问责。即使在今天，要对公权力拥有者进行制约，试图对其进行改革、改变其行为，显然是十分困难的。其二，我国有数十年计划经济的传统，政府主导一切的计划经济的思想深入人心。尽管我们已经进行了30多年的改革，在行政管理体制改革方面取得了进展，但政府在经济体制转型、实现经济追赶的过程中也发挥了领导市场化改革、弥补市场失灵的重要作用。这强化了对政府作用的认同，特别是在政府部门官员们的心中，政府所承担的校正市场失灵的职责，被扩大为对经济活动的普遍和随意干预。即使最近十多年一直推进法治政府建设，强调依法行政，但相关的法律法规和制度并不健全，全社会对于政府应该受到约束的认识还不深刻。

① 尽管中国传统社会也有“法家”思想，具有以法（具体的法规和规则）治国的理念，但法家思想中的法律只是一种统治阶级驾驭下层百姓的工具，它无法或者很难对权力拥有者形成约束。而现代法治背后的理念是“正义”，法律只是正义的具体规定和实现，它不仅对普通百姓构成制约，最重要的是统治阶层（特权阶级）也必须受到正义原则的限制。因此，现代法律体制中最为重要的宪法，它首要的任务是规定政府与民众的关系，对政府的权力进行制约。如果政府不受法律的约束，那么行政管理体制的改革也难以推进。

所以，在一个法治意识缺失、市场意识薄弱的环境中，要想推进不利于相当部分政府官员自身权力和利益的行政管理体制改革，其艰难程度可想而知。虽然在1988年中央就提出了“转变政府职能”的要求，又在2008年的文件中将其作为推进行政管理体制改革的核心内容，但政府职能转变、行政管理体制改革却推进迟缓，这与对改革的长期性和艰巨性估计不足，难以形成壮士断腕的勇气和决心以及相应的举措是分不开的。

（2）对行政管理体制改革的必要性认识不足。2008年金融危机后，中国经济率先回暖。对比欧美日等发达国家近期在经济发展中的步履蹒跚、动荡不前，再加上回顾改革开放30年来我们所取得的巨大成就，不由得使不少人主观上产生了风景这边独好、顾盼自雄的感受。客观上，金融危机爆发以来欧美资本主义国家经济社会发展的黯淡现实，也使得人们对资本主义自由市场经济的理论和实践产生了普遍的怀疑。国内外对于“中国经验”和“中国模式”的讨论骤然升温。虽然对于改革过程中市场经济“姓社姓资”的问题已经少有人还纠缠不休，然而人们对于改革是否再坚持市场化取向，以及如何进一步推进政府管理改革却再难有共识。在一些人看来，计划经济也许已经被证明失败，被绝大多数国家所抛弃，但“政府主导经济发展”、“国家资本主义”、“集中力量办大事”也还是一条可行且符合中国国情并值得其他国家借鉴学习的道路，而没有充分意识到中国已经进入了新的发展阶段，内部矛盾和外部环境都要求改变政府职能，提高政府效率，为此必须加大政府管理改革的力度。在这样的氛围下，是否还应该坚持市场化改革为主的主导方向，政府与市场、社会的关系如何界定，特别是在未来行政管理体制改革中如何完善政府与企业尤其是与国有企业的关系，这一切原本似乎已经有较为清晰答案的问题，在当前形势下又变得模糊不清起来，下一步的行政管理体制改革在不少具体问题上已经缺乏共识，难有方向感。

上述突出问题多是我国行政管理体制中长期存在的，在我国以往的改革中也多次采取措施加以治理，但效果并不理想。其深层次的原因主要还在于全社会对开放的市场经济条件下政府职能定位缺乏深刻的认识，难以在中央的方向基本明确的基础上形成推动政府改革的社会氛围。由于新时期的政府改革缺乏系统的安排，缺乏长远的制度性设计，使一些深层次问题难以解决，这些问题再次沉淀，又成为下次改革中亟待解决的难点，就这样不断被积累，改革的目标陷入低效率的循环之中，难以突破。

三、新时期我国行政管理体制改革的基本思路

随着中国初步建立开放的市场经济制度以及进入上中等收入水平的发展阶段，各种市场主体的利益诉求更加明确，利益冲突会更加显性化。无论是经济上的转型升级，还是社会上利益多元，老百姓要求社会公平、社会正义的诉求会日益强烈，这些都对政府有效、高效履行职责提出了新的要求。与此同时，技术进步，特别是信息通信技术的发展，为政府有效履行各项职责、为人民群众积极监督政府行为提供了全新的手段，这有助于提高政府的行政能力，以及有助于群众对政府有效监督。因此，从现代化进程中现代国家建设的角度考虑国家与市场、国家与社会的关系，从而设计政府的组织机构和能力建设的时机已经成熟。

（一）发展新阶段对我国行政管理体制建设提出的新要求

新的历史时期，我国经济社会发展所面临的国际国内环境正发生广泛而深刻的变化，这些变化对行政管理制度建设和体制改革提出了新的要求。我们需要对国家的基本职能、政府应该发挥什么作用、如何发挥作用等问题进一步深入研究，建立与我国发展阶段相适应的能够有效促进经济社会可持续发展的行政管理体制。

1. 全球金融和经济危机导致对国家作用的全球大反思

始于2007年发生在美国的次贷危机演变为持续多年的全球性经济危机，既是全球经济发展多重不平衡的必然结果，也使经济全球化格局中国家的作用、政府的职能等问题再次成为理论研究和政策讨论的重点问题。首先，这次危机表明由于金融的复杂程度增加和全球性影响增大，各国政府必须对金融的系统性风险进

行监测和控制，而且一旦危机爆发，国家会成为最后的风险承担者。这就需要重新定义政府的职责和相关权力。其次，由于全球环境压力的增加，人们开始希望政府加强环境保护，并在全球范围内代表国民参加集体行动。最后，新兴经济体的快速发展，发达国家为提高竞争力而诉诸“再工业化”和各种产业政策，会导致政府参与经济事务的格局发生变化。目前，西方社会也已经出现了“国家资本主义”的呼声。这都对我国经济发展形成潜在的压力，迫切需要加快各领域的改革，包括行政管理体系改革以提高行政效率，适应新的国际竞争格局。

2. 技术发展改变了政府职能范围和履行职责的技术手段

技术特别是信息通信技术的发展深刻地改变了经济运行和社会运行的方式，也为政府在解决经济活动负外部性、提供公共物品、维护社会公平等方面提供了更多的选择、更有效的手段。这要求我们重新审视政府以什么样的方式履行其职责，讨论党和社会以何种更加有效的方式监督约束政府，发现新的问责方式。

纵观人类发展历史，发达市场经济国家的政府之所以能够有效地履行政府职责，其中最重要的因素之一就是政府充分利用先进的信息通信技术，确保政府能够获得有关经济发展、社会发展方面的充分信息，做出科学决策。与此同时，利用新兴技术更好地为公众服务。例如，美国政府一百多年前就开始统计国家的就业情况，对这一反映宏观经济形势的指标的把握，有助于政府确定政府政策，并为公众提供服务。

3. 市场经济的发展要求政府加强监管职能

我国市场经济发展迅速，多种经济主体参与市场竞争，但法治建设和监管体制建设相对滞后。法治难以对规范市场发展提供支撑，监管的组织体系、监管能力、监管资源和监管问责的多个环节都存在缺陷，所以导致市场秩序混乱，经济效率受到损失，消费者权益得不到保护，公共利益受到损害，人民群众对此非常不满。市场经济条件下的监管不同于计划经济时代的行政干预，必须遵循依法、透明、专业、独立、可问责的原则，政府干预市场的自由裁量权受到限制。

4. 工业化、城市化的发展要求政府为全民提供社会保障

工业化和城市化，使大批国民从农业社会进入了工业社会，生产方式和生活方式发生了巨大变化。大规模机械化生产导致大规模组织化就业。同农耕经济中以家庭为单位、依靠土地生存的就业方式相比，工业化大生产使工人面临失业、工伤、退休等一系列随工业社会和现代文明而来的问题，所以必须要有相应的制度安排，为所有国民提供社会救济、包括退休金在内的各种社会保障。各发达国家的发展历程表明，国家和政府成为为全体国民提供福利保障、应对各种风险的最终责任人。所以，发达工业化国家都有比较发达的福利制度，或者说由国家组织提供覆盖所有国民的福利制度成为现代国家的重要职能。可以说，现代国家一

定是福利国家。

5. 国民权利意识的觉醒要求加快国家制度建设和政府职能转变

经过多年的持续高速增长，我国进入了上中等收入水平的历史阶段，目前正处在向高收入社会过渡的关键时期。我国经济面临从要素驱动向效率驱动和创新驱动的增长方式转变，社会面临从农村分散居住形态向城市居住形态转变，贫富差距拉大、政府公权力缺少有效约束等矛盾会进一步显现。如不加快转变经济发展方式，有可能落入“中等收入国家陷阱”。但是发展方式能否转变，在很大程度上也取决于行政管理体制改革能否有实质性进展。不推行有效的改革，一些行政性垄断和地区块块分割的现象不能解决，统一开放的现代市场体系不能真正形成，政府的职能不转变，与民生相关的社会问题就难以根本解决。

更加重要的是，群众在解决温饱问题后，不但对住房、教育、医疗、养老等服务的需求增加，而且追求机会均等、社会正义的意识也不断觉醒。特别是多年来我们所形成的城乡分割格局没有发生本质的变化（农村居民难以变成城市、特别是发达地区城市的永久居民就是一个非常典型的例子），群众、特别是农村居民要求平等权利的意识会逐步变得更加强烈。这样，市场经济导致的利益分化会显性化。这要求国家必须公平对待所有的国民，努力保障平等提高所有国民的福祉，由此形成国家和居民的新契约，并通过转变政府职能来履行这种新的契约。

（二）从“现代国家建设”的角度认识加快行政管理体制改革的重要性

尽管如何深化行政管理体制改革在党的文件中已经有了很好的论述，但在近年的实践中却难以取得实质性的突破，这是由于我国独特的历史传统、经济全球化的现状、缺乏未来改革的共识等多种因素综合造成的。因此，新时期要进一步深化行政管理体制改革，力图取得真正的进展，首先需要凝聚改革的共识，明确改革的方向和措施。因为指导人们行动的是人们的观念，当前行政管理体制改革推进迟缓的一个重要原因是人们在未来具体改革的方向和措施上难以达成共识。

分歧的焦点是政府和市场的关系，“市场多一点，还是政府多一点”是永远值得争议的话题。要确定和判断中国行政管理体制进一步改革的大方向，也必须放到中国的现实环境中。自清末以来，中国处在一个从具有两千多年王权专制的传统国家逐渐转向民主法治的现代国家的进程中；自新中国成立以来，中国处在由农业化社会逐渐转向工业化社会的现代化的进程中；自改革开放以来，中国处在一个由计划经济体制逐渐转向社会主义市场经济体制的过程中。回顾历史，展望未来，我们就可以更为清晰地看到当前行政管理体制的方向和任务，事实上这也正是党的文件中已经明确指出的，建设一个“服务政府、责任政府、法治政府和廉洁政府”，“把不该由政府管理的事项转移出去，把该由政府管理的事项切实管好”，实现“政府职能向创造良好发展环境、提供优质公共服务、维护社会公平正义的根本转变”。

既然党的文件已有如此明白无误的阐述，而且应该说也得到了绝大多数人的认可，那么为什么行政管理体制改革的具体方向和实践还会存在如此多的争议呢？这是因为正如上所说，“政府和市场”、“公平和效率”是永远会引起争论的议题，相关的政策讨论既要考虑一般原则，同时必须分析不同时期的主要矛盾和具体问题。人们都同意政府应该“把不该由政府管理的事项转移出去，把该由政府管理的事项切实管好”，然而对哪些是政府该管的，哪些是政府不该管的，在政府该管的事项中政府又该管到什么程度等，应该有一些基本的原则作为改革的指导，才有利于在讨论中形成真正的共识。

因此，在新时期推进行政管理体制改革，要回答到底国家、政府的职能是什么，从根本上讲，必须从“建设现代国家”①的角度出发进行思考和设计。这里的“现代国家（Modern State）”是指作为国家机器和政体制度的国家（State），不是指包含领土和国民的国家（Country）。人类发展史和现代化历程表明，一个现代化的国家（Modern Country），必须要有现代的国家制度（Modern State）。建立高效廉洁法治政府，是国家现代化过程中“建设现代国家”的重要内容。从建设现代国家、实现现代化的理论框架和研究视角出发，能够回答行政管理体制改革的目标和方向，并指导政府在具体实践中如何回答“究竟哪些应该政府来做、做到什么样的程度”的问题。

从历史的经验来看，现代国家的产生与合法性来自于人民与国家之间的契约，这个契约确定了国家必须保障人民的一组基本权利，由此获得了人民授予的包括合法垄断暴力在内的一组权力，国家以及代表国家的政府利用这些权力履行对人民的义务和责任。现代国家中政府的责任和职能、政府与普通民众的关系是一个不断演进的过程。我们党的执政纲领是全心全意为人民服务，满足人民日益增长的物质文化需求，保障人民的政治经济文化和社会权利，这就成为新时期我党执政合法性的来源。中国如何建设现代国家，其政府责任和职能如何界定，政府、市场和社会关系如何安排，都需要与中国的实际密切结合。现代国家是法治国家，所以我们要建立一个法治政府；现代国家是预算国家，所以我们要建立现代财政制度；现代国家是监管国家，我们要加强和完善政府的监管职能；现代国家是福利国家，我们要加强和完善政府公共服务。所以，我国新时期改革的目标就是通过全面的制度建设，完成国家建设，以现代国家建设（nation-building）

① 人类发展史和现代化历程表明，一个现代化的国家（Modern Country），必须要有现代的国家制度（Modern State）。现代国家也可表述为“现代民族国家（Modern Nation-State）”，它是近现代的产物，最早的“现代民族国家”的出现是在文艺复兴和宗教改革之后，人从宗教意识形态支配下的社会有机体中独立出来，成为独立的个人，就会出现“我是谁”（我属于哪一类人、哪一个社会或政治共同体）的问题，因此产生了基于现代认同和民族主义的现代民族国家。参见金观涛：《探索现代社会的起源》，社会科学文献出版社2010年版。

成为统率现阶段各项改革的纲领。

从现代国家的角度出发，根据建设现代国家的具体要求，结合国际的背景和国内的形势，确定新时期政府应该有什么样的定位，负有怎样的职责。一个普通的中华人民共和国的民众，在现阶段究竟拥有何种的权利，而政府在保障上述权利中又该起到怎样的作用。其次，在明确政府的职责后，要从系统架构、组织设置、运行机制、程序规则四个方面入手，优化行政管理体制和运作机制，提高政府机构的效率。再次，在明确政府职责和优化政府机构的基础上，应从信息公开、公众参与、科学决策和问责机制四个方面，分析如何推进对政府行为的监督制约。

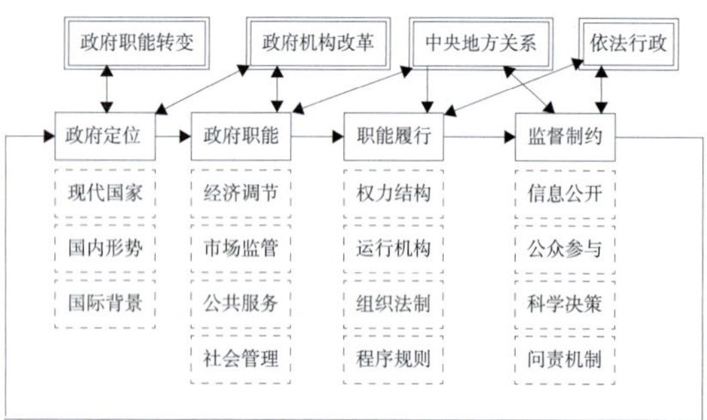

图2 从"建设现代国家"的角度推进行政管理体制改革

（三）从加强法治政府建设入手，推动行政管理体制改革的实质性突破

1. 加强法治政府建设应该成为新时期行政管理体制改革的突破口和抓手

以上论述了当前行政管理体制改革为何在实践中滞后于理论，并提出新时期应当从建设现代国家的角度出发，重塑政府、市场和社会的关系，界定政府的职责，从而推动政府管理改革的具体深化。然而，我们同样可以看到，基于我们前述的原因，中国行政管理体制改革具有异常的艰巨性、复杂性和长期性，并不是提出一个新口号，按照一个新理念就可以取得突破的。行政管理体制改革牵一发而动全身，要想实现真正的进展，就必须找准症结和改革的突破口。加强法治政府的建设应该成为其中的应有之义。

首先，当前社会失范、信用缺失愈演愈烈，社会矛盾日益激化、群体事件层出不穷，食品安全危机遍及了社会的每个角落，形成人人自危的局面。"不讲规矩"已经成为中国迈向现代化国家的最大障碍，而背后的根源又是"政府不讲规矩"——公权力没有受到有效制约，政府官员没有得到有力的监督。所以，"如何让政府讲规矩"是重建社会秩序的关键，也是行政管理体制改革的头等大事。

其次，目前人们对于政府和市场应该如何发挥作用、发挥怎样的作用还存在相当多的分歧，对于政府机构是否要精简、中央地方责权如何划分也有许多争议，然而对于加强对政府的监督、强化政府依法行政，有着最为广泛的、最为一致的共识。我们必须从所拥有的最基本、也是最大的共识出发，推进行政管理体制的改革。

第三，正如前所述，中国两千多年来都是专制统治的等级社会，泛道德主义倾向严重而法律精神缺失，等级观念、特权思想深入人们的骨髓。而这种等级和特权观念与市场一旦结合，如果没有法律的制约，必然形成相应的权贵市场经济。因此，对当前深化行政管理体制改革的最大障碍就是这种“权”、“钱”的不断结合，以及它所衍生的庞大的利益集团。而要打破这种障碍，最为有效的方法只能是加强法治。

2. 以推行依法行政为契机，实现政府法治建设和行政管理体制改革的互动

事实上，“建立法治国家”、“建设法治政府”一直也是推进行政管理体制改革的重中之重。党的十五大报告系统阐述了依法治国的理念，1999年《宪法》中明确提出要建设社会主义法治国家。2004年，国务院发布《全面推进依法行政实施纲要》，提出通过建设法治政府，促进建设法治社会。在2008年的《深化行政管理体制改革的意见》中，在论述如何“加强依法行政和制度建设”中，开宗名义，就谈到“遵守宪法和法律是政府工作的根本原则，必须严格依法行政，坚持用制度管权、管事、管人”。然而，法治政府的建设不仅仅是相关法律条文的制定和相应口号的提出，法律要想真正发挥作用，必须依靠具体的案例。没有现实中的司法实践，没有活生生的案例，再详细完美的条文、再响亮动听的口号也难以产生实际效果。

以对现代国家建设有典型意义的重要案例或重大公共事件为契机，中央政府直接参与、监督，依法进行调查处理。处理过程严格依法，积极鼓励公民参与，确保处理结果公开透明，在法律允许的范围内尽量做到过程透明。以这种现代“徙木立信”的方式普及法治观念，树立法治权威，逐渐化解民怨，赢得民心，争取民意，重建社会秩序，重塑政府信誉，重申党的领导。中央政府依法干预经济社会事务的每一个案例，都有助于缓解社会矛盾，重塑社会秩序，有助于推动依法行政、深化体制改革，有助于确定党、国家、政府、市场、企业、社会、公民的新关系，有助于重新确定政府的边界以及不同层级间政府的关系等。

四、新时期深化我国行政管理体制系统化改革的重点领域和环节

（一）转变观念，从重塑国家合法性来源的高度深刻理解转变政府职能的重要性

政府职能转变是深化行政管理体制的核心任务。当前的行政管理体制改革的实践日益表明，社会主义市场经济体制能否确立、经济发展方式能否实现根本转变，关键在于政府职能转变能否到位。如果“政企不分、政资不分”的问题难以解决，政府与企业的行政关系和资产关系不规范，现代企业制度和现代产权制度就不可能完全确立；如果各种行政垄断、行政干预和地方保护主义不打破，统一开放竞争有序的现代市场体制就不可能形成；如果政府干预不当，反映市场供求状况和资源稀缺程度的价格形成机制就难以实现。而价格机制的不完善，必然造成生产资料和生产要素的错误配

置，建设资源节约型、环境友好型社会的目标也难以达到；如果不改变以行政手段和直接控制为主的经济管理方式，灵敏有效的宏观调控体系就不可能建立。要解决我国经济发展中长期存在的深层次问题，如粗放增长方式、盲目投资扩张、低水平重复建设、恶性竞争，都同能否切实推进政府职能转变密不可分。

与此同时，政事不分、政府与市场中介组织不分的问题不解决，政府大包大揽的局面就难以打破。一方面造成政府机构膨胀、人员冗余；另一方面又造成吃饭财政，公共服务、社会事业难以健康发展。政府对于社会保障、劳动就业、公共教育、医疗卫生、群众文化、人口和计划生育、公用事业的投入无法跟上经济增长的步伐；统筹经济社会发展，缩小城乡差距和区域发展差距，实现基本公共服务均等化的任务也难以完成。因此推进各项社会事业，真正贯彻落实"以人为本"的科学发展观，关键也在于政府职能的转变。

新时期政府的主要职能应围绕着"经济调节、市场监管、社会管理、公共服务"四大核心领域。在"十二五"期间，要切实在这四个方面进一步转变政府职能。一是要改善经济调节，更多地运用经济手段、法律手段并辅之以必要的行政手段调节经济活动，增强宏观调控的科学性、预见性和有效性，促进国民经济又好又快发展。二是要"严格市场监管，推进公平准入，规范市场执法，加强对涉及人民生命财产安全领域的监管。加强社会管理，强化政府促进就业和调节收入分配职能，完善社会保障体系，健全基层社会管理体制，维护社会稳定"。三是要"加强社会管理，强化政府促进就业和调节收入分配职能，完善社会保障体系，健全基层社会管理体制，维护社会稳定"。四是要"更加注重公共服务，着力促进教育、卫生、文化等社会事业健康发展，建立健全公平公正、惠及全民、水平适度、可持续发展的公共服务体系，推进基本公共服务均等化"。

但我们也可以看到，当前政府参与经济过多、过深的问题并没有实质性发生转变，而这又与各级政府普遍存在的"GDP至上"的倾向密不可分。因此要切实转变政府职能，最为根本的是需要改变"GDP至上"的倾向。我国多年来坚持以经济建设为中心，把发展工作放在首位，这是中国经济过去30年高速增长的重要原因。经济的高速增长带来人民生活水平的普遍改善，这也成为共产党执政合法性的重要来源。但"发展是硬道理"的国家路线，逐渐演变为了"GDP至上"的简单化目标，在不少人认识中，经济高速增长成为执政合法性的唯一来源。这也因此导致"千方百计保增长"的信念潜移默化地逐渐成为指导上至中央、下到地方的各级政府行为的最根本逻辑，"一心一意搞经济建设"变成了各级政府的头等大事。各级政府往往采取确立一个量化了的发展目标，再把这个目标"科学地"分解，落实到下级政府和官员。很自然，GDP的增长成了各级官员升迁的最主要的指标，"GDP至上"也成为地方政府运作的内在逻辑。因此，地方政府靠经济快速增长获得了官员升迁机会、税收收入和地方经济社会的发展。尽管科学发展观的提出、政府绩效考评体系的完善在一定程度上纠正了各级政府“GDP至上”的倾向，但问题并未得到实质性的改进。

如果说，“以经济建设为中心”是社会主义初级阶段我们必须长期坚持的基本路线，强调高速经济增长在改革开放初期经济发展程度较低、人民生活较为贫困的时期还有非常大的正确性和正当性，那么在中国总体进入中等收入国家，收入分配差距急剧拉大、社会利益快速分化、社会矛盾日益凸显的形势下，科学发展应该成为“以经济建设为中心”的实质内容。简单追求经济高速增长的“GDP至上”主义，并仍然以经济增长为执政合法性的根本来源，这事实上是对新的发展阶段我国经济社会主要矛盾的误判。总的来看，目前中国的经济社会发展已经到了“分好蛋糕”逐渐变得与“做大蛋糕”一样重要的阶段，甚至“分好蛋糕”业已成为了继续“做大蛋糕”的前提。在这种状况下只顾做大蛋糕，而罔顾蛋糕分配的日益恶化，就极有可能造成民众的积怨和社会的动荡，落入中等收入陷阱。仅有经济的高速增长，也已经越来越难为共产党的执政提供合法性来源；甚至如果经济高速增长的好处不能惠及大众而越来越为一小部分人所占有，那么普通民众的被剥夺感就会越来越强烈，这只能起到极大地削弱执政党合法性的效果而不是相反。

所以，当前要切实转变政府职能，就必须改变政府“GDP至上”的倾向，必须彻底改变把经济高速增长的成绩当做执政合法性根本和唯一来源，把实现GDP高增长当做考核政府绩效的主要标准这类陈旧的观念。要准确判断当前社会的形势和主要矛盾，就必须从我国现代化大转型的历史进程考虑国家的定位，树立建设现代国家的理念。按照我们党的全心全意为人民服务的宗旨，党的任务、国家和政府的职能就是要实现人的全面发展基础上的现代化。我党必须通过承诺保障所有国民平等的政治、经济、社会和文化权利，重新订立国家和老百姓的契约，重塑我党执政的合法性来源，建立真正的现代国家。

在快速变革的全球时代中，国家的作用正重新受到广泛关注。构建一个有效的现代国家，是促进一国经济发展、国民福祉改善乃至全球稳定繁荣的必备要件这一观点已逐渐成为全球社会共识（World Bank，1997；福山，2007）。而现代国家职能的充分发挥，则必须通过作为国家表现形式的政府来实现，而政府的结构和规模同国家必须履行的职责有关。因此，转变政府职能以满足我国转变发展方式、重塑我党执政和国家的合法性来源，需要建立与履行国家上述职能相适应的规模适度的政府，是我国行政管理体制改革的重要内容，是现代国家建设的重要目标和根本路径。所以，在推进行政管理体制改革的过程中，要从现代国家是法治国家、预算国家、监管国家和福利国家这四个基本维度考虑国家制度建设和行政体制建设，破除“小政府”的迷思，为切实保障全体国民平等的政治、经济、社会、文化权利而建立一个透明的、高效的、响应国民需求的现代政府、现代国家。

（二）优化结构，稳步和坚定推进政府机构改革

如前所述，经过改革开放以来六轮的机构改革，政府机构与编制设置状况以及政府本身都已经发生了显著的变化。在服务市场经济建设、机构改革思路、公务员规模控制、制度化和改革技术细节等方面取得了明显的成绩，政府机构设置和人员编制管理逐步规范，行政效能有所提高，为市场经济体制改革的不断深化提供了重要的制度保障。

然而，当前各级政府部门机构重叠、职能交叉、权责脱节、政出多门的问题依然较为突出。政府机构设置仍需进一步调整和优化，数量偏多、规模过大，部门分工过细，定位不甚清晰。与此同时，中央机构改革与地方机构改革、党群机构改革、事业单位改革、公务员内部结构调整、政府过程完善和行政区划调整等改革的统筹结合也不尽如人意。因此，新时期需要继续深化政府机构改革。

1. 从切实转变政府职能出发，理顺部门间职责和关系

转变政府职能是政府机构改革的关键，从已有政府机构改革的历程来看，虽然在改革的具体操作、细节上有所反复，取得成果也有大有小，但大方向一直较为明确，即政府机构改革的目的是要适应建设社会主义市场经济体制的需要。因此政府机构改革不是一个一蹴而就的任务，而是一个不断深化的动态过程。在不同的时期需要根据建设社会主义市场经济体制的需要，确定政府职能的重点所在，从而推进政府的改革。

为了有效解决机构重叠、职责交叉、政出多门的问题，自2007年以来，中央开始提出“探索实行职能有机统一的大部门体制”，从当时的具体要求来看，“行政管理成本过高、人员过多、机构过庞过杂，挤压了各级政府在社会管理和公共服务方面的投入，导致吃饭财政的局面”是推进大部门体制改革的一个重要理由。所以，从机构改革的实践来看，都或多或少地把精简机构、裁减人员作为机构改革的首要目标，甚至作为衡量改革成效大小的标准。历次机构改革确实也对公务员规模的快速扩张起到了有效的抑制作用，据统计，1988年以后公务员规模快速增长的趋势得到了控制，扩张速度放缓①。应该说，把“精简机构、裁减人员”作为政府机构改革的重要内容，在现实条件下具有正当性与合理性。从政府有效履行职责的角度看，机构改革的关键不在于部门的合并增减，而是政府职能的有机整合与统一。如果没有政府职能的调整和整合，只是把部门数量减少，并不能有效解决部门之间的协调问题。政府机构作为政府职能的载体，其调整与政府职能的转变是紧密相连的，机构改革必须把政府职能转变、人员合理调整和政府机构改革三者有机地结合起来。“十二五”时期，理顺权责关系成为继续推进大部门体制改

① 朱光磊等：《政府机构改革三十年——回顾与建议》，载《北京行政学院学报》2009年第1期。

革的核心内容，需要统筹考虑职能配置和各种类型的机构设置，使政府在保持合理机构数量的基础上全面履行职能，逐步形成更加精干高效的现代政府组织结构。

2. 加强政府机构改革与党群机构改革、事业单位改革等其他相关改革的统筹协调

当前政府机构改革暴露的许多问题，包括“政府职能的错位”、“政府间关系的错综复杂与条块分割”，乃至“党政不分、以党代政”等深层次的矛盾，不仅涉及政府行政管理体制方面，更涉及政治体制的结构性问题。事实上，横向上的政府职能交叉不仅表现在行政机构内部各职能部门之间，也表现在党、政、群之间，表现在人大、政协和“一府两院”之间。与此同时，事业单位的改革、社会组织的培育也是政府职能可以实现有效转变的前提条件，否则政府转出去的一些职能没有相应的社会承接者。因此，仅仅靠推行政府机构改革难以完全解决问题，而有赖于政治体制和行政管理体制的多环节改革措施的配套协调实施。政府体制改革必须要与党群机构改革、事业单位改革统筹协调进行。

3. 推进中央政府机构改革

按照现代化对政府职能的要求，改革政府管理体制，调整政府组织结构，除了强化国家和政府依法建立和维护社会、经济的秩序这一基本职能外，要加快落实政府“经济调节、市场监管、公共服务、社会管理”的职能，根据落实这些职能的需要，调整和优化政府组织结构。要加强政府宏观调控职能，加强竞争秩序监管和社会性监管，加强服务供给，创新社会管理，为此需要进一步减少政府对微观经济活动的直接干预，强化专业监管部门依法监管的能力，落实政府公共服务的筹资、购买、审计评估和监管职能。按照上述职能要求，以及决策、执行、评估和监督分开的原则对政府机构设置进行调整。中央政府要进一步理顺信息通信、交通、文化、社会保障等几大领域的管理体制。在涉及与国家认同有关的公民基本权利的领域，涉及市场统一和竞争秩序的领域，要强调中央政府的责任，逐步建立垂直一体的管理体制。从切实转变政府职能的要求出发，抓好如下几个领域的机构改革，建立综合性强的大部门体制：信息通信、能源管理、文化产业、交通产业、社会保障等。

加快中央一级监管机构的组织体系的完善和监管能力的提高，特别需要理顺一般性市场秩序维护与专业监管之间的关系。

（三）理顺关系，合理划分中央与地方权责

1. 构建合理的中央—地方关系是深化行政管理体制改革、建设现代国家的重要组成部分

中国是一个幅员辽阔的国家，各地之间的经济社会发展差距巨大，如何一方面维护国家的统一和完整，促进各地之间的协调发展，另一方面又充分调动起各地发展的积极性；如何在集权和分权之间找准平衡，构建合理的中央—地方关系，有助于在促进效率的同时保持公平，是中国建设现代国家的一个核心内容，也是深化政府行政管理体制改革的重要部分。

2. 明确中央—地方的权责是构建合理中央—地方关系的根本核心内容

上述中央—地方财政关系和行政关系所存在的矛盾，表面上看，是各级政府究竟应该承担哪些事务，以及如何组织获得财力分担这些事务的支出责任，并组织机构和人力具体实施的问题。根本上看，则是不同层级政府间权利边界不清的问题。正因为权利不清，则造成责任不清、权责难以对等；而权责不清，则导致财政收支上的问题。

事实上，如何合理划分中央和地方在经济社会事务上的管理责权，2003年在《中共中央关于完善社会主义市场经济体制若干问题的决定》中亦有较为明确的说法，即“属于全国性和跨省（自治区、直辖市）的事务，由中央管理，以保证国家法制统一、政令统一和市场统一。属于面向本行政区域的地方性事务，由地方管理，以提高工作效率、降低管理成本、增强行政活力。属于中央和地方共同管理的事务，要区别不同情况，明确各自的管理范围，分清主次责任。根据经济社会事务管理责权的划分，逐步理顺中央和地方在财税、金融、投资和社会保障等领域的分工和职责”。然而由于在具体事项上，中央—地方权利的划分牵涉面广、非常复杂，总体来看，此项改革的进展未尽如人意。

3. 合理划分中央—地方权利要根据建设现代国家的要求，纳入法制化的轨道

中央和地方的权责划分，不能仅仅停留在一些模糊的原则上，而是要落实到具体的事项上；而如何划分、划分的具体结果也不能仅仅是中央和地方关起门来的博弈，最后变成一些不成文的规则或者暂时性的规定，而是要根据建设现代国家的要求，将其纳入法制化的轨道。中央和地方在不同的事务上究竟有哪些权利，需要制度化、明确化、法制化，并以此来规范中央—地方之间的关系，在这个基础上合理确定各级政府的财权、事权和支出责任。

建立以一般性转移支付为主导、纵向转移与横向转移相结合的转移支付新体系。

（1）完善标准支出标准，自下而上确定一般转移支付数额。

（2）发挥省级政府承上启下的作用，优先保障一般性转移支付资金需求。

（3）整合、提高专项转移支付，推动政府职能转型。

（四）提高能力，加强公务员队伍建设和完善政府有效履行责任的条件和手段

贯彻实施《公务员法》，加强公务员队伍建设，不断完善公务员考试录用制度、流动机制和任用管理制度，改进考核制度，强化对公务员的教育、管理和监督，逐步建立竞争择优、能进能出、能上能下的用人机制。加强公务员培训，推进公务员工资制度改革，优化公务员队伍结构，建立起一支高水平的公务员队伍。从我国公务员队伍的结构看，中央政府机构的规模过小，公务员人数不够，难以承担日益繁重的政府行政职能。所以在提高公务员素质的同时，要适度扩大中央政府部门的公务员

人数。

"十二五"期间，要加强政府"有效行政的基础设施建设"，为政府有效履行职责提供必要基础条件和良好的技术手段。重点是要完善统计体系，充分利用信息化时代信息收集和处理的成本低、方便快捷的特点，建设完备的国民经济统计体系。加快推动电子政务建设，提高政府内部的办公效率，提高对全体国民的服务质量，为公众了解公共事务、参与公共决策提供更加便捷的条件。特别是要在党中央、国务院的督促下，实现各政府部门之间的基本政府信息的联通共享。具体而言，就是要在"十二五"期间建立以国民身份证号码为唯一代码、综合各类相关信息的国家人口信息基础库，并在此基础上建立家庭收入、社会保障等重要信息库。这是各级政府科学决策的基础，也是有效履行职责、提高行政效率的有效手段。

完善行政程序，规范行政机构、服务机构工作人员的行为，以严格的规范和程序保证所有公务员、政府雇员都能够对国民的要求做出积极的响应，高效率地为人民服务，而不是推诿、无作为。

（五）加强内部约束，建立科学合理的政府绩效考核制度

科学合理的绩效考核制度，是提高政府效率、加强政府问责的重要制度安排，也是行政管理体制改革的重要内容。按照"目标明确、环节完整、公平协调、分类评价、动态调整、操作方便"的原则构建我国科学合理的政绩考核制度，具体的做法包括：清晰界定的评估对象、详尽分解的考核内容、适度多元的考核主体、规范透明的考核程序、科学全面的考核指标、定性考核与定量考核相结合的考核方法、公开公正的考核结果。

建立科学合理的政绩考核制度的措施包括：制定政绩考核的指导性文件，逐步实现制度化和法制化，从制度和法律上规范政绩考核；加强政绩考核信息的披露，并将考核制度与奖惩制度相结合；鼓励第三方专业机构参与政绩考核，充分发挥专业评估和研究机构的作用；合理定位政绩考核，逐步推行。

我国政府开展政绩考核必须立足国情，针对不同部门和地区的实际情况逐步推行。就全国范围来看，在“十二五”期间，可按照东、中、西、东北四大区域板块，结合国家主体功能区规划确定的四类主体功能区，各选择一个省级行政区域进行政绩考核试点。按照不同的主体功能要求设置政绩考核方案，同时对不同的行政层级，例如对中央、省、市(地）、县（市）、乡（镇）五级政府机构要设置不同的考核指标和考核标准。重点选择比较贴近实际、贴近社会、工作比较具体以及比较易于进行量化评估的部门和地区进行试点，从中取得经验，逐步推广。

（六）加强社会监督，扩大公众参与，推进依法行政

依法行政、建立法治政府是依法治国、建立法治国家的先导和切入点。全面推进《依法行政实施纲要》，鼓励社会监督，完善对政府的问责机制。

一要鼓励社会监督，完善对政府的问责。尽快将《政府信息公开条例》提升为国家法律，推进政务公开，增强公共政策制定透明度和公众参与度，提高政府工作透明度，扩大公众的参与，保证人民群众的知情权、参与权、表达权、监督权。推进行政复议和支持行政诉讼，加强对政府的问责。要加强各级人大和政协对政府依法行政活动的监督，重点加强责任追究，真正做到有权必有责、用权受监督、违法要追究。

二是要推进司法国家化，维护司法公正。保证检察机关和司法机关应有的独立性，不受任何层级的政府部门、社会团体、社会组织和个人的干涉。建立法治国家，不仅要完善法律体系，更应该保证司法公正；不仅要建立对行政执法进行监督的问责机制，更要对司法公正性进行监管。所有法院都应该由中央政府统一供养，从财务上独立于地方政府，有助于维护司法独立，有效克服地方保护主义的干扰。探索设立巡回法院和宪法法院，使纸面上的法律条文成为具体的现实。

三是要建立依法行政的启动机制。应该充分利用当前网络等媒体信息全、传播快、影响大的特点，从中选择一些典型的事件，在代表中央政府的国家机构和部门直接参与和监督下，通过严格的司法程序进行处理，积极鼓励公民参与，确保处理结果公开透明，在法律允许的范围内尽量做到过程透明、上下互动，从而起到举一反三、建章立制的效果。要重点针对那些必须推动、可以推动、推动以后有重要影响的领域（例如涉及政府管理体制改革的社会难点和热点问题）进行突破，力图通过一系列的典型事件表明推动改革的决心、重塑政府的公信力，树立政府依法行政的形象，从而推动政府管理体制改革的实质性突破。

国务院发展研究中心

“改革的重点领域与推进机制研究”课题组

（行政管理体制改革专题）

负责人：高世楫　杨　丛

成　员：宣晓伟　孙志燕

优化政府间事权财力划分

国务院发展研究中心“改革的重点领域与推进机制研究”课题组

一、我国政府间事权划分的沿革与现状

在不同层级政府间进行事权界定和划分，首先需要厘清政府和市场、政府与社会的关系，需要明确政府拥有何种职能。道理很简单：政府职能的性质不同，各级政府履行相关职能所需拥有的权责也不一样。政府职能变了，各级政府拥有的权利和义务也会相应做出调整。

改革开放以来，伴随着计划经济向市场经济的转型，伴随着工业化和城市化的快速推进，伴随着日益融入国际社会，我国的经济运行机制、居民生活方式、社会管理方式发生了深刻变革，政府职能以及政府履行职能的方式也发生了重大变化。因此，考察我国政府间事权划分的演变，离不开政府事权（职能）演变的大背景。

（一）我国政府职能演变的基本轨迹

改革开放以来，我国政府职能的演变大体经历了三个阶段。

20世纪80年代，政府职能演变的主要特点是“退”。所谓“放权让利”，在政企关系方面，就表现为政府向企业下放经营自主权，同时逐步引入市场机制来引导社会生产、调节供需平衡。

20世纪90年代，政府职能演变的主要特点是制度创新，即根据建立社会主义市场经济体制的总体要求重构政企关系、银企关系以及政府间的财力分配关系。具体如：实施工商税制改革，为内资企业创造公平竞争环境；推动国有资本战略重组；推动国有企业实施股份制改造，建立现代企业制度；分离政策性业务和商业性业务，把国有专业银行改造为国有商业银行；加快建立社会化的企业养老和医疗保险制度；以及在划分政府事权和财力的基础上推行分税制等。

进入21世纪（特别是党的十六届三中全会以来）以来，政府职能演变的主要特点是着力强化政府在弥补市场失灵方面的职能。具体如：推动建立覆盖全社会的养老、医疗社会保障新体系；加大环境保护力度，建设资源节约型、环境友好型社会；增加对教育、科技和研发投入，推动建设创新型国家；增加对中西部地区和主体功能区建设的支持力度，促进地区协调发展等。

世界银行从政府和市场的关系入手，曾把政府职能划分为基本职能、中级职能和高级职能，强调指出，各国政府应根据自身财力优先保障履行基本的政府职能（见表1）。我国是一个发展中大国，也是一个转型国家、后起追赶型国家，特殊的历史、文化和发展阶段，决定了我国政府是“大政府”，世界银行罗列的各项政府职能，我国政府均有涉及。

（二）政府间事权划分的演变与现状

20世纪80年代的“放权让利”，不仅包括政府向企业和个人的“放权让利”，还包括政府之间的“放权让利”，即中央政府（上级政府）通过向地方政府（下级政府）下放资金、企业管理，投资审批等权力，来调动各地发展经济的积极性。

根据建立社会主义市场经济体制的总体要求，党的十四届三中全会决定借鉴发达国家的

表1　不同类型政府职能的重点

政府职能	替代市场	弥补市场失灵			促进社会公平
基本职能	对特定产业和企业补贴、价格管制	提供纯粹公共物品：国防、外交、司法、治安、宏观经济管理、公共卫生			保护弱势群体：扶贫和保护
中级职能	以国有企业形式控制自然垄断、公用事业和金融等特殊行业	解决外部效应：基础教育、环境保护	规范垄断行业：公用事业管制、反垄断政策	克服信息不对称：金融法规、消费者保护	提供社会保障：社会保障、社会救济
高级职能	政府直接从事竞争性经济活动	协调私人活动促进市场发展			再分配：资产再分配

资料来源：王蕴：《中国财政职能定位及财政职能调整优化的思路》，载《经济研究参考》2009年第26期。

普遍做法，在划分中央和地方支出范围的基础上实行分税制改革。这次改革勾勒了市场经济条件下我国政府职能划分的基本框架。其具体划分情况如专栏一所示。在中央和各省（市、区）之间实行分税制改革之后，各级地方政府也先后实施了分税制改革，明确了上下级政府之间的事权和财力划分。

专栏一

中央与地方事权划分的基本框架

中央政府：承担国家安全、外交和中央国家机关运转所需经费，调整国家经济结构，协调地区发展，实施宏观调控所必需的支出以及由中央直接管理的事业发展支出。具体包括：国防费，武警经费，外交和援外支出，中央级行政管理费，中央统管的基本建设投资，中央直属企业的技术改造和新产品试制费，地质勘探费，由中央财政安排的支农支出，由中央负担的国内外债务的还本付息支出，以及中央本级负担的公检法支出和文化、教育、卫生、科学等各项事业费支出。

地方政府：承担本地区政权机关运转所需支出以及本地区经济、事业发展所需支出。具体包括：地方行政管理费，公检法支出，部分武警经费，民兵事业费，地方统筹的基本建设投资，地方企业的技术改造和新产品试制经费，支农支出，城市维护和建设经费，地方文化、教育、卫生等各项事业费，价格补贴支出以及其他支出。

其中：省级以下政府，县以上地方各级人民政府依照法律规定的权限，管理本行政区域内的经济、教育、科学、文化、卫生、体育事业、城乡建设事业和财政、民政、公安、民族事务、司法行政、监察、计划生育等行政工作。乡、民族乡、镇的人民政府执行本级人民代表大会的决议和上级国家行政机关的决定和命令，管理本行政区域内的行政工作。

注：根据《国务院关于实行分税制财政管理体制的决定》整理。

20世纪90年代的分税制改革毕竟是粗线条的。随着社会实践的发展和认识的不断深化，进一步完善和调整我国政府间事权划分势在必行。2003年，党的十六届三中全会明确提出，要“按照中央统一领导、充分发挥地方主动性积极性的原则，明确中央和地方对经济调节、市场监管、社会管理、公共服务方面的管理责权”。“属于全国性和跨省（区、市）的事务，由中央管理，以保证国家法制统一、政令统一和市场统一。属于面向本行政区域的地方性事务，由地方管理，以提高工作效率、降低管理成本、增强行政活力。属于中央和地方共同管理的事务，要区别不同情况，明确各自的管理范围，分清主次责任”。“根据经济社会事务管理责权的划分，逐步理顺中央和地方在财税、金融、投资和社会保障等领域的分工和职责”。近年来，有关方面在完善事权划分方面做了大量探索，具体如：将举办农村义务教育的责任上划到县；“扩权强县”，在投资、项目审批等领域赋予县级政府更大的自主权；土地监察等部门垂直管理，由省级负责；强化基层政府提供公共卫生和医疗服务的责任等。

从全过程分析的角度看，政府履行各项职能都要包括决策制定、政策实施、资金提供、监督保障等环节。在各项职能的不同环节上，各级政府承担的责任大体如表2所示。

以义务教育为例。《中华人民共和国义务教育法》（2006年修订）明确规定：“义务教育实行国务院领导，省、自治区、直辖市人民政府统筹规划实施，县级人民政府为主管理的体制”；“义务教育经费投入实行国务院和地方各级人民政府根据职责共同负担，省、自治区、直辖市人民政府负责统筹落实的体制。农村义务教育所需经费，由各级人民政府根据国务院的规定分项目、按比例分担”。具体讲，目前各级政府在发展义务教育方面的职责分工格局具体如下。

表2　　我国政府各项职能在政府间的分工

政府职能	决策	实施	资金保障	督导监管
外交和国家安全（国防等）	中央政府	中央为主，地方政府配合	中央负担绝大部分财政资金，地方提供少量资金	中央政府
社会管理（市场监管、环境保护、反垄断等）	中央政府制定基本政策，省市级政府制定实施细则	以属地管理为主，上级政府负责协调；对不同层级的管理机关确定相应的审批权限，是在市场准入等领域实施社会管理的常见方法	由各级政府本级财政进行安排，对存在缺口的，上级政府给予一定补助	中央政府、地方政府
公共服务（教育、科技、文化、公共卫生等）	中央、省级政府确定基本政策和指导原则	根据受益范围确定责任主体和管理部门，以市、县级政府为责任主体	由市县级财政负责，中央、省级政府对财力困难者、探索性做法给予适当补助	中央政府、地方政府
公共投资（道路、供电、供水等）	全国范围的发展规划由中央制定，地方发展规划由当地政府根据国家（上级政府）总体规划制定	大型重点工程、跨地区项目由上级部门负责，小型、区域性项目由辖区政府负责；城市基础设施由所在市负责	根据项目属性确定资金保障主体，根据收益原则和项目所在地政府的实际情况，确定上级政府与项目所在地的资金分摊比例，对地方性小型项目的实施，上级政府根据情况给予补助	中央政府、地方政府
社会保障（养老、医疗）	中央制定基本政策，发布实施战略；省、市级政府制定实施细则	属地管理，以市、县级政府为主	由本级财政负担，中央、省对落后地区（居民参保和机构）给予财政补助	中央政府、地方政府

中央政府的职责，主要包括：负责制定教育的法规、方针、政策、总体规划；通过转移支付资金扶持贫困地区、民族地区发展义务教育；对省级教育职责履行情况进行监督指导等。

省级政府的职责，主要包括：负责本地区基础教育的实施工作，包括制订本地区基础教育发展规划，确定教学计划、选用教材和审定省编教材；组织本地区基础教育的评估、验收；建立用于补助贫困地区、少数民族地区的专项基金，对县级财政教育事业费有困难的地区给予补助；制订实施义务教育各类学校的经费开支定额，并制订按照学生人数平均的公用经费开支标准、教职工编制标准和校舍建设、图书资料、仪器设备配置等标准。

地（市）级政府的职责，主要包括：根据中央与省政府制定的法规、方针、政策，对本地区实施义务教育进行统筹和指导。

县政府（含市辖区）的职责，主要包括：组织义务教育的实施，具体包括统筹使用教育经费、调配和管理中小学校长与教师、指导中小学教育教学工作等。

乡级政府的职责，主要是负责落实义务教育的具体工作，包括保证适龄儿童、少年按时入学。有条件的经济发达地区，义务教育经费可仍由县乡共管，充分发挥乡财政的作用。

二、我国政府间财力划分的沿革与现状

（一）我国政府财力的演变

从计划经济向市场经济的转型，重构了政府与企业的分配关系，使政府收入的来源渠道、资金筹集方式发生了根本性变化。

早在1980年，为了调动企业和个人的生产积极性，我国就陆续在多个省市开始了国营企业“利改税”的试点工作。经过80年代中期的两步“利改税”改革，企业过去上缴给国家的利润被改为以所得税方式上缴，与此同时，工商税被细化为产品税、增值税、营业税和盐税，并对原油、天然气、煤炭等矿产品开征了资源税，恢复和开征了城市维护建设税、房产税、土地使用税和车船使用税四个地方税种。经过两步“利改税”改革，我国税收的法律法规逐步建立起来，政府和企业、政府和个人的收入分配关系逐步走上了有法可依的轨道。

1993年，根据建立社会主义市场经济体制改革的总体要求，党中央、国务院又部署、实施了新一轮工商税制改革。这次改革是新中国成立以来规模最大、范围最广、内容最深刻、力度最强的一次工商税制改革[①]。其主要内容包括：实行流转税改革，确立以规范化的增值税为核心，对服务业继续征收营业税，对少数商品征收消费税的流转税课税体系；对内资企业实行统一的企业所得税；实行统一的个人所得税，根据个人收入的不同来源分类稽征，适用统一的税率；此外，还对其他一些税种做了调整，具体如：调整资源税、城市维护建设税

① 转引自：《中国税制改革30年回顾与展望》，http://www.chinatax.gov.cn/n8136506/n8136593/n8137681/n8733545/8741479.html。

和城镇土地使用税；取消集市交易税、牲畜交易税、烧油特别税、奖金税和工资调节税；开征土地增值税、证券交易印花税；盐税并入资源税，特别消费税并入消费税等。改革后，我国税种设置由原来的37个减少为23个，初步实现了统一税法、公平税负、简化税制和合理分权的预期目标。

此后，随着经济社会的发展变化，我国政府的税制又做了一些调整，具体如下。

农村税费改革和取消农业税。为了规范国家、集体与农民的收入分配关系，切实减轻农民负担，党中央、国务院自2001年起逐步在各省（市、区）试点、推广农村税费改革。当时农村税费改革的主要内容，是"三取消、两调整、一改革"①。在前期改革取得初步成效的基础上，农村税费改革的内容自2004年起被拓展为"两减免、三补贴"，即计划用五年时间免除农业税，免除除烟叶外的农业特产税；对种粮农民实行直接补贴，对部分地区农民进行良种补贴和购置农机具的补贴。由于各地高度重视，减免农业税的进展十分迅速。到2006年，在我国延续了2600年的农业税就彻底退出了历史舞台。

"内外资企业所得税并轨"改革。《中华人民共和国企业所得税法》自2008年1月1日起正式实施，结束了对内资企业和外资企业分设企业所得税法律法规的局面，统一了内外资企业的所得税税率和费用扣除标准，为内外资企业创造了统一、规范、公平竞争的市场环境。

增值税转型改革。自2009年1月1日起，我国在所有地区、所有行业开始全面推行增值税转型改革，允许企业抵扣新购入设备所含的增值税（即将生产型增值税转为消费型增值税）。同时，取消进口设备免征增值税和外商投资企业采购国产设备增值税退税政策，将小规模纳税人的增值税征收率统一调低至3%，将矿产品增值税税率恢复到17%。

资源税改革。自1994年以来，我国资源税征收普遍采用"从量定额征收"的办法。随着形势的变化，要求改革资源税征收办法、扩大征收范围、提高税负标准的呼声不断高涨。在总结新疆试点经验的基础上，2011年11月，资源税改革在石油、天然气、煤炭、稀土领域全面铺开。这标志着资源税改革的全面启动。

房产税改革。房产税是重要的财产税，是各国地方政府筹集收入的重要来源。根据国务院1986年9月发布的《中华人民共和国房产税暂行条例》，个人所有的非营业用房产免征房产税。近年来，要求深化房产税改革、对居民房产征收房产税的呼声日渐提高。2011年1月，我国房产税改革（试点）工作在上海、重庆两市同时启动。

30多年来，伴随着政企之间分配关系的重构与调整，政府财政收入的相对规模（占

① 所谓"三取消"，具体指取消乡统筹和农村教育集资等专门向农民征收的行政事业性收费和政府性基金、集资；取消屠宰税；取消统一规定的劳动积累工和义务工。所谓"两调整"，具体指调整现行农业税政策和调整农业特产税政策。所谓"一改革"，具体指改革现行村提留征收使用办法。

GDP的比重）也经历了一个U型发展轨迹。从1983~1993年，我国财政收入占GDP的比重从23%下降到12.7%；分税制改革的实施则扭转了上述局面，从1993~2009年，国家财政收入占GDP的比重从12.8%稳步上升到20.4%（见图1）。

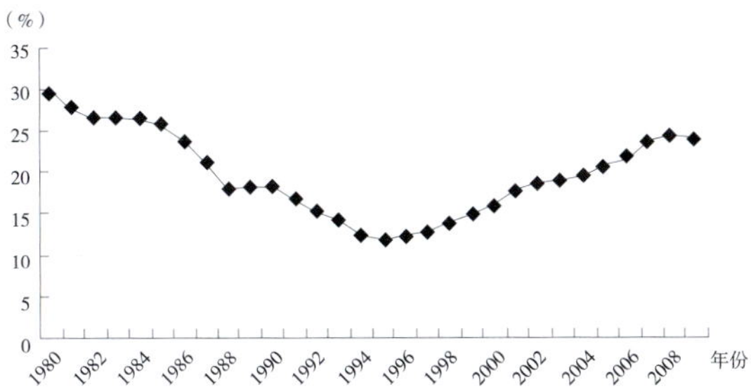

图1　我国财政收入占GDP的比重

根据目前的统计口径，在财政收入之外，还有预算外收入、政府性基金（含土地出让金）。如果计入上述两项收入，那么，2009年我国政府收入的总规模约为93934亿元，约占GDP的27.6%。2010年，全国土地出让金收入大幅增长，政府收入占GDP的比重更是高达31.8%（见表3）。这样的收入规模，和OECD国家2005年税收总收入占GDP的平均水平（35.8%）已相差不远。

（二）政府间分配关系的演变和现状

1. 各级政府对财政收入的划分

新中国成立到改革开放之前，我国财政经济管理体制出现多次“放—乱—收—死”的循环变动。其基本规律是：当需要加强财经纪律以克服严重经济困难时，会多强调财力集中；当需要发挥地方积极性以加快发展时，则会更多地强调向地方和基层政府放权。

早在1980年，为了克服计划经济统得过多、过死的弊端，调动地方发展经济的积极性，我国就开始实行被人们形象地称为“分灶吃饭”的财政体制。该体制的核心是“划分收支、分级包干”，其主要内容为：在收入方面，中央所属企业的收入、关税收入和中央其他收入作为中央财政的固定收入；地方所属企业的收入、盐税、工商所得税和地方其他收入

表3　我国政府收入的真实规模　单位：亿元，%

年份	政府总收入	全国财政收入	土地出让金	政府性基金（不含土地出让金）	预算外资金收入	GDP	财政收入占GDP比重
2005	44462	31649	4927	2342	5544	184937	24.0
2006	54732	38760	6871	2693	6408	216314	25.3
2007	69410	51322	8171	3097	6820	265810	26.1
2008	82295	61330	10786	3562	6617	314045	26.2
2009	93934	68518	14239	4096	7080	340903	27.6
2010	126438	83080	29110	6672	7576	397983	31.8

作为地方财政的固定收入。在支出方面，中央的基本建设投资、中央企业的流动资金、国防费、中央级的事业费等由中央支出；地方的基本建设投资、地方企业流动资金、地方各项事业费及行政费等，则由地方财政支出。

由于“利改税”重组了政府与企业（以及政府与个人）的分配关系，自1985年起，国务院开始推行以“划分税种，核定收支，分级包干”为主要内容的财政新体制。由于当时经济体制其他方面的改革尚不配套，新的财政体制缺乏实施条件，国务院决定，1985~1987年中央和地方收入分配实行“划分税种基础上的总额分成”办法作为过渡；与此同时，维持福建省、广东省既有的收入分配办法不变，以加快福建、广东两省的发展[①]。针对一些省份抱怨收入上缴偏多的问题，为了进一步调动地方积极性，国务院进一步决定，从1988年起，对收入上缴较多的13个省（市），实行“财政包干、一定三年不变”的收入分配办法。

各种财政包干制、分成制调动了地方政府发展经济的积极性，但也带来了中央财力显著下降的局面。从1983~1993年，在财政收入占GDP比重从23%下降到12.7%的同时，中央财政收入占财政总收入的比重也从35.8%下降到了22%。中央财力的显著下降，给中央政府的财政收支平衡带来了巨大压力。从1981~1993年，如果不计入债务收支，中央财政连年赤字，平均赤字规模相当于当年中央财政收入的30%。捉襟见肘的财政收支，严重削弱了政府的经济调控和行政管理能力。

1994年的分税制改革，借鉴市场经济国家的成熟做法，根据事权与财权相结合的原则，按税种划分中央与地方收入。将维护国家权益、实施宏观调控所必需的税种划为中央税；将同经济发展直接相关的主要税种划为中央与地方共享税；将适合地方征管的税种划为地方税，并提出要充实地方税税种，增加地方税收收入（具体划分结果见专栏二）。此后，根据形势发展的需要，我国又对收入划分作了数次微调，具体如：① 调整证券交易税分享比例，将中央分享比例从50%逐步提高到97%。② 所得税分享改革，改变按企业隶属关系确定所得税归属的做法，实行中央和地方按比例分成（铁路运输、国家邮政、四大国有商业银行、三家政策性银行以及海

专栏二

分税制改革确定的
中央与地方收入划分架构

中央固定收入：包括关税，海关代征消费税和增值税，消费税，中央企业所得税，地方银行和外资银行及非银行金融企业所得税，铁道部门、各银行总行、各保险总公司等集中缴纳的收入（包括营业税、所得税、利润和城市维护建设税），

① 中央与福建省的收入分配方法为“划分收支、定额补助、五年不变”，中央与广东省的收入分配方法为“划分收支、定额上交、五年不变”。

中央企业上缴利润等。外贸企业出口退税全部由中央财政负担。

地方固定收入：包括营业税（不含铁道部门、各银行总行、各保险总公司集中交纳的营业税）、地方企业所得税（不含上述地方银行和外资银行及非银行金融企业所得税）、地方企业上缴利润、个人所得税、城镇土地使用税、固定资产投资方向调节税、城市维护建设税、房产税、车船使用税、印花税、屠宰税、农牧业税、农业特产税、耕地占用税、契税、土地增值税、国有土地有偿使用收入等。

中央与地方共享收入：包括增值税、资源税、证券交易税。增值税中央分享75%，地方分享25%；资源税按不同的资源品种划分，大部分作为地方收入，海洋石油资源税作为中央收入；证券交易税，中央与地方各分享50%。

洋石油天然气企业缴纳的所得税继续作为中央收入）。2002年中央和地方分配比例为50：50，2003年以来为60：40。③ 农业税费改革。在农村税费改革的基础上，逐步取消农业税和农业特产税（烟叶特产税除外）。

在中央与省级政府实行分税制之后，省及以下地方政府也仿照中央与地方划分收入的模式实施了分税制改革。但我国政府层级过多，事权难以划分清楚，再加上收入来源（税种）有限，越到基层，政府间收入划分方法差异越大。县乡两级政府间收入的划分，目前虽然大多采用了按税种划分收入的方法，但在分享比例、超计划收入分配、对低收入地区最低收入的保障等方面，各地的做法五花八门、各不相同，充满了“地方特色”。

2. 作为事权与财力匹配失衡校正机制的转移支付制度

分税制改革的一个有机组成部分，是设立政府间转移支付制度。早在1993年，中共十四届三中全会就明确提出，“实行中央财政对地方的返还和转移支付的制度，以调节分配结构和地区结构，特别是扶持经济不发达地区的发展和老工业基地的改造”。1995年，财政部发布《过渡期财政转移支付办法》，开始从收入增量中拿出部分资金用于支持中西部地区、民族自治地区、贫困地区发展。由于中央财力相对有限，当时转移支付的资金规模很小，资金分配也缺乏统一明确的标准，其在均衡地方财力方面所发挥的作用十分有限。

2002年，我国实施所得税收入分享改革。当时中央政府明确承诺，因所得税分享改革而增加的中央财政收入，将全部用于对地方，主要是中西部地区的转移支付。相应的，财政部将原来的“过渡时期转移支付”改称“一般性转移支付”，并建立了一般性转移支付资金的稳定增长机制，从而形成了一般性转移支付、体制补助与上解、年终结算补助与上解、专项补助并存的转移支付新格局①。

此后，随着中央财力的增强，为了配合重大改革举措，中央财政推出了一系列转移支付项目，具体如农村税费改革转移支付、“三奖一补”激励补助机制、资源枯竭城市财力性转移支付、重点生态功能区转移支付、村级公益事业一事一议奖励资金等，中央对地方转移支付的数量显著提高。2009年，中央对地方的税收返还和转移支付高达28563亿元（即便剔除税收返还，也有23677亿元），占中央财政支出的65.2%，地方财政收入的46.7%都是来自中央政府的转移支付和税收返还。

30多年来，伴随着中央与地方对财政收入划分方式的调整，中央和地方、地方各级政府之间的财政分配格局也发生了显著变化。在“放权让利”改革时期，伴随着财政收入占GDP比重的下降，中央财政收入占财政总收入的比重也出现了持续下降的局面（即财政收入“两个比重”持续下滑）。分税制改革确立了按税种划分收入的分配格局，一举扭转了中央财政收入占比偏低的局面。中央财政收入占财政总收入的比重从22%迅速提高并逐步稳定在

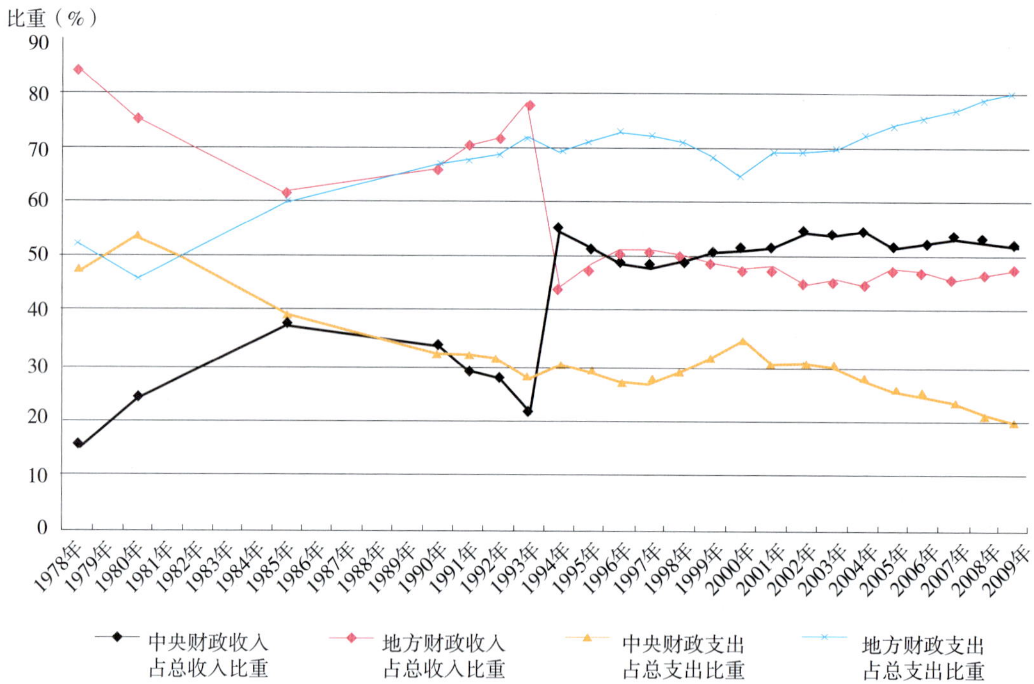

图2　我国财政收入与支出的结构

55%左右。从支出的角度看，虽然分税制显著提高了中央财政收入占财政总收入的比重，由于中央对地方转移支付的力度近年来显著增

① 其中，一般转移支付、体制补助和上解、年终结算补助或上解被统称为财力性转移支付；专项补助常被称作专项转移支付。

大，中央财政（本级）支出占财政总支出的比重却从2002年的30.7%逐步下降到2009年的约20%（见图2）。

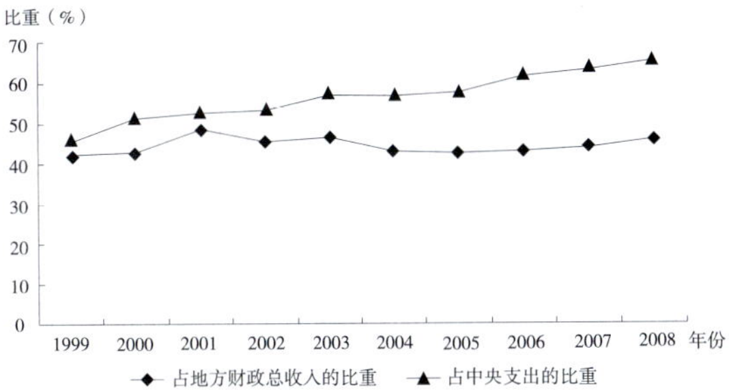

图3　转移支付和税收返还所占比重

随着转移支付及税收返还规模的迅速增长，转移支付及税收返还占中央财政支出的比例从2000年的45%增长到2009年的65.2%。从地方财政角度看，地方财政对转移支付及税收返还的依赖度则越来越高。2009年，中央转移支付及税收返还对地方财政总收入的贡献为46.7%，基本占了地方财政收入的半壁江山（见图3）。在一些落后地区，地方财政对上级转移支付的依赖度更高。以甘肃省为例，2005~2009年，甘肃省财政支出的70%以上来自于中央政府的补助。在宁夏固原，地方财政支出的约95%是来自上级的转移支付。

分税制改革也奠定了各级地方政府间收入划分的基本格局。此后，由于对事权和财力划分进行调整，也由于转移支付力度不断加大，地方政府间的分配关系也发生了显著变化。突出表现就是：县级财政占比显著上升，地市级财政占比显著下降，省级财政在调剂余缺方面发挥更大作用（见表4）。市县两级财政地位的相对变化，清晰地反映了近年来我国政府财力逐步向下倾斜的发展趋势。

三、我国政府间事权、财力划分存在的问题

当前，我国发展面临着不平衡、不协调、不可持续的问题。一个重要原因，就是政府职能缺位、越位乃至错位并存，制约了政府积极作用的充分发挥。加快转变发展方式，推动科学发展，促进社会和谐，政府不仅大有可为，

表4　我国地方财政收支结构的变化　单位：%

	地方财政收入			地方财政支出		
	1994年	2009年	占比变化	1994年	2009年	占比变化
省级财政占比	17	23	+6	25	23	−2
市级财政占比	41	33	−8	32	27	−5
县级财政占比	42	44	+2	43	50	+7

资料来源：转引自国务院发展研究中心招标课题“在放权和约束间建立新平衡：完善我国政府间转移支付制度的思路和行动框架”。

而且大有作为。合理划分政府间事权并建立起相应的资金保障体系，是决定政府能否有效履行职能的关键。从有效履行政府职能的角度看，我国政府间事权、财力划分存在如下问题。

（一）政府职能快速调整，事权、财力划分规范化程度低

计划经济向市场经济快速转型，经济社会快速发展，决定了改革开放以来我国政府职能快速转变的客观现实。应当看到，政府职能转变是一个系统工程，涉及政府机构重组、人员配备调整、相关经费保障以及相关部门权责的合理划分。对于国土辽阔、人口众多、地区差异大、政府机构超级复杂的中国而言，系统实现政府职能转变所面临的挑战则更加艰巨。这就决定了无论是政府职能转换还是调整政府间事权、财力划分，其过程都是渐进的、反复试错的。与此相对应，当政府探索履行一项新职能（承担一项新义务）时，上级政府必然会加强对下级政府乃至基层政府的指导和业务干预，以确保新的制度、新的规则能够在整个政府机构（或试点地区）有效运转。但当该项政府职能基本确立之后，继续维持上下级政府间事权、财力划分不规范的局面，则会因为责权不清而严重影响到政府的整体效能。

（二）权力上收、责任（服务责任）下放，权利与义务匹配严重失衡

在社会管理领域，长期的官本位传统使有关部门不是从便利社会公众，遵守法律法规的角度出发，而是从便利政府工作人员实施管理的角度出发去制订相关制度和实施细则，由此导致了行政审批、行政核准的普遍回归。特别是上级政府部门，更是借助其制定规则的有利地位，纷纷为自己争取更多的审批权限。结果，审批权限层层集中，行政审批过多、过滥，审批过于随意，甚至许多本属事后“知会”性质的备案也演化成了行政审批和行政核准制，严重挤压了地方政府、企业探索自主发展道路的空间，束缚了地方政府、企业创新发展的积极性。像被确定为“国家资源性经济转型发展试点”的山西省，试图借助发展煤化工、拉长煤炭产业链条来探索可持续发展道路都遇到了严格的市场准入限制，更不用说级别更低的地方政府了。

在义务教育、医疗卫生等公共服务领域，基层政府贴近社会大众，在提供公共服务方面具有优势，由其履行提供公共服务的职能是合理的。在现实生活中，我们也是这样做的。但基层政府履行相关职能需要投入大量的人力、设备和场地，需要拥有相应的资金作为保障。近年来，中央、省级政府在增加投入方面也做了大量努力，但如何完善资金保障机制以确保基层政府能够积极地履行相关职能，从而不折不扣地兑现中央、省级政府对社会公众的庄严承诺，却一直没有明确说法。结果，上级政府制定规划但不需要为实施规划提供资金支持；基层政府负责实施规划却没有相关资金保障。这种权利与义务的错位，一方面鼓励上级政府提出超前的、难以完成的规划和目标；另一方面，政策落实难、执行难，地方政府（特别是基层政府）承担了来自社会公众的普遍质疑，甚至在全社会形成了基层政府全面贪污、腐化、低效率的形象，严重削弱了政府的合法性和政策执行力。

在基础设施建设领域，由于引入了收费制度和市场化运作机制，在能够收费且收益有保障的领域（如高速公路建设），其决策和实施都是高度集中的，上级政府都“抓得很紧”。反过来，在缺乏明确收益保障的环节和领域（如小型水利设施的建设和维护），虽然责任主体很明确，但由于基层政府财力比较紧张，政府职能缺位的现象普遍存在。一些中小型水利基础设施由于长期资金投入不足、年久失修，甚至发展成为威胁公众生命财产安全的重大隐患。

（三）上级对下级干预过多过细，依法行政受到严重干扰

由于不需要承担实施责任，上级政府（部门）的新思路、新规划、新举措层出不穷，导致基层政府无所适从。在新规划、新政策难以得到有效实施的情况下，上级政府便把树典型、行政督导、检查评比、达标评优甚至“一票否决”作为推动工作的重要手段。在缺乏有效的制度保障和充足资金投入作为后盾的前提下，强力推行标准化建设、达标评优和“一票否决”，只会导致基层政府疲于应付、大做表面文章和弄虚作假。结果，在单项工作“突飞猛进”的表面成绩背后，基层政府的自主权和整体工作受到严重损害。

在行政督导之外实行严格的资金控制，是上级政府督促下级政府贯彻“重大决策”的重要手段。前面提到，转移支付制度是分税制的有机组成部分，其目的就是解决纵向的（和横向的）事权、财力不匹配问题。近年来，随着财力的不断增强，上级政府对下级政府转移支付的规模不断扩大。2010年，仅中央政府对地方的转移支付支出（不含税收返还）就高达27347.7亿元（决算数）。分析转移支付的结构，我们可以看到，一般性转移支付支出主要是均衡性转移支付、农村税费改革转移支付、调整工资转移支付、教育转移支付、社会保障和就业转移支付等。这些资金虽然被称为一般性转移支付，但除了均衡性转移支付外，其他四项支付金主要是配合党中央、国务院的重大举措而发放的，其主要目的是推动普遍的制度和政策调整，而不是增加地方政府的可支配财力。在一般性转移支付制度之外，则是规模更加庞大的专项转移支付，其范围涵盖了教育、科技、社会保障和就业、医疗卫生、环境保护、农村水事务等几乎所有政府职能。这些资金缺乏可预测性，通常需要基层地方政府开展政府公关，才能“跑部钱进”。这就强化了依靠关系、依靠紧跟政策而不是依靠规则、依据地方实际需要来争取有限财政资源的局面。不仅如此，专项转移支付所扶持的项目，其资金筹集大多采用中央和各级地方政府共同负担的办法，地方政府在争取到项目支持后，还必须

筹集部分资金作为配套，由此导致地方预算（虽然已经地方人大审议批准）频繁进行调整，极大地损害了地方预算的严肃性，干扰了依法行政、依法理财方略的实施。而专项转移支付大多在地方人大会议之后才批复下达，则使其运转脱离了地方人大监督的轨道，显著降低了资金使用效率。

（四）基层政府缺乏稳定收入来源，严重依赖制度外收支（土地出让金收入）加剧了财政运行风险

2010年，我国税收总收入73202亿元，占财政总收入的88.1%。从结构上看，增值税、营业税、消费税占全国财政收入的56.3%①，企业所得税、个人所得税占比为27%。无论是从中央政府还是从地方政府的角度看，流转类税收的贡献都超过所得类税收的两倍以上。这是和世界上大多数国家相反的收入结构。2005年，OECD国家所得税和利润对国家财政收入的贡献平均为商品和服务税贡献的1.2倍。像美国、日本、加拿大、澳大利亚、新西兰、瑞士等国，这一比例都超过了1.5倍。在上述国家，财产税是基层政府收入的重要来源（见表5）。OECD国家的税制结构，充分发挥了税收在调节收入差距、推动社会公平正义方面的积极作用。而在我国，遗产税、赠与税尚未开征，房产税刚开始试点，个人所得税征管存在诸多漏洞，以至于蜕变为工薪税。结果，税收杠杆在调节收入差距、促进社会公平的职能受到抑制，还导致基层政府缺乏稳定的收入来源。

表5　OECD国家的税收收入结构　单位：%

年份	1965	1975	1985	1995	2005
货物和劳务税	38.4	32.8	33.7	32.4	31.9
其中：增值税*	13.6	14.5	16.4	17.7	18.9
所得税	35	37.4	37.7	35.1	34.9
其中：个人所得税	26.2	29.8	29.7	27.1	24.6
企业所得税	8.8	7.6	8	8	10.3
社会保障税	17.6	22	22.1	24.7	25.6
工薪税	1	1.3	1.1	0.9	0.8
财产税	7.9	6.3	5.2	5.5	5.6

*：在美国为销售税。

资料来源：国家税务总局课题组，《借鉴国际经验，进一步优化中国中长期税制结构》。

基层政府主体税种的缺失，导致基层政府资金来源严重不足。虽然近年来转移支付的规模不断加大，有关方面在缓解基层政府财力紧张方面做了大量努力。按照2009年县级基本财力保障标准测算，全国仍有1232个县（区）存在财力缺口，约占全国县（区）总数的43.7%，资金总规模高达1048亿元②。财力的严重不足导致基层政府纷纷把眼光转向预算外收入。20世纪90年代，各级地方政府用名目繁

① 如果计入出口环节征税和退税的净剩余，计入城市维护建设税（流转税附加）其占比则达到60.2%。

② 李江涛：《中国转移支付制度改革面临的困境及改革措施研究》，载《经济研究参考》2011年第11期。

多的收费来弥补财政收入的不足。近10年来，“土地经营”、“城市经营”流行开来。地方政府依托发展规划和行政强制力，大量征用农民的集体土地，土地经过整理之后再高价转让用作商业和居民住房用途以获得大量收入。从土地出让金的支出结构（见表6），我们可以清晰地看到，2009年全国土地出让金支出总额1.23万亿元，其中用作征地和拆迁补偿的部分只有4985.7亿元，其余7300多亿元（约占土地出让金总额的60%）则变成了政府“纯收入”，成为支撑各地土地开发、城市建设、农村基础设施建设、农村土地整理、农业土地开发乃至灾区重建等诸项建设事业的资金来源。初步估计，全国土地出让金收入约占地方预算收入的一半左右，一些城市的土地出让收入甚至超过了一般性财政收入。巨额的土地出让金收入，在为加速地方经济增长提供财力的同时，也带来城市住房价格急速飙升和社会矛盾的加剧。而地方政府以土地经营收入作为担保举借的大量银行债务，更成为威胁财政可持续发展的重要风险来源。

表6　2009年全国地出让金支出结构

项目	数量（亿元）	占比（%）
土地出让金支出总额	12300.0	31.9
其中：征地和拆迁补偿	4985.7	40.5
土地开发	1322.5	10.8
城市建设	3341.0	27.2
农村基础设施建设	433.1	3.5
补助被征地农民	194.9	1.6
廉租住房	187.1	1.5
耕地开发、土地整理、基本农田建设和保护	477.6	3.9
农业土地开发	107.3	0.9
地震灾后恢复重建、破产或改制国有企业土地收入用于职工安置等	1191.2	9.7

资料来源：WIND数据。

（五）基层政府制衡机制的内在缺失，不利于基层政府创造性地贯彻国家的基本法律和规章制度，不利于建设法治国家

我国是共产党领导的社会主义国家，中国共产党在社会管理中发挥着统揽全局、协调四方的领导核心作用。政府、人大、政协、司法检察乃至舆论媒体围绕全面贯彻党的基本路线、方针和政策各司其职，相互配合，客观上形成了行政强势、而人大和舆论监督偏弱的格局。越到基层，上述特点就表现得越明显：行政领导由上级政府决定，资金使用由上级政府主导，人大、政协常委多由退休老干部担任，舆论媒体由政府掌控……没有社会力量能够对政府行为施加有效的监督和约束。缺乏有效的制衡机制，使得上级部门的行政督导在推动下级政府贯彻国家的基本法律法规方面发挥着不可替代的重要作用；反过来，过分依赖行政督导也引导基层政府眼光朝上，阻碍着基层政府严格贯彻国家的基本法律和法规。

四、完善政府间事权、财力划分的思路和建议

（一）完善我国政府间事权、财力划分的基本原则

1. 要有助于推动科学发展，促进社会和谐

改革开放30多年来，我国的发展成就是举世瞩目的。无须讳言，当前我国发展不平衡、不协调、不可持续的问题也相当突出，主要表现为：经济增长的资源环境约束强化，投资和消费关系失衡，收入分配差距较大，科技创新能力不强，城乡区域发展不协调，就业总量压力和结构性矛盾并存，社会矛盾明显增多等。完善我国政府的事权、财力划分，应当有助于推动政府职能转变，加快转变发展方式，为实现科学发展、促进社会和谐奠定制度基础。具体如：淡化政府经济建设职能，把配置资源的职能进一步交还给市场；加快建设社会保障体系，强化政府公共服务职能，推动发展成果共享；加强市场监管、维护市场秩序，通过遏制市场垄断，强化市场竞争来提高经济效率；推动依法行政、阳光操作，建设高效、廉洁、法治政府等。

2. 以事权优化引领事权和财力配置的优化

事权、财力的合理划分，是以相对稳定成熟的事权和财权为前提的。事权不稳定，事权的划分就不可能稳定下来。相应的，规范化、制度化的政府财力保障机制也不可能建立起来。

前面提到，我国政府间事权、财力划分的演变是与计划经济向市场经济的转型和快速的工业化、城市化紧密联系在一起的。受上述两个过程均未完成的制约，我国政府职能、政府收入来源的重构也未完成。具体表现为：在政府职能方面，该退出的尚未完全退出，政府保留了过强的资源配置能力，政府替代市场的现象还大量存在；该承担的却没有真正承担起来，在市场监管、维护竞争秩序、环境保护、食品安全、社会保障等领域，政府严重缺位，需要切实加强相关职能；在履行政府职能的方式上，甚至还存在大量的“新瓶装旧酒”现象。在财政收入方面，财产税建设明显滞后，削弱了税收的缩小收入差距方面的作用；资源税不合理，导致大量国有收益流失。资源税、消费税不合理还刺激了对资源的不合理利用。因此，在今后一段时期，完善事权、财力划分，需要以转变政府职能为抓手，通过完善政府职能，优化政府职能配置来带动政府收入结构和政府间财力配置的优化，从而消除各级政府有效履行职能与其财力严重不匹配的问题。

3. 要着力改变事权财力匹配失衡的局面，推动建设法治国家

当前，我国的经济发展（特别是产业升级）面临着和20世纪末完全不同的外部环境。对国内大多数企业而言，所谓产业升级，不是说要放弃既有产品的生产，而是要在“做精、做细、提升产品附加值”上下工夫，通过全面提升产品性能和市场形象，牢固树立自身的市场领先地位。毫无疑问，各国都高度重视培育新兴（战略性）产业。但新兴战略性产业不是

凭空而来的，其形成固然需要有政府引导，但最终能否形成则取决于市场认可。不仅如此，即便确认某些产业能够成长起来并最终改变既有的经济格局，一国能否在激烈的国际竞争中占据有利的关键地位，还取决于相关企业在人才、技术、产品（服务）、商业模式等方面的探索和积累，取决于企业是否拥有强大的竞争力。要在这场世界范围内的“赛马”比赛中脱颖而出，需要充分发挥市场机制配置资源的功能。通过市场的优胜劣汰，筛选出真正具有发展前景的技术、企业和产业，并引导人力、物力、财力流向上述企业和产业。因此，建立法治的市场经济，维护公开、公平、公正的交易秩序，对于现阶段的产业升级、建设创新型国家、推动科学发展具有关键性的重要意义。

要建设法治经济，首先需要建设“法治政府”，充分发挥政府的引领和带头作用。从优化事权、财力划分的角度看，就需要根据政府各主要职能在受益范围、行动能力、技术因素等方面的特点，结合我国政府特殊的政府架构和文化传统，明确不同级别政府在决策、实施、提供资金、检查改进等方面的权力、责任和义务。只有这样，才能真正改变各级政府权责匹配失衡的局面，切实减少上级政府对下级政府的行政干预，使各级政府把精力放在自己应该做好也能做好的事务上，进而形成各司其职，各得其所而又相互配合的局面。也正是在这个过程中，伴随着上级干预的减少和资金支配自由度的提高，基层政府才能够因地制宜发展地方事业，才能够把主要精力放在创造性地贯彻上级决策上，才能够真正把政府运作纳入到依法行政的轨道上来。

4. 要赋予体制一定的灵活性，允许存在差别

应当看到，我国地区差异非常大。这不仅体现在发展水平上，也体现在政府的施政文化和施政能力上。优化政府间事权划分，应当在如何履行政府职能方面给地方政府留有一定的自由空间。以发展小型信贷为例，东部地区人口稠密、市场经济发达，可以采取政府补贴，商业化运营的模式；而西部地区人口稀少、经济落后，采取由国有资本（以政策性信贷机构的方式）直接经营的方式可能更为现实。

推动科学发展、实现公平正义，是我们追求的目标。但公平正义的实现是一个过程，总体发展水平低、发展程度不均衡的基本国情，决定了不同地区对最低生活标准的认知是不同的。应当允许先进地区和落后地区之间存在一定的差距。在公共服务的提供方式上，发达地区和落后地区也应有所差别。超越阶段、不切实际地追求绝对的均等，只会导致“大锅饭”回归，抑制全社会发展的活力。

（二）完善我国政府间事权、财力划分的基本思路

1. 确立有限政府的理念，加快转变政府职能

近年来，我国财政收入持续快速增长，强化了“蛋糕做大后才好分”的错觉。一些人认为，只要经济快速增长，国家财力快速增长，即便不对政府职能进行大幅调整，当前政府职

能不到位的问题也会随着时间的推移而逐步得到解决。事实是，随着刘易斯拐点的来临，劳动力成本快速上升，政府履行职能的成本也在快速增长。不仅如此，在社会利益多元化、个体意识不断增强的条件下，长期无法全面兑现政府在教育、医疗、住房、最低生活保障等方面的承诺将会严重影响政府的形象和声誉。因此，必须扭转“先保增长后搞分配”的思维习惯，明确树立“有限政府”的理念，切实调整战线，以确保“该政府做且能做好的要保证做好，不该做也不能做好的要坚决不做，该做但做不好的要创新方式引入市场机制去做，不该做却做了的则坚决退出”。

应大力收缩政府的经济职能。高额土地出让金的实质是级差地租，是城市化发展的产物，是当地人口和外来劳动者共同努力的结果；反过来，地价快速上涨又成为阻碍外来劳动者落户和当地居民改善居住条件的最大障碍。应当切实加强土地出让金管理，把土地出让金和保障性住房建设直接挂钩，以推动我国城市化健康发展。要加快国有资本布局调整步伐，完善国有资本经营预算，筹集部分资金用于改善民生，如弥补建立社会保障制度资金的不足等。要完善宏观调控方式，削减对企业微观经营活动的干预，更多利用利率、汇率、税率调整和政府采购等经济杠杆实施。要采取切实措施，遏制地方政府间招商引资竞争。

在社会管理、市场监管方面，要切实树立“非禁止即许可”的理念，大幅削减行政审批事项，为激发全社会创新活力拓展空间。应对有关市场监管的法律法规开展全面的系统评估，强调要按照社会总成本最低的要求完善相关制度和政策设计，显著降低市场运行成本，提高市场运行效率；确有必要保留的备案、审批和审核环节，要切实加强审批窗口建设，提高审批审核业务的规范化、程序化、透明化程度；要充分利用网络技术，积极推动网上办公，便利企业和个人办理相关事项；要以污染防治、食品安全、公共服务提供为重点，进一步整合力量、增加人员和设备投入，显著增强行政执法能力和社会服务能力建设。重大规划、重要决策的制定和出台，要广泛吸收专家学者、代表人群、媒体舆论参与，以提高决策的科学化和民主化水平。

在公共服务和社会保障方面，应加快完善我国养老、医疗、失业保险和最低生活保障等制度，提高社会保障覆盖率。在管理方式上，应以社会公众为中心，改进工作流程，提高保障水平，提升服务水平。要以服务窗口建设为抓手，积极改善服务条件，提升公共服务的水平和可及性，不断提高社会公众的满意度。

2. 堵塞税收流失，优化政府与企业、政府与家庭的收入分配关系

采取有效措施堵塞税收流失。当前，围绕“招商引资”、加快地方经济发展，各地政府之间展开了激烈的税收竞争。具体如：对企业增值税、营业税乃至所得税留归地方的部分实行返还，对重点企业优惠提供生产经营用地等。这不仅带来政府收入流失，还刺激国内生产过剩，加剧经济结构失衡。应结合财政透明

度改革，推动地方政府公开对企业税收返还的数量和期限，并制定明确的时间表，逐步取消对“招商引资”的巨额补贴，推动政府以更大的财力和精力用于改善民生、发展社会事业。

积极发挥税收在缩小收入差距方面的职能。以高收入群体为重点，创造条件逐步推行以家庭为单位的综合纳税模式；调整、完善房地产税收，创造条件开征房产税；充实、完善消费税，加强对高消费行为、奢侈品、资源性消费品的税收调节；应积极创造条件，开征遗产税和赠与税。

推动建设资源节约型、环境友好型社会。需要在明确租金、环保成本、税利的基础上，完善资源类税收和收费政策，足额提取资源开发利用的环境补偿费，防止国有资源收益流失。要建立接续产业发展基金，推动资源型经济发展接续产业、实现可持续发展。

建立完善社会主义公有制在推动实现共同富裕方面的机制和制度保障。我国是社会主义国家，自然资源（城镇土地、森林、矿山等）归国家所有，关键部门由国有资本垄断或主导经营，政府完全有条件通过统筹使用国有资源的租金性收益和国有资本的经营性收益，来推动发展成果共享，充分展现社会主义制度的优越性。在这方面已做了一些有益探索。需要深入研究、积极探索，尽快建立完善社会主义公有制在推动实现共同富裕方面的机制和制度保障。

3. 压缩行政层级，优化政府管理幅度，明晰事权划分

（1）压缩政府层级，优化政府管理幅度。目前，推行“省直管县”行政体制改革已成为普遍共识。但“省直管县”也带来了管理幅度过大问题。省县之间管理幅度偏大、中央和省之间、县乡之间管理幅度相对较小的现实，决定了需要从更广阔的视野看待行政层级调整问题。可以考虑适当调整行政区划以完善现有的“省直管县”改革方案。具体设想为：实行市、县省级直辖，适当扩大市辖区的数量，适当缩减县级辖区的数量，扩大县级辖区管辖范围；优化乡级机构的布局设置，适当增加县级政府管辖的乡镇政府数量，最终形成既能有效管理，又能保持下级政府积极性和灵活性的行政管理框架。

（2）顺应政府职能演变趋势，进一步明晰政府间事权划分。政府间事权和财力的划分，不仅受公共物品的受益范围、提供服务的效率等因素影响，还受到政治体制、文化差异乃至发展阶段的影响。我国是单一制国家，地方政府的权力来自上级政府授权。要在坚持共同原则和发展目标的前提下，鼓励各级地方政府有差别地提供公共服务和实施社会管理，必须改变权力高度集中，主要靠中央政府推动政府运转的现状。可以借鉴联邦制国家各州（共和国）具有较高独立性的经验，更加突出省级政府在统筹资源、协调地区发展、提供公共服务等方面的作用。此外，随着行政区划的逐步缩小，各行政区内来自自然条件、发展水平乃至文化传统的差异逐步缩小，社会群体认知度不断提高，这就为按照相同的标准实施公共管理、提供公共服务奠定了

基础。在逐步推进公共服务均等化的过程中，实现市、县级辖区内公共服务的均等化应成为需要优先完成的初步目标。这也意味着中央、省、市（县）三级政府在我国政府组织体系中的节点作用将更加突出。

行政组织的新框架为优化政府事权划分奠定了良好基础。根据前面的分析，结合近年来有关完善政府事权划分的积极探索，我们认为，政府间事权划分可大体维持如下框架。

中央政府：主要负责国防外交和国家安全，中央国家机关运转，实施宏观调控，制定国民经济和社会发展重大规划，确定公共服务和社会保障的基本标准，为实施国家重大规划提供资金支持，对落后地区政权有效运转提供公共服务和资金支持等。

省级政府：主要负责本地区政权机关正常运转，根据中央确立的基本原则制定地方发展规划，确定公共服务和社会保障标准；实施地方经济社会发展规划；保障下级政府政权正常运转，提供公共服务，实施社会保障的资金需求，对下级政府履行职能、实施相关法律法规进行督导、检查。

市（县）级政府和乡级政府：主要是依法实施社会管理，组织提供公共服务，实施社会保障，以及因地制宜发展地方经济社会事业。

就具体职能而言，根据政府履行职能的不同特点，各级政府事权划分格局大体可如表7所示。

表7　各级政府在政府职能各环节的分工

职能	具体分工
外交、国防等	中央政府决策；中央政府负责实施，地方政府进行配合；所需资金由中央财政承担，地方政府承担少量资金
社会管理	中央政府制定基本政策，省市级政府制定实施细则；以属地管理为主，实行分级管理；上级政府负有协调、监督职责；各级政府实施社会管理所需资金，由各级政府本级财政负担；对存在缺口的，上级政府给予一定补助
公共服务（如教育、科技、文化、公共卫生）	中央确定基本政策和指导原则；省级政府制定实施细则，明确人员配备、经费支持乃至公共服务提供具体标准；市（县）、乡级政府以具体实施为主。根据受益范围确定责任主体和管理部门。在资金筹集上，中央财政负责各省（市、区）之间的财政平衡；各省（市、区）负责辖区内财力平衡；中央、省级、市（县）级政府负有督导辖区内政府实施相关决定的责任
社会保障（养老、医疗、失业保险、社会救助等）	中央制定基本政策和基本原则，跨省社会保障关系接续发放等事宜；省级政府制定实施细则、明确辖区内社会保障的具体标准；市（县）级、乡级政府负责具体事宜，具体如服务网点建设、人员配备以及提供具体的服务。在资金筹集方面，中央财政负责各省（市、区）之间的财政平衡；各省（市、区）负责辖区内财力平衡，以推动新型社会保障体系的建立和普及
公共投资（道路、供电、供水等）	中央制定全国性发展规划，省、市（县）、乡制定地区发展规划；根据项目公共性的范围和收益原则，确定项目责任主体，明确资金保障责任；对于落后地区、基层政府履行职责存在困难的，上级政府在财力允许的情况下，可提供一定的资金支持和援助

4. 完善收入分配机制，形成既有差异、又能保障公共服务大体均等的政府资金保障新格局

（1）进一步优化政府收入分配格局。税制调整和政府层级的精简，为确立地方主体税种，优化政府收入分配格局创造了条件。在新的政府架构下，城市维护建设税、车船税、房

产税、遗产税（乃至利息税）的归属更加明确。土地出让金收入因与城市化高度相关，也应明确列为城市及其所在辖区的收入。增值税（营业税）、所得税因与经济发展密切相关，可逐步提高中央政府的分享比例，并将地方政府分享的收入按照人口等客观因素在地区之间重新分配，弱化地方政府发展GDP的内在冲动。资源税在税额分配上，原则上应该划分为中央收入，但现阶段可考虑保留在省级政府，以平衡各方利益关系。关税、出口退税、海关代征增值税和消费税仍然是中央税。新设立的社会保障税则应列为省级政府独享税种，以在承认发展差异的前提下提高社会统筹层次。

经过上述调整，中央在国家财政收入中的主导地位将得到保持；省级政府所占比重明显提高，将为统筹城乡发展奠定更加坚实的物质基础；城市财政对流转税的依赖度下降，将引导城市把工作重点转到提升城市软环境、改善居民生活质量上；地方税的充实和完善，则使县及市辖区获得了稳固的收入来源，为其在辖区内进一步均衡财力，提供均衡化的社会服务提供了基础。

（2）建立以一般性转移支付为主导的转移支付新体系。一是完善标准支出标准，自下而上确定一般转移支付数额。一般性转移支付的目的，是维持下级（基层）政府运转，保证其履行必要的职能。一般转移支付的数量源自基层政府履行必要职责的客观需求，只能自下而上地逐级确定。

应根据人口密度、地形特点、气候条件等因素进行地区分类；然后针对行政管理、公检司法以及事业单位制定在不同类别地区的人员配备、办公条件和行政经费标准，并依上述标准测算各基层政府（县级机构）的一般支出需求。根据支出需求和自有财政收入测算出来的县级政府财政收支缺口，就是一般性转移支付的最低限额。类似地，汇总各县（旗）的一般性转移支付需求，可以得到各省（区）需要支付的一般性转移支付资金数量。

二是发挥省级政府承上启下的作用，优先保障一般性转移支付资金需求。应当明确，弥补发展落后地区县级政府资金缺口的直接责任在省级政府。为了确保省级政府按照“保运转、保工资、保民生”的优先顺序安排财政支出，应当明确规定：在县级政府一般性转移支付资金需求尚未得到满足的情况下，省级政府专项转移支付支出占其转移支付总额的比重不得超过一定的比例。中央政府也要增加对落后省（区）一般性转移支付的力度。为了改变专项转移支付占比偏高的局面，中央政府应明确承诺：因收入分享规则调整带来的收入增量应全部用作增加对落后省（区）的一般性转移支付；在省级政府一般性转移支付需求尚未有效得到满足之前，中央政府专项转移支付在转移支付总额中的占比不得超过一定的比例。

三是整合、提高专项转移支付。专项转移支付是在保障各级政府履行基本职能之后而发生的，通常与政府履行高级职能相对应。应当明确：政府履行高级职能必须奉行“有多少钱办多少事”的原则。要对现行专项转移支付开展系统评估，从推行“依法行政”、“依法治国”的战略高度，整合、提升我国的专项转移支付。应当明确，凡是属于中央事务委托地方执行的，或省级政府事务委托县级政府执行的，应当由中央或省级政府足额拨付相关费用，下级政府不应再承担配套费用；上级政府和下级政府均受益、需要由双方共同承担的事务，应根据受益范围和受益程度确定上级政府和下级政府之间的资金分担比例；外部性范围有限、笔数较多、单笔资金数额较小的项目，应予以归整合并，委托给下级政府代为审核发放（以提高运行效率）。

5. 发展基层民主，创新执政方式，推进建设法治政府

政府间事权、财力划分的调整，改变了各级政府既有的责、权对比关系，对于维持政府高效运转提出了一系列新的挑战。比如，在事务性干预显著减少的情况下，上级政府如何确保政策执行力；在可支配资金显著增加的情况下，如何确保基层政府不会滥用财政资金，等等。需要加快完善政府执政方式，重构各级政府权利与义务的新平衡，把政府运转纳入法制化、规范化的轨道。

上级政府要进一步强化其指导和监督职能。具体如：重大政策的提出要充分考虑财力支持来源，把重要决策建立在可实施的基础上；制定财政支出的基本标准和优先顺序，提高财政资金分配的透明度，提前下拨转移支付，引导基层政府合理使用财政资金；制定行为指引，引导、规范下级政府规范开展社会管理，提供公共服务；加强对干部的培训和经验交流，及时把基层政府、基层群众创造的优秀经验和良好做法推广开来；以及加强业务监督和考核等。下级政府则要着力提高执法水平，着力提高提供公共服务的能力，具体如：结合当地实际确定执法重点，明确执法和提供公共服务的基本行为规范，规范执法，阳光操作，以及接受居民和企业的投诉，保障居民和企业的合法权益不受侵犯等。

建设服务型政府，是优化政府间事权和财力划分的重要目标。公众能否获得数量更多、质量更好的公共服务，是判断改革成败的根本标准。以此，改革的推进，离不开社会力量的广泛参与，离不开社会主义民主政治的建设。要以民生热点为切入点，引导社会公众有序参与公共事务，逐步发展社会主义民主；要进一步做实省、县两级人大常委会，各专门委员会和预算、法律工作委员会的建设，充分发挥人大、政协的监督作用；要引导舆论、媒体进一步发挥社会监督的作用，通过强化外部监督，督促各级政府依法办事，切实维护居民、企业乃至上下级政府之间享有合法权益。提高政府透明度，是社会力量参与公共事务、切实加强外部监督的基础和前提，更要深入扎实地推进下去。

国务院发展研究中心
“改革的重点领域与推进机制研究”课题组
（优化政府间事权财力划分专题）
负责人：孟　春
成　员：张俊伟

推进资源价格形成机制改革

国务院发展研究中心"改革的重点领域与推进机制研究"课题组

能源、原材料、水、土地等自然资源是人类赖以生存和发展的基础，实现这些资源的合理高效利用是经济社会可持续发展的必然要求。合理的价格形成机制是引导资源有效配置的关键手段。价格机制不正常，就不能形成合理的价格，必然导致资源使用不合理，形成浪费。因此，建立合理的资源价格形成机制是加快转变经济发展方式、建立节约型社会的重要举措。

一、资源价格形成机制：现状、问题及改革困境

（一）资源价格形成机制的现状

我国改革开放30多年来，自然资源领域的价格改革也在不断进行中，并且在一些领域取得了显著的成绩。如原油价格逐渐实现了与国际市场接轨，成品油实行政府指导价，由政府根据国际市场价格变化相应调整；煤炭价格基本上实现了市场化，政府仅对发电用煤价格进行临时干预；城市供水价格有了较大幅度提高；农业用水价格在减少环节、降低管理成本

的同时有所提高；经营性用地逐步实行招标、拍卖和挂牌出让，建立协议出让土地最低价制度，土地资源价格市场化程度得到了较大提高。但一些个别领域的改革仍然没有取得突破性的进展。在目前政府价格管制的产品中，资源性产品占了较大的比重。

当前来看，我国资源各个领域的价格形成机制有所不同，总体而言，我国资源价格的定价机制应该是政府定价或政府指导价为主、市场定价为辅的方式，资源行业仍然是以国企垄断经营为主，并且许多行业仅有几家国有集团许可经营，企业对价格的制定就相应有着较大的影响，导致企业垄断定价的现象也时有发生。

（二）资源价格形成机制存在的问题

1. 政府定价仍然较为普遍，使得价格长期处于低位，不能反映资源的真实价值，导致资源粗放式利用明显

长期以来，我国资源产品实行的是政府定价为主的机制，政府定价的范围较大，如我国水、煤气、天然气和成品油等均实行政府定价或指导价，致使我国的天然气、水等价格与国外相比市场参与程度偏低，造成价格相对较低。过低的资源定价，既不能反映资源的真实情况，又不能反映资源产品的市场供求关系。一方面，我国能源资源的基本国情，是总量较大但人均量较低，而煤炭和石油在内的能源资源是属于不可再生资源。目前的价格尚不能真实反映能源资源稀缺、甚至短缺的基本国情，从而无助于国民资源危机意识和资源节约意识的建立。另一方面，政府垄断能源价格往往不能及时反映能源的供需关系及其瞬息万变的情况，存在一定的时间滞后和地区差异，并因此影响到对市场供求关系变化及对能源价格走势的判断。近年来，随着价格管理权限的不断放开，市场化机制的不断引入，资源产品价格总水平有了较大程度的提高。但由于资源产品与加工工业品的价格同时上升，造成“比价复归”①，加之由于我国资源产品开发和使用中没有计算应包含的资源补偿价值和价格等种种原因，导致资源产品价格不能发挥对资源产品利用的调节作用，进而不能实现资源节约或资源高效利用的目的，资源的粗放式、低效率开发利用现象仍然十分普遍。

2. 全成本核算没有得到很好推行，影响价格形成机制的建立与完善

资源或资源性产品的各类价值形式的形成机制尚不健全，特别是资源或资源性产品价格形成机制还存在成本项目缺失、成本标准偏低、垄断性定价导致成本不透明等问题引致当前的全成本核算难以推行。如，煤炭资源开发就存在着成本科目不全、成本核算标准偏低、简单以系数推算成本等问题，其实开采成本应至少包括直接生产成本、生态环境成本和社会机会成本等。其中，生态环境成本是最典型的外部成本，往往企业置之于不顾，影响到矿区的生

---

① 所谓比价复归，就是具有比价关系的不同商品的价格先后发生同方向、同幅度的变化，使比价关系在一定程度上复原。

态环境保护与建设。

3. 能源价格存在着脱节现象，导致资源价格的传导机制不畅，相互间的价格矛盾突出，影响资源的有效配置

由于资源各个领域以及领域内各个环节间的改革进度不同，实行的价格管理方式各不相同，使得不同能源资源间、能源内部的不同生产环节间的价格存在着严重的脱节现象。以煤炭和电力为例，具体包括以下三个方面。

第一，电力价格与煤炭价格脱节。问题主要集中在作为发电主要原料的动力煤及其供给和价格方面。电力价格与煤炭（动力煤）价格的脱节，从根本上说源自“计划电价”或“政府电价”与“市场煤价”的矛盾，源自电价调整不能及时、充分地反映煤炭价格的变化。火力发电成本构成中，煤炭费用比重持续上升并已超过发电企业盈亏平衡点，已经影响到发电企业发电能力的利用和发挥，导致发电能力的巨大浪费。

第二，销售电价与电力成本脱节。电价，特别是作为终端电价的销售电价，应真实、及时地反映电力成本（发电、输配电、供电成本等），形成发电、输配电、供电、用电成本和价格联动机制。然而，由于终端（销售）电价由政府主导，且由于政府防止销售电价调整会引发PPI、CPI的轮番上涨，销售电价调整的频率和幅度一般都比较小，不能，也不可能及时、充分地反映电力生产成本的变化，后者则主要取决于变化频率和幅度都较大的煤炭供给价格。

第三，输配电价与上网电价脱节。我国电力体制改革，实现了厂网分离，极大地促进了电力产业和电力市场的发展。但电厂与电网之间具有天然的依存关系，两个利益主体的经营盈亏应保持在一个相对均衡的水平之上，真正形成利益并沾、风险共担、进退关联的利益共同体。从这个意义上讲，在销售电价保持不变的情况下，输配电价应随着发电价（发电成本）的变化而变化。此外，在销售电价保持不变的情况下，发电价亦应根据输配电价（成本）的变化而变化。然而，事实上我国没有较为明确的、可以测算的、相对独立的、比较合理的输配电价，电力成本在发电、输配电环节的切割不明确、不合理，输配电价与发电价是脱节的，阻断了电力成本在各环节的合理分配链接关系和利益分配关系。

（三）资源价格改革面临的困境

1. 资源价格改革的迫切与物价高企失控的压力

一方面，资源价格不进行市场化改革，资源的稀缺程度就体现不出来，资源产品的真实成本也就反映不出来，结果必然导致资源被滥用，也就会导致粗放型的经济增长方式难以得到改变。并且当前由于资源价格改革不同步所造成的能源供需矛盾也日益突出，严重影响到经济的安全运行，迫切需要加快改革的步伐。另一方面，作为基础性资源，水、电、油、气的提价将推高其他产品的成本，从而可能诱发工业品、消费品、投

资品的成本推动型上涨，推动整体物价的进一步上涨。在CPI和PPI等长期高位运行的宏观经济背景下，贸然进行资源性要素价格的改革就可能会使国民经济陷入通货膨胀的循环之中，不利于经济的健康发展。

2. 资源价格成本核算与资源垄断性经营的矛盾

一方面，价格的改革离不开成本的核算，只有明确的成本准确核算，才能为价格的制定奠定基础。另一方面，在大部分资源及资源性产品领域，往往只有几家国有企业进行垄断性经营，为获得高额利润，相关企业必然缺乏准确公开成本的动力。按照经济学的基本原理，寡头垄断市场条件下，也可能产生几家集团联合抬高成本的现象，从而为成本准确核算带来重大的阻力。

3. 资源市场化配置改革与保障低收入阶层基本需求的矛盾

一方面由于多数的资源存在定价过低的问题，另一方面由于多数资源属于不可再生的，供给受到限制，双重因素的推动下，进行资源的市场化配置改革的过程中，价格必然会促成一个快速上涨的过程。由于水、电、煤、气等资源能源均与人们的生活有着密切的联系，甚至都是刚性需求产品，其价格的上涨必然会提升居民日常生活的成本，对居民的生活水平造成不利影响，从而影响到低收入阶层的基本生活需求保障。

二、资源价格改革的基本方向、目标与原则

（一）资源价格改革的基本方向

1. 建立并完善资源产权市场体系

为充分体现资源所有者权益，就要建立并完善资源产权制度，健全资源市场体系，使资源有偿使用、适度竞争成为资源价格形成的市场基础。具体要按照“归属清晰、权责明确、保护严格、流转顺畅”的现代产权制度要求，在资源领域建立一整套包括产权界定、产权配置、产权流转、产权保护的产权制度。

2. 完善资源价格形成机制

要不断完善资源的价格形成机制，充分发挥市场的调控作用，建立以市场为基础的价格调控机制。政府应适时转变和及时完备自身职能，尽快实现从资源性产品价格的直接制定者和管制者到市场经济价格的制定者、调控者、监管者这一复合角色的转变。针对价格管制的改革主要包括价格放开和调价两方面内容。其中调价是指理顺价格（尤其是那些政府直接参与定价的产品），使其达到合理水平，并要形成产品价格间适宜的差比价关系，如要正确处理资源价格与资源性产品价格之间，可再生资源价格与不可再生资源价格之间，石油、煤炭、天然气等资源性产品价格之间以及国内和国外资源性产品价格之间的比价关系，从而构建起合理的价格体系。

3. 合理界定资源成本

资源定价需要考虑的因素包括以下四个方

面：一是获取资源的成本。二是环境破坏和环境治理成本。目前，我国许多资源性产品生产过程中，环境破坏及环境治理成本没有体现在价格中，外部成本主要由整个社会负担。三是资源开采和资源利用的收益。四是资源的稀缺性。资源稀缺性在政府定价中的重要性已经得到重视，但是尚未形成将资源的稀缺性纳入政府定价考虑因素的定价方法。要改变粗放经济发展方式，关键的一步是提高相关资源的价格，使资源价格能够反映其稀缺程度，通过提高稀缺资源特别是不可再生资源的价格，促使企业从投入产出的成本与效益出发去节约它，或者寻求各种资源之间的替代作用。

4. 理顺资源比价关系

要按照资源可持续利用的要求，正确处理自然资源与资源产品、可再生资源与不可再生资源、土地资源、水资源、森林资源、矿产资源之间的差比价关系，不断完善资源价格体系，以便向市场提供准确的价格信号，促进资源的优化配置。

5. 规范政府定价程序

程序规范是政府定价科学合理的重要保证。在当前形势下，政府依法行政的积极推进和人民群众维权意识的增强，对政府价格管理在规范化、科学化、透明化等方面的要求越来越高。政府定价程序必须合法、公开、公平、公正，才能得到各方面的认同。在制定或调整资源类产品价格前，应组织经济及资源有关方面的专家、学者，对供应资源类产品企业的经营和管理进行全面、科学的论证，并把评审结论作为定价的重要依据。

6. 深化资源行业市场结构改革，降低中间环节成本

在资源性产品价格市场化改革中，要加快对资源垄断行业的体制改革，引进市场竞争机制，强化市场运行基础。但在资源垄断行业体制改革的实践中，不能不加区别地简单打破市场垄断与一味减少行业准入限制，而是要尊重资源本身特点和资源生产效率所要求的企业规模和技术，视市场情况加以区别对待。

7. 建立健全监管的法律法规体系

建议立法机关根据新的情况，制定修改有关的法律、法规。《矿产资源法》《煤炭法》《电力法》《铁道法》《水法》等亟须修订。《天然气法》《石油法》《职工权益保障法》《矿业开采安全法》《期货法》《行业协会法》等都亟须加快制定，做到严格依法加强和改善资源价格监管。

8. 加快推进相关领域的体制改革

要加快水利工程供水和城镇供排水管理体制改革和运行机制创新，推进污水处理产业化进程；继续完善电力厂网分开的改革，积极推进主辅分离、输配分开的改革，稳步发展电力市场，为深化电价改革创造体制条件；深化土地管理制度改革，强化节约利用土地；深化资源型企业的公司制改革，完善企业法人治理结构；加快国有经济布局和结构的战略性调整，培育和发展一批具有国际竞争力的大型国有能源企业集团，提高资源综合利用效率。

9. 完善财税等配套政策

要调整资源税政策，提高资源税征收标准，保证国家作为资源所有者的合理收益。研究将资源税由从量征收改为从价征收，或者改为按占有资源量征收。要利用税收政策，合理控制我国资源产品的出口。提高各种涉及环境保护的税、费征收标准，实现环境成本内部化。择机出台燃油税，促进节约用油，体现多使用者多交税的原则。

10. 健全资源要素市场体系

趋利避害善用期货市场，打破地区封锁、部门分割和行业垄断，在全国范围内形成统一开放、竞争有序的市场体系，促进资源在不同行业、部门、地区之间自由流动，形成全方位的竞争格局。

11. 促进社会成本内部化，完善资源环境补偿制度安排

生态补偿既是一种调节主体间利益关系的制度安排，也是一种促进环境修复治理和生态环境保护的约束激励机制，生态补偿最终通过法律确立为一种国家自上而下的机制。

12. 改善政府监管

对资源实行不同程度的经济管制，是各国政府的通行做法。要在改进政府对资源价格和市场准入等经济性监管的同时，加强对环境、安全等社会性监管，提高监管效率和监管水平。建立健全监管的法律法规体系，严格依法监管。建立充分反映各方面利益诉求的民主决策机制，提高政府决策的科学性。

（二）资源价格改革的基本原则

1. 市场取向、政府调控

一方面，在具有竞争潜质的领域，通过引入竞争机制，放松政府对价格的直接管制，让价格在市场竞争中形成，充分发挥价格信号引导市场供求、优化资源配置的作用，促进资源的节约与合理开发，提高资源利用效率；另一方面，要加快制度建设和创新，建立健全与资源市场化改革相关的各项制度，发挥政府对资源及其产品“真实价格”的监管作用，解决资源性产品价格形成中的“市场失灵”问题。而在促使资源性产品定价机制向政府管控机制与市场竞争形成机制有机结合的演进中，要特别注重政府在其中的功能定位。必要时，政府主要依靠间接手段加以调控，对部分不能形成竞争的经营环节，要加强和改进政府的价格监管调控，确保市场平稳运行和国家经济安全。

2. 以人为本、促进和谐

资源性产品作为一种准公共物品，它与社会公众的生活密切相关，因此在改革中要注意协调国家、企业和消费者等不同利益群体间的关系，充分考虑社会各方的承受能力，尤其要重视低收入群体的承受力。

3. 统筹兼顾、配套推进

价格是国民经济运行状况的综合反映，经济体制和运行机制对价格形成具有十分重要的作用。资源性产品价格改革，就是要通过完善资源性产品的价格体系及其形成机制，促进相关行业的体制改革，建立起资源节约、成本降低、效率提高的管理体制和运行机制，所以要

以全面、协调、可持续的发展观为指导，积极稳妥推进。资源性产品价格形成机制的改革，在一定程度上有赖于经济体制改革的深化和市场体系的完善，并且需要财税政策等方面的配合支持；资源性价格的变动，又涉及生产、流通、消费各个方面。因此，推进资源性产品价格改革，必须统筹兼顾，妥善处理各方面的利益关系，这是顺利实施改革的重要条件。

4. 总体设计、分步实施

要坚持渐进式改革，科学确定改革的总体目标，周密制定改革总体方案，反复权衡利弊得失和对有关方面的影响，积极稳妥地推进，力争把改革的负面影响和不确定因素降到最低程度。要充分考虑各方面的承受能力，把改革的力度和社会的承受能力紧密结合起来，做好宣传解释工作，取得群众和社会各方面的理解和支持，保持社会稳定。

5. 把握机遇、因势利导

要善于从国际国内条件的相互转化以及资源的优势互补中，发现机遇，创造条件，寻求发展，完善自我。如当前可借世界经济增长明显放缓、国际资源和资产价格回落之机，大力开发利用海外资源和提高自身科技实力。

（三）资源价格机制改革的目标

1. 资源价格改革的总体目标

落实科学发展观的要求，坚持社会主义市场化的改革方向，更大范围、更深程度地在上游资源领域中发挥以市场配置资源中的基础性作用。逐步理顺资源领域价格关系，形成反映资源稀缺程度、市场供求关系、环境（安全）成本的资源性产品价格形成机制；逐步厘清关联资源性产品价格关系及对下游的传导与影响，促进提高资源利用效率与资源节约，促进优化能源结构与节能减排，促进转变经济发展方式、维护资源安全，为建设两型社会、实现可持续发展创造条件。

2. 近期（“十二五”）资源价格改革的目标与重点

适当调整能源终端价格，理顺重点能源比价关系。调整成品油、天然气和电力的终端价格，重点体现上述能源产品成本上升的因素。调整上述能源之间的比价关系，缓解社会对天然气等能源的供不应求现象。

深化煤炭价格市场化改革，推进煤电领域有效竞争；完善成品油定价机制，理顺天然气比价关系。煤电领域：不断改进和完善煤电价格联动机制，逐步减弱政府调控力度，建立由市场竞争为主、政府适度调控为辅的煤炭（主要是电煤）价格形成机制；推进电力体制改革，重点是电网与发电企业，试点发电价格与售电价格通过市场竞争实现；以上煤电价格改革应同步进行。油气领域：完善成品油定价机制，考虑择时加大税收比例，力争向价税同步与国际接轨的方向努力，逐步扩大成品油价格机制中的市场因素；完善天然气管道运输价格管理，逐步取消天然气价格双轨制，理顺天然气与可替代能源的比价，试点建立天然气价格与可替代能源价格联动机制。

强化政府监管职能，逐步弱化参与定价的

职能。加强能源部门与价格管理部门的协调职能，完善监管机构体制，强化政府监管职能。在政府主导的资源价格改革中，政府实际参与程度逐步减弱，监管程度逐步加强，力争实现由微观管理到宏观管理的政府职能转变。政府对资源价格的参与应由直接决定价格形成，到参与价格制定或指导定价，向市场定价为主政府调控为辅转变，政府的调控与监管同时应注意企业在市场定价中的行为。这一时期政府的管理重点是：完善输配电价形成机制、电煤联动机制、成品油价格形成机制等领域已经形成的监管措施和政策，做好资源价格改革中的过渡性安排。

3. 中期（“十三五”）资源价格改革的目标与重点

资源价格改革逐步向资源上游领域深入发展，进行能源产业组织的调整，引入竞争机制。力争消除煤炭价格双轨制，落实煤炭领域的全产业链价格市场化；争取在电力领域（输配电环节除外）要全面引进竞争机制，允许多种所有制企业的进入；试点在天然气领域（管网除外）引入竞争机制，重点是勘探开发。

加快水、电、（天然）气以两部制价格为基础的终端消费价格改革。落实推广（分档）梯度化与（消费对象）差异化价格制度；进一步完善天然气管输价格，推广两部制（即运量费和使用费）收费办法。

在资源价格中融入“外部成本”的核算研究与试点工作。在某些资源种类价格中的全生命周期和全成本因素，包括排放治理等外部性因素，进行科学核算与评价，重点将环境（安全）等隐性成本显性化和数量化，同时兼顾不同资源种类全成本后的比价关系。针对水资源等区域性市场特点明显的资源种类择时开展试点工作，政府应予以补贴。

此外，政府应从绝大部分具体资源定价中淡出，逐步实现对资源价格的宏观管理与重点调控。

4. 远期（2021~2030年）资源价格改革的目标

建立相对完善资源价格形成机制与竞争机制。除国家垄断的输配电、天然气管网和区域垄断的供水管网等少数领域外，其他绝大部分资源领域均实现市场化定价。资源价格改革的远期目标是实现资源价格真实合理，供方可接受、需方可承担，市场供需引导企业行为，所有市场主体公平竞争。

逐步实现资源的“外部成本”内部化。将各种资源的“外部成本”通过各种财税政策手段（财政补贴为主）内化到价格中去，实现资源价格真正反映完全成本，较彻底地理顺各能源品种的比价关系，引导消费，提高资源利用效率。

形成以市场为基础的政府有效监管。对于自然垄断行业及相关的资源品种的价格形成，政府应予以重点监管和充分监管，重点是非竞争性行为，保证价格形成过程的公开化和真实性，资源价格正确反映市场供求、资源稀缺程度、全生命周期完全成本。

三、资源价格机制改革的重点领域

（一）重点深化煤炭价格改革

1. 建立健全煤炭生产强制全成本核算制度

坚定改革决心，积极推进煤炭全成本核算。不可否认，推进全成本核算会推动煤炭成本上升，短期内造成物价水平的上涨。然而，煤炭的价格体系中确实存在较多不合理的非煤因素，并且煤炭的人力、安全、转产以及环境补偿都存在长期的历史欠账问题，因此将煤炭价格上升全部归结到全成本核算是不公正的。无论如何，必须充分认识到全成本核算是必然的，切勿将亟待解决的问题一拖再拖，贻误重要的改革时机。决策者应坚决顶住压力，全力推进煤炭全成本核算。

科学界定成本费用范围，完善成本核算口径。必须科学地界定成本费用开支范围，确定各种费用的分支渠道，实行全口径成本核算。同时，注意煤炭行业自身的许多非人力控制因素，探讨各煤矿企业自身的特点，实行统一准则，又兼顾具体企业的实际情况。总之，在煤炭企业经营形势较好的现状下，必须合理界定成本费用范围，完善成本计算口径，合理解决成本项目缺失问题。

制定合理的成本项目提取标准。制定合理的成本项目提取标准包括两方面的内容：煤炭行业现行成本项目提取标准的科学性问题；新增成本项目提取标准的制定问题。煤炭行业中现行的许多成本项目提取标准已经不符合煤炭实际生产情况，需要根据煤炭企业实际生产情况作出合理的提取标准。由于煤炭行业自身的地理条件差异等一系列的非人力控制因素太多，不同的地理环境、开采条件、煤炭质量、设备和人员投入等均存在较大的差异，从而不同企业的煤炭产品的成本相应地也有较大差别。所以标准的制定要遵循以下原则：考虑当地的生存发展环境，企业承受能力，资源赋存条件以及国民经济的发展和协调；基于区域甚至企业研究成本项目提取标准，真实地反映企业的实际投入。

强制执行行业最低工资标准制度。根据各主要行业的相对工资水平及劳动强度、职工平均受教育年限等因素，科学地制定煤炭行业最低工资标准，并强制整个煤炭行业严格执行行业职工工资最低标准。

提高煤炭资源税和矿权价款。进一步提高煤炭资源税率，使之逐步占到销售价格的5%~10%的水平。全面推进矿产资源有偿使用制度实施，提高矿权交易的“招拍挂”比率和价款缴纳率，保证国家矿产资源收益。

在此，需要特别指出的是，煤炭全成本核算，是一个必然的发展方向，但同时也是一个渐进的、长期的过程，不可能一蹴而就。首先，需要通过提高煤炭资源税率和价款，来提高资源成本；其次，通过强制实施煤炭开采生态环境恢复治理保证金制度，提高生态环境成本；最后，通过实施行业最低工资标准，提高人工成本。

2. 建立健全煤电价格及供需联动机制

煤电价格脱节由来已久，而且电力煤炭需

求及其变化对于煤炭市场影响较大。建立煤电价格及供需联动极其必要，但历经反复，目前还缺乏行之有效的联动机制。为此需要做到以下几点。

切实推进电力市场化，以适应已经高度市场化的煤炭供需格局。要建立健全煤电联动机制，从根本上说必须解决“计划电价”或“政府电价”与“市场煤价”的矛盾，必须推进电力市场化，积极、稳妥地建立健全政府严格监管和社会密切监督下的市场电价体系。

鼓励大型发电企业与大型煤炭企业之间建立长期煤炭交易机制。规模发电企业是保障我国电力供应安全的主力军，规模煤炭企业是保障稳定发电的主力军。在规模发电企业与规模煤炭企业之间建立起稳定的、可靠的煤炭供需关系，有助于实现煤电联动主体格局的形成，以及在煤炭与电力之间建立起稳定、可靠、互信、互利的供求关系。

（二）加快推进电价改革

1. 重点改革上网电价形成机制

探索新的上网竞价模式。我国的上网电价改革，其中心环节是要引入竞争。通过竞争，实行竞价上网，促进电力企业加强管理，降低成本，提高效益，降低我国的整体电价水平。但是以何种方式引入竞争，竞价模式如何确定，对上网电价的改革将起至关重要的作用。目前，我国电力形势是整体供应偏紧，处在一种供不应求的状况。在这种情况下，如果竞价模式选择不当，对整个电力市场的长期发展不利。

在我国电力市场改革的初级阶段，可以借鉴英国NETA模式，引入电力交易双边合同的方式，双边合同由发供电双方签订，在这个合同中对所有的发电企业都规定一个统一的合同电价和统一的机组年上网小时数(由于机组容量不同，不宜设计成统一的上网电量），价格与上网小时数可以参照本区域电力市场的平均水平来确定，而对持续期为一年或者一年以上的合同，应该采取年度、半年、季度和（或者）月度竞标机制。

由于有合同电量的存在，发电企业即使在竞价市场中没有竞争到上网电量，也可以得到部分利益的保证，可以吸引对电力的长期投资；但这个合同电量必须得到执行，这既是对发电方的保护，也是对电网安全稳定运行的保护。按平均上网电价作为合同结算电价，对发电企业以及电网企业都没有太大利益的影响，也打破了传统的“一机一价”概念，理顺了电价体系。引入了竞争机制，在一定程度上也可以引导发电企业加强管理，降低成本，提高效益，促进发展。所有发电企业必须保证合同内的上网电量，完不成合同电量的发电方要受到一定的经济处罚。当然，这个合同电量不宜过大，实际交易电量与合同电量之差作为竞价电量出现，按各发电机组在市场中实际报价结算。同时，电监会要有效行使监管职能，监管合同电量以及合同电价的执行情况。同时监管竞价上网中的上网电价情况，对竞价上网电价有最高、最低价格限制，防止电网企业或者发电企业操纵市场的情况发生。

由于我国地域辽阔，地区间各方面的差异很大，竞价模式只能探索创新，因地制宜，不应该也不可能按一种竞价模式去做。

对能耗高的发电厂征收能耗税。我国石油、天然气、煤炭等可燃矿物燃料占能源消费的比重较高，而资源占有量均很低。因此，从环保和资源压力两个方面来看，调整能源结构确实是我国的一项重要战略。其调整方向对于电力来说，一是对于煤电要向高参数、大容量、高效率的大机组方向发展，逐步淘汰高耗能、低效率、重污染的燃油、燃煤机组，是必然趋势；二是要向水电、风电、核电等节约资源和环保的方向发展。

由于目前上网电价规则的设置，使得低煤耗的新型机组在与老电厂的高能耗机组竞争中处于劣势，因此，要求发电厂报价时将电价与煤耗两个指标同时报出，通过对能耗高的发电厂征收能耗税的方式实现环保与竞争之间的平衡，同时，鼓励能耗高的发电企业将发电权转售给能耗低的发电企业，如水电、风电、核电企业，并通过适当的方式以此抵免能耗税。

完善煤电联动机制。由于受多种因素的制约和影响，电力市场化改革进展缓慢，短期内完全放开上网电价的愿望还难以实现，在一定的时间内，煤电价格联动机制仍将实施。因此，在近期，要根据这几年煤炭和电力企业实际运行情况，对煤电价格联动政策实施中出现的一些情况和问题，如运输费用上涨，煤质下降引起电煤变相涨价，发电企业消化电煤价格上涨的比例，联动中如何考虑电网涨价，电价调整滞后于煤价上涨，以及电价调整与CPI的关系等问题进行深入研究，在联动中酌情考虑。煤电联动要遵循市场经济的原则，不应过多受政府干预，同时，考虑到发电企业的承受能力，应适度降低发电企业要自行消化所提高成本的比例，也可以考虑将发电厂自行承担煤价上涨的比例部分折算成股份，让有条件的煤炭企业通过持股兼并发电厂，实现上下游一体化。

2. 加快改革输配电价形成机制

按照电力体制和电价改革的方向，竞争性的发电、售电价格应逐步由市场竞争形成，垄断环节的输、配电价格由政府制定。输配电环节的成本应是国家今后管制的重点。

现阶段重点推行主辅分离。推行主辅分离是科学制定输配电价的基础和前提，应尽快实施电网的主辅分离和主多分离改革，至于输、配是否分开，国外的做法也不尽一致，有分开的，也有统一管理的。从我国目前的实际看，输配电网暂时不必从体制上分开，应该先从价格和财务核算上实施分离独立。输、售环节应当从价格和财务核算上先行分离，梳理价格结构，明晰成本费用和交叉补贴的水平，逐步过渡到独立的价格形态。输配电环节具有自然垄断属性，是应该严格监管的环节。

在条件允许时，适当调高输配电价水平。低水平的输配电价和输配电资产回报率不能吸引社会资金投资电网。即便是电网公司的电网投资，严格上也不是符合商业原则的自主性投资。相对程度上，电网公司尽管已公司化，但仍然扮演着一个政策性投资被动执行者的角色。在现有电价体制下，电网投资越多，电网公司还本付息的负担越大，盈利压力也越大，越缺乏进一步投资的积极性。电网公司这种政策性角色既不符合我国电力体制改革的初衷，也无法藉此长期维系我国目前低回报的电网投资。

因此，要在可承受的范围内逐步提高输配电电价，使输配电电价水平以及其占终端销售电价的比例逐步接近国际合理水平。在近期内可以将输配电价在现有基础上稍作提高，然后再选择适当时机，进一步调升输配电价，使输配电投资回报率逐步达到8%左右。在调整电价的同时，应针对不同地区（特别是对电价承受能力较弱的地区和农村）采取不同幅度、不同侧重点的调整，可以对某些弱势群体提供专项补贴以弥补其额外的电费支出。

长期而言，建立独立、规范的输配电价机制，使输配电价真正能够反映输配电真实成本并予以合理回报是理顺电价、改善电价结构的核心和根本。这也是逐步形成和建立市场化、规范化的电力行业运作机制的客观需要。

选择合适的监管方式，确定合理的利润率。管理部门应在充分考虑输配电生产特点、技术进步、经济发展状况以及社会平均水平等因素的基础上，建立输配电定价标准成本制度公开发布，并作为在监管会计制度中与实际情况对比的基础。在成本核算中，要规定分类固定资产折旧率和修理费用率；要规定工资费用率和消费性成本费用标准；要规定工程造价标准，以有效控制工程造价和折旧费用；要规定有效资产的范围以及生产性、管理性与福利性资产的比例；要规定合理的资产回报率。

从国外通行的做法看，对垄断行业实行的价格监管方式主要有成本加成法(也称公正报酬定价法）和价格封顶法(也称价格上限法或价格帽法）。成本加成法，是指政府在一定期间严格审核成本，并按社会正常的资本报酬率核定利润；价格封顶法，是指政府不再核定成本和利润，而是在上年价格的基础上，规定一个上浮的幅度，这个幅度主要由预期通货膨胀率与政府规定的企业效率提高率构成。与“成本加成法”相比，“价格封顶法”引入了提高效率的激励机制。

参照国外的做法，并根据我国电网的实际情况，建议国家在电力市场的初级阶段，采取“成本加成法”对输配电价进行监管。其中，电网成本分不同电压等级，按标准成本计算，电网的利润以资产为基础，按加权平均资金成本确定。而在电力市场的全面竞争阶段，可采用价格封顶方式对输配电价进行监管。

建立电网建设基金。过去国家为了鼓励社会力量投资办电，曾实行了每千瓦时征收2分钱电力建设基金的制度，该制度大大促进了当时我国电力工业的发展，后来随着电力供给状况的改善以及相关制度的改革和完善，取消了电力建设基金。当前，再一次出现了电力供应紧张的状况，虽然电源投资能够获得较为合理的回报率，电源建设所需要的投资可以通过市场化的运作方式获得，但电网建设在短时间内难以具备吸引大量社会和海外投资的条件，作为应急措施，可以考虑参考“南水北调”工程和三峡工程设立相应工程建设基金的做法，设立电网建设基金，专用于电网建设，待将来输配电价到位后，再予以取消。

不同电网结构采用不同的输配电价定价方法。目前，我国电网基本形成了独立省网、大区电网和跨区电网三种主要电网结构。根据这种电网结构，输配电价的制定可概括为三种定价类型：以基本电力市场为基础的省网输配电价格，大用户直供方式下的输配电价格，联网工程价格。

独立省网输配电价定价方法。主要取决于网络结构和负荷密度。对于负荷密度差别较小的省级电网，输配电价一般采用邮票法制定；而对于负荷密度差别较大的省级电网和大区电网，则宜采用区域法或节点法计算输配电价。邮票法，即用户的输配电价与用户的位置没有关系，只与用户接网的电压等级和容量有关。区域法是将用户分成不同区域，不同区域价格不同，同一区域内、相同电压等级的用户输配电价相同。

大区电网直供大用户输电价格水平的确定。要根据电厂与大用户受电电压等级之间的关系，确定该用户承担的输电价格水平。大用户的输电价格可视为输电价格的一种特殊形式，需分别确定。

跨区联网工程价格的确定。联网工程由服务功能可分成点对点服务和网络服务两大类，因而联网工程投资和运行费用的回收模式主要有两种：一是按独立的环节考虑，设计独立的输电价格；二是按效益比例在联网各方之间分摊费用，与省级电网一起制定输配电价。

3. 积极稳妥改革销售电价

销售电价机制改革的最终目的是提高电力消费效率和电力消费弹性，改革措施包括以下内容。

重新设计销售电价结构，建立合理透明的价格机制。重新设计销售电价结构，电价分类应以用户负荷特性和用电成本为依据，而不是现行的以消费者所从事的业务为依据进行分类，也不是依据消费者使用电能的目的进行分类。这样，消费者分类方式将逐渐转变为以消费者负荷特性和消费特性为基础在不同的电压等级下进行分类。

作为电力价格改革的关键一步，是建立一个合理透明的价格机制：将补贴和交叉补贴从价格中剥离出来，从电力企业的“暗补”转为政府的“明补”。只有理顺了电价结构，才能将供应成本和补贴费用核算清楚，在此基础上，才可能建立合理透明的价格机制。在能源供给有限与能源需求不断增长的情况下，电力价格可能会持续上涨，建立合理透明的价格机制可以消除企业与社会公众的质疑，减少电价改革的压力。

建立电价的价格联动机制。要建立完整的竞争性电力市场，必须建立起具有价格联动机制的销售电价，即上网电价与销售电价联动，对最终用户收取实时电价，从而促使带来的效益能够有效地传递到电力的最终用户。如果上网电价上调而终端销售电价不变，实际上是让电网经营企业分担了部分成本压力，会让输配环节改革的难度变得更大。但如果上网电价不变，销售电价上调，从中获得好处的就是电网公司，则会影响发电企业的发电积极性。现在相应的竞价上网改革仍然处于试点阶段，迟迟未能全面展开，如果将改革难度较小的销售电价先行市场化，在电力行业重组的大背景下，未来的改革将是首先使大用户直接面对实时电价，以促使他们对电价的变化做出实时反应，然后通过价格联动机制，将价格变化传导到上网电价，将有助于竞价上网改革的顺利实施。

逐步、分阶段降低交叉补贴。根据经济效率原则，销售电价制定要建立在反映真实供电成本的基础上，才能提高电力消费的经济效率。从经济效率的角度讲，应该是工业电价低于商业电价，且商业电价低于居民电价。这主要基于三个方面的原因：首先，从工业用户、商业用户到居民用户的负荷系数逐渐下降，当其他条件相同时，高负荷系数的负荷比低负荷系数的负荷有更低的服务成本。其次，为工业用户和商业用户服务的配电成本也比其他用户低。最后，根据最优定价的拉姆齐定价原则，用户的价格应该和他们的需求弹性成反比。因此，区别性定价的效率原则也要求工业电价低于商业电价，商业电价低于居民电价。国际上都是工业电价低于商业电价，商业电价低于居民电价，特别是在已经实行电力市场化改革的英国和美国，这种趋势更加明显。

在电力市场化改革的大趋势下，中国的销售电价结构中存在的这种隐形交叉补贴机制已经不可能继续维持，政府应该在实施基于经济效率原则定价的同时，采取新的、与市场改革相适应的、更具经济效率和透明度的收入补贴或者价格补贴机制。当然，不同用户间电价水平的调整必须充分考虑国家宏观经济形势等因素相机而动。为了促进经济发展和效率的提高，电价交叉补贴应逐渐减少，为减少取消交叉补贴的负面影响，建议逐步分阶段降低交叉补贴，对于低收入的居民，可以由政府出资进行价格补贴，如果有必要，可以通过向所有用户征收附加费的形式获得；对于农业生产中电价提高的部分，可以采取财政补贴的形式，减轻农民负担，给农民以实惠。

表1　取消交叉补贴后国家对贫困人口电价补贴估算

低收入人口	2000万
低收入家庭（每户三人）	670万
取消补贴后的电价	0.75元/千瓦时 （接近美国平均电价）
补贴估算	0.20元/千瓦时
总支出增加	16亿元

对于电力工业内部的交叉补贴，如建立新能源开发基金、水库派修基金、三峡工程建设基金、农村电网还贷基金，以及电费中的教育附加费等，不能由价格主管部门任意确定。建议成立能源价格管制委员会，按照《电力法》的规定，大力整顿电价外加收的各种费用，规

范电价秩序。

（三）进一步完善成品油价格形成机制

1. 积极实施价格影响，将中国因素融入国际油价的形成过程

目前，国际原油市场是以期货价格为定价基准的自由市场模式，其价格主要由国际原油市场的供求关系、美元汇率及投机炒作等因素共同决定，然而发展至今，国际原油的金融属性愈发凸显，市场的投机性成分过高，直接参考国际油价的方式存在较大弊端，一方面将国际市场的不稳定因素传导至我国脆弱的石油保障体系之中，另一方面也完全没有反映我国石油的供求关系，与中国对世界石油需求贡献率不断攀升形成鲜明对比的是，中国因素对于国际油价的影响微乎其微。

因此，为保障我国石油安全，有效减轻国际油价大幅波动对我国经济的巨大影响，并将中国需求的影响力参与到国际油价的形成过程中，一方面我国石油企业应积极参与国际石油市场的期货交易，规避国际油价大幅波动的风险；另一方面，也应积极探索并建立我国的原油期货交易市场，允许企业从事套期保值、远期合同交易等，发挥石油需求大国的优势，参与国际油价的形成，改变被动接受者的尴尬角色。

2. 将国内自给原油纳入参照标准

目前，我国的原油及成品油定价方式都是采取与国际原油价格接轨的方式，但这种操作方法忽略了以下重要的事实：一是近年我国原油进口量只占我国原油消费量的53.7%%左右，也就是说，我国近一半的原油是国内开采的。二是我国是发展中国家，国产原油成本以及人工、设备、管理成本等低于发达国家，资源税仅为每吨8~30元人民币，远低于国际水平。加之国内原油生产成本短期内基本稳定，以我国的低成本优势，国内炼油企业的炼油成本本来就应当低于国际水平。因此，应当将国内自给原油通过全成本核算后的价格纳入我国成品油价格参照基准。

3. 缩短调价周期，加快调价频率

目前，成品油定价机制中关于22个工作日的时间区间和4%的价格变动幅度的调价窗口规定，一方面会诱使部分企业的投机行为，加剧市场动荡，另一方面也使国内终端价格调整落后于炼油成本的变化，因此调整成品油与国际油价变化之间的时滞，是改革成品油价格形成机制的关键。加快成品油价格调整的频率，将国内油价与国际油价调整的时滞从一个月改为一周甚至更短，从“滞后定价”逐步实现价格调整的“小步快跑”，可以使国内成品油价格更加贴近市场，解决调价滞后问题，有利于减少市场无风险投机机会，有利于正确反映成品油市场供求关系①。

4. 加快配套措施的建设

培育多元化竞争格局。引导成品油市场出现一定数量可控的市场主体，满足我国这个大

① 2013年3月26日，国家发展改革委宣布，对原有成品油定价机制进行完善，将调价周期缩短至10个工作日，取消上下4%的幅度限制。——编者注

容量市场的消费需求，解决油品资源供应紧张的问题。

建立科学合理的成品油价税调节机制。国家应考虑在宏观调控中应用税收杠杆，通过灵活有效的税收体制调节价格，并根据成品油价格变化情况，适当调整汽、柴油消费税的征收标准，保持国内成品油零售价格相对稳定，减轻其对社会、经济的冲击和负面影响，维护国家安全和社会稳定，引导企业根据市场合理安排成品油生产，促进资源节约、高效利用和环境保护。

完善多层次石油储备体系建设。我国应不断加强以国家石油战略储备、地方石油储备、企业商业储备和中小型公司石油储备为主体的多层次储备体系建设，从而有效防备和应对短期石油供应冲击，保证国内石油安全。

建立有效的法律监管体系。明确监管机构的职责、成品油流通的管理形式、成品油企业的市场个体地位、合理的成品油库存等。

按照市场经济规则，完善相关行业价格联动机制，完善对部分弱势群体和公益性行业的补贴机制。

（四）逐步进行天然气价格改革

鉴于我国寡头垄断的天然气供给结构以及较低的市场化程度，我国的天然气价格改革应当循序渐进。目前应进一步规范价格管理，理顺与可替代能源的价格关系，建立与可替代能源价格挂钩和动态调整的机制。在多元化格局完善之后，我国应逐步放开井口出厂价格，在管输领域引入竞争机制，建立完备的竞争性的天然气市场。因此，目前改革我国天然气定价机制的建议如下。

1. 下游利用加权定价法计算天然气终端消费价

以我国分地区分类用户可替代能源(一般选2~3种）种类、结构、价格为基础，按照等热值能源等价的方法，利用加权定价法，可得出我国天然气终端消费价。天然气终端消费价计算公式如下。

$$P_t=(\frac{a_1P_1}{H_1}+\frac{a_2P_2}{H_2}+\frac{a_3P_3}{H_3})N \quad ①$$

在①式中：

P_t为分地区分类天然气终端消费价，元/m^3；

P_1、P_2、P_3为该地区分类用户天然气可替代能源终端销售价格，元/m^3；

H_1、H_2、H_3为该地区分类用户天然气可替代能源平均热值，J/m^3；

N为单位天然气热值，J/m^3；

a_1、a_2、a_3为分类用户加权系数，根据可替代能源在该地区的消费结构确定，且$a_1+a_2+a_3=1$。

根据以上公式制定出天然气终端消费价后，以后每年可根据上年的可替代能源消费变化情况和价格变化情况对天然气终端消费价进行调整。

2. 在中游管网自然垄断领域，充分发挥政府规制的作用，尽快建立和完善相关社会性规制政策，并逐步采用“两部制”法制定管输费适时制定第三方准入的强制性规定。为防止获得自然垄断领域垄断经营权的企业滥用市场优势地位，在授予管网经营公司垄断经营权的同时，要求其执行第三方准入的强制性规定。即只要输配系统有闲置的运输能力，运输管网经营者就必须向任何有要求的天然气供应商或用户提供运输服务，在公平费率基础上提供无歧视准入。

实行管网的第三方准入，需要相关的制度保障。天然气价格监管机构需要制定公平的管输费率标准、进入管网的条件、费率的调整机制、许可制度等相关标准及制度，并对此进行有效的监管。管网的第三方准入，要求天然气运营商的管输业务与销售业务分离。由于目前我国天然气业务的运营模式都是产运销一体化，根据我国的实际情况，管输和销售业务分离可以采用：两种业务仍然保留在一个公司内部，将其分别在财务上独立核算，这样就基本可以保留我国的天然气生产运输企业的现行产权结构。

制定对天然气长输管线运输费率的管制政策，逐步推行“两部制”的定价方法。“两部制”定价法是目前国外通行且比较成熟的天然气管输收费方式。在“两部制”收费结构中，天然气管输费分为“管输容量预订费”和“管输使用费”两部分。“管输容量预订费”是一种同定费，仅根据管输用户向管输公司预订的管输容量而定，是为了补偿天然气管道运输中的固定成本与相关固定成本而设立的。“管输使用费”是一种灵活的费率，仅根据用户实际的输气量收取，其费率水平与天然气管输中的变动成本和相关变动费用有关。“两部制”的收费方式有助于管道投资者收回投资并获得合理收益；有利于提高管输系统负荷，充分利用管输能力，降低单位输气量成本。

3. 上游放松价格管制，过渡期可利用净回值法确定天然气出厂价

我国国内的供气商单一，基本不存在供气商之间竞争的情况。因此，建议逐步放松对天然气出厂价格的政府管制，先给予一定范围的资格用户(根据用气量大小界定的大用户）与生产商或供气商进行协商定价的权利。随着出厂价格管制放开程度的进一步扩大，界定的条件可以放宽，资格用户的范围逐渐扩大。

在我国的天然气市场迈向成熟的过渡阶段，建议采用市场净回值定价法逐步代替成本加成定价法。天然气出厂价格由市场净回值定价法倒推，保证天然气与可替代能源在终端市场的竞争性，具体如下。

设天然气终端消费价格为P_t，计划期内的产品产量为Q，则下游天然气企业计划期的总收入为：

$$X = P_t Q \quad ②$$

总收入优先扣除应上缴国家的税金和企业适当的利润，再依据“最少投入”的原则，对其他成本项目逐项扣除，便得到天然气门站价格：

$$Y = X - T_1 - W - C \quad ③$$

在③式中：Y为天然气门站价格；X为下

游企业总收入；T_1为国家税金；W为下游企业适当利润；C为维修管理等费用。

根据天然气门站价格计算出天然气出厂价。天然气出厂价=天然气门站价格-管输费。此时的天然气出厂价就与竞争性能源挂钩，可清晰反映出市场的需求状况。

（五）改革水价形成机制

1. 现行水价机制和管理存在的主要问题

改革开放以来，我国水价改革取得了一定进展。如水利工程水价有所提高，供水成本费用得到部分补偿。城市供水价格基本完成由福利型向商品型转变，并已基本达到保本水平。普遍实行了污水处理收费制度，城市污水处理率有较大提高。水资源费征收力度逐年加大，节水型水价机制正逐步形成。但是现行的水价机制和管理还存在不少问题。

第一，现行水价严重影响了水资源的有效配置。

一是部分地区终端水价偏低，不利于提高用户节水意识。在我国，供水价格由政府制定，鉴于水价关系到居民的生活成本，我国的水价普遍相对较低，政府一直补贴较多，过低的水价未真正反映其市场价值，导致用水单位（户）普遍缺乏节水意识。

二是水利工程水价仍低于供水成本，影响水务行业的管理水平。水价低于供水成本，使供水资产耗费得不到及时、足额的补偿，导致供水工程老化失修状况较为严重；缺乏竞争和激励的供水产业管理效率低下导致供水行业贫困；职工收入偏低、队伍不稳定反过来又影响了供水业管理水平的提高和供水事业的持续发展。

三是污水处理收费不到位，污水处理设施难以维持正常运转。尽管我国已经普遍实行了污水处理收费制度，但是污水处理费过低，加之收费不到位，特别是对于企业的污水处理检测等问题严重影响了污水处理费的收取，致使资金难以到位影响到污水处理设施的正常运转。

四是水资源费征收标准偏低，不能反映水资源紧缺状况。我国是一个水资源短缺的国家，淡水资源人均只有2200立方米，仅为世界平均水平的1/4、美国的1/5，在世界上名列121位，是全球13个人均水资源最贫乏的国家之一。扣除难以利用的洪水泾流和散布在偏远地区的地下水资源后，中国现实可利用的淡水资源量则更少，人均可利用水资源量约为900立方米。据统计，全国655个城市中有近400个城市缺水，其中约200个城市严重缺水。尽管我国收取水资源费已经有20多年，但是制定的标准非常低，与我国水资源紧缺的态势不相适应。

五是各类及各行业水价比价关系和计征方式不合理，不利于合理配置水资源。从各产业来看，以农业为例，我国绝大部分地区农业供水普遍缺乏简易、经济和有效的计量设施，难以实行计量收费，多数实行按亩收费的办法。农业用水末级渠系终端水价管理混乱，中间加价和搭车收费现象严重。加之农民的节水意识较为淡薄，并且价格承受能力相对较低，这些都是当前农业水价改革工作中面临的突出问题。工业中的水价没有严格执行分行业、有差别性的水价政策，导致一些高耗水行业以较低的水价成本运行，严重影响了水资源的合理配置。另外，对一些高耗水的服务业，如洗浴中心、洗车场、滑雪场、高尔夫球场等项目，部分地区仍然没有实行差别化的水价管理措施，即使一些地区实行了差别的水价政策，在执行过程中，由于准确计量设施和监管等的不到位，导致盗水取水现象严重，失去了政策的实施意义。最后，地表水、地下水、中水、污水等各类来水的比价也缺乏相应的论证，导致不同来水源的比价极其不合理，严重影响了用水单位在不同来水源之间的合理调配。

第二，对于水资源的全成本界定及核算不清，影响建立合理的水价形成机制。成本是价格制定的基础，对于水资源从源头到终端用户整个过程的成本监管存在着许多漏洞，导致全过程的成本难以把握。具体表现在：对于成本核算项目的界定仍然不够清楚和全面，对于一些项目如生态成本、社会成本等涉及较少；对于某些成本的核算监管存在不足，导致成本核算不清、虚报成本等现象较多。如由于供水单位缺乏成本约束，一些水利工程管理单位人员膨胀、管理水平较低，成本核算中公益性支出与经营性支出分不清、经营性支出中供水支出和发电支出界定不清；城市供水企业政企政事不分，核算管理粗放，缺乏有限的成本约束，不合理成本增加较快。

第三，水价管理体制不顺，多头治水问题突出。从源头到终端用户，水价应是一个完整、连贯、有机的价格体系。目前部门分割管理，水利工程供水由水利部门进行行业管理，城市自来水由城市建设部门进行行业管理，过多地强调本行业的利益，彼此间缺乏有效的沟通、协调，严重影响到了对于水价的统一协调管理。

2. 水价改革的目标与突破点

《中共中央、国务院关于加快水利改革发展的决定》明确提出到2020年基本建立起“有利于水资源节约和合理配置的水价形成机制”的目标，并进一步指出：“积极推进水价改革，充分发挥水价的调节作用，兼顾效率和公平，大力促进节约用水和产业结构调整。”为我国下一步的水价改革指明了方向。

据此，在借鉴国外先进经验的基础上，结合当前水资源的现实状况，我国水价的改革目标可以是：建立全成本核算为基础的有差别化的定价机制，即在全成本核算的基础上，按照水源的不同类型（自来水、中水、淡化海水等）、水的用途门类、所处的不同区域分别制定差别水价。

表2　典型国家水资源定价机制及其主要特点

国别	水价定价机制	主要特点
美国	**东部水资源丰富地区：**实行累退制水价制度，大水量用户水价低，小水量用户水价高。其中居民生活用水一般采用全成本定价模式，农业灌溉用水采用“服务成本+用户承受能力”定价模式 **西部水资源紧缺地区：**以服务成本定价模式为主	根据区域资源丰欠程度采取不同类型的定价机制

续表

国别	水价定价机制	主要特点
英国	采用全成本定价模式，其水费由水资源费和供水系统的服务费用构成，而后者包括供水水费、排污费、地面排水费和环境服务费。国家对水价进行宏观调控，设定价格上限	在充分考虑用户承受能力的基础上，完全按市场经济条件下“投入-产出”模型定价，确保回收成本，并有适度盈余
法国	水价构成中包括水资源费和污染费等项税款，实行水费和税费相结合的双费制度。居民生活用水采用“边际成本+承受能力”定价模式，工业用水和农业灌溉用水采用“服务成本+承受能力”定价模式	水资源定价必须保证回收成本并有适当盈余
德国	水价是由市政府制定，政府通过征收高昂水费的方式取得税收以外的额外收入，为其他市政项目提供补贴	水价高昂，位居欧盟国家首位
印度	水价分为非农业水价和农业水价。非农业用水中的商业和工业用水，采用服务成本定价模式，家庭用水和农业灌溉水价采用用户承受能力定价模式；农业灌溉水价的制定和征收由各邦政府负责	按照产业和用途门类分别制定差别水价

具体如下。

第一，加快推进准确核定供水成本和费用，为实行全成本核算水价打好基础。① 要明确成本核算的项目及主要标准等。当前要想推进水资源的全成本定价，关键是要准确核定从水源到供水终端政策过程的成本和费用，这就必须要求认真全面分析从水源到供水终端用户全过程中所涉及的各种成本项目，制定相关的总量标准、费用核算办法和调节机制等，为全成本核算提供基础。② 完善相关的管理办法，加大成本核算的执行力度。针对虚报成本等不合理现象，一方面，要加快已有办法的执行力度。政府应加大对成本和财务监督检查的力度，要严格按照国家的相关文件：2004年国家发展改革委和水利部联合颁布的《水利工程供水价格管理办法》、2007年水利部颁布的《水利工程供水价格核算规范》、2006年国家发展改革委和水利部联合颁布的《水利工程供水定价成本监审办法》，做好相关供水成本的核算工作；另一方面，要做好其他相关管理与监管核算办法的制定，为其他相关成本的核算提供监管依据。③ 要做好相关成本监管的配套制度建设。一是要建立水资源相关企业成本的定期监审制度，以便能够及时准确掌握企业成本的构成和变化情况，避免成本和价格不合理上涨，同时也可以防止由于外部情况变化导致企业产生严重亏损情况的出现。二是应要求企业内部强化约束，加强成本管理，建立完整、真实的成本台账，为价格制定和调整提供翔实的基础资料。三是要健全价格听证制度。适当提高负责任、懂专业的专家型代表的比例，增强价格听证的公信力，并且要提高听证会的公开程度，确定听证结果的法律效力，以便鼓励与引导持续、广泛并有实质性的公众参与。四要建立健全信息公开制度，水资源行业相关单位要定期公布经营状况和成本信息等措施，使成本透明化，并接受社会监督。④ 鼓励竞争机制的引入来提升监管水平，增强成本的真实性。如可以引入竞争机制，推行区域同行业成本比较和绩效评价，通过区域竞争发现真实成本，为核算提供一定的参考标准，并通过实质性竞争激励水资源相关企业降低成本、提高水利用率。

第二，加快推进差别化定价机制，发挥水价在促进水资源优化配置中的作用。在实施差别化定价过程中，未来应着力推进以下六方面的内容：① 加快推行“不同类型（质量）水不同价”的差异化。以雨水、再生水、淡化海水和市政自来水等多水源分质定价、同质同价为基本原则，合理调整不同类型（质量）水的比价关系，利于不同来水的优化配置。② 加快推行“不同用途水不同价”的差别化。由于水资源开发与利用具有多样性的特征，应根据不同的用途，如居民生活用水、工业用水、农业用水、服务行业用水等实行差别化的定价方式。如居民生活用水主要是起到保障居民基本生活的作用，其价格不应过高，要充分考虑居民的基本承受能力；工业用水、服务行业用水作为一种生产资料，应根据供水成本和市场供求变化适时对价格做出调整，以充分体现水资源的商品属性。农业是关系国计民生的基础产业，并且农民对于水价的承受能力相对较低，农业用水价格过高会影响农业生产及农民的生活，应当通过多种手段将其控制在合理可承受的范围之内。③ 加快推行针对不同区域的差别化政策。由于我国地域广阔，各个地区的水资源禀赋条件有着较大的差异，水资源定价时必须考虑不同地区水资源的差异，使价格能“因地制宜”地反映当地水资源状况。可以借鉴美国的方式，根据区域资源丰欠程度采取不同类型的定价机制，对于水资源较为丰富的地区实行鼓励使用的定价机制，对于水资源缺乏的地区实行限制使用的定价，促进水资源的有效利用。④ 适时推行不同用水效率的差别化政策。为了促进水资源的利用效率，可以将水资源的利用效率（考虑以单位产值的水耗作为考核指标）作为水资源定价的重要根据，对于水资源利用效率较高的企业可以实行相对较低的水价，对于水资源利用效率较高的可以实行较高的水价，激励用水企业提高自身的用水效率。当前可以先在相同行业内部进行水资源利用效率的比较，设定参考标准，对于没有达到标准的企业进行重点监管，实行较高的水价。⑤ 加快推行差异化的计价方式，不断完善水价的调整机制。为了提高水资源的利用效率，针对不同的区域、用途、水资源类型要加快价格调整机制的不断创新，改变目前较为单一的从量计价方式，实行不同的计价办法，如推行阶梯式水价、两部制水价、峰谷水价、季节水价、超额累进水价等不同计价方式，通过对用户的消费行为的影响来达到优化水资源配置、促进水资源有效利用的作用，以实现经济效益和社会效益的最大化。⑥ 根据从水源到终端用户的全过程中的不同分段，执行不同的价格调控方式。水价具有公共物品的特性，并且水资源是关系国计民生的重要战略性资源，政府的宏观调控作用不可缺少，同时为了提高水资源的利用效率和成本的有效控制，引入竞争机制也至关重要。当前应该实行必要的政府管制和市场机制相结合的价格形成机制，对于从水源到供水终端的全过程，应根据分段不同，实行不同的管理调控机制。如城市供水、污水处理、一些水利工程建设等行业应该打破垄断，加快市场化进程，引入竞争机制，吸引社会资金的进入，刺激企业降低成本，政府仅仅强化监督管理作用，利于水价能够真实体现市场的供求和成本的分摊。在一些水源保护、终端水价制定等过程要强调政府调控管理的作用，保证水价制定过程中的公平与效率的均衡。

四、资源价格机制改革的推进机制

1. 资源价格改革的目标导向与领导责任机制

重视顶层设计，制定总体改革方向、改革目标（总目标与阶段性目标），并制定切实可行的执行措施；明确有关机构领导责任，重点是国务院、发展改革委（含下属物价、能源管理部门）、税务总局、国土资源部、水利部、工业和信息化部等政府职能部门；厘清中央政府、地方政府对能源部门实现资源价格改革的责任。

2. 组织架构与利益协调机制

自上而下形成组织架构，包含中央政府、智囊与研究机构、资源与能源领域主体等各种因素；建立有效的协调机制，充分协调包括生产主体、转换储运主体、终端消费主体以及地方政府等各利益相关方，充分考虑研究机构的意见。

3. 系统推进与渐进改革机制

注重资源价格改革的系统推进，重视资源价格改革进程的系统性与配套性，尤其要考虑资源领域上中下游、不同资源种类间价格改革的协调性；做好对资源价格改革造成的综合效果的事前研究预测及事后效果评价，及时调整资源价格改革相关政策；统筹考虑资源价格改革与发展、稳定之间的关系，重点考虑终端消费方的承受力，实施渐进性改革。

注意建立资源价格改革过渡保障机制。资源定价应从政府定价逐步向市场定价过渡，对于消费对象及用途方面公共属性程度较高的资源品种，在由政府定价向市场定价过渡的过程中，政府应予以消费对象补贴；对于消费对象及用途方面公共属性程度较低的资源品种，除非必要时进行调控，政府通常不进行干预。

4. 资源价格改革成果共享机制

资源价格改革对整体社会经济体系具有正向效果，但对个体是有差异性的，其中政府与企业增收而消费者增加支出是可以预想到的效果，消除这对矛盾就要实施资源价格改革成果共享机制。一方面，建立资源收益和垄断性收益合理的再分配制度，要通过资源税改革和国有企业红利上缴的改革，将资源性和垄断性收益大部分纳入财政体制，主要用于充实社会保障和提供公共服务；另一方面，要考虑消费者的承受能力，要通过财政补贴部分难以承担资源价格改革影响的消费者，解决两极分化，促进社会公平。

注意建立资源终端的差异化价格机制。资源价格改革应科学地制定差异化的终端价格，重点应考虑以下因素：不同资源品种的供需差异（需求刚性、可替代性等），终端消费对象利用资源品种时的公共属性的程度，多元化消费终端对资源价格的敏感性程度与承受力。

5. 资源价格形成机制改革与国有企业、垄断性行业改革相互促进机制

国有企业激励与约束机制（含绩效考核及问责机制）适当先行，结合国有企业领域改革与垄断性行业领域改革领域的成果与经验，促进形成资源领域国有企业的新机制，并有利于资源价格改革的进行，资源价格改革反过来对国有企业机制（特别是绩效考核）也有正面影响；深化国有资源领域企业改革，在确保资源总体利用效率的前提下，针对不同资源种类，促进跨地区、跨行业（资源领域内）、跨所有制的重组，弱化区域性、行业性垄断，促进价格竞争。

6. 法律保障与行政许可机制

当前，政府参与一些资源价格制定是法律法规赋予的职能，应尽快修订完善相应的法律法规与行政许可内容，促进政府职能转变，确保资源价格改革的顺利实施。

7. 信息公开与公众参与机制

资源价格改革应尽量实现信息公开透明；鼓励和激发公众参与讨论和监督；独立第三方（智囊机构与科研院所）资源价格改革的综合效果评估。对于实施市场化定价的资源种类，政府应加大舆论宣传力度；对于仍采用政府定价的资源种类（或领域），政府应及时、完整地公开信息，并听取公众意见和建议。

国务院发展研究中心
“改革的重点领域与推进机制研究”课题组
（资源价格形成机制与资源管理体制改革专题）
负责人：谷树忠
协调人：张　亮
成　员：洪　涛　牛　雄　武　旭

打破大城市户籍改革困境

国务院发展研究中心“完善城市化进程中的相关社会政策研究”课题组

造成当前大城市户籍改革困境的根源在于制度安排，主要跟我国的公共服务和社会保障支出分担机制、城市的层级体制有关

一、当前户籍改革的难点在大城市

户籍改革有两项任务：一是要消除农村户口与城镇户口人群的权益差异，二是要消除常住外来人口与本地人口的权益差异。前者的改革主要是通过增加农村人口的权益来实施的，21世纪以来城乡教育、卫生、社会保障的制度和标准逐渐趋向统一，取得了很大进展，前景也较为乐观。后者的改革主要是通过降低落户门槛和将部分公共服务与户籍脱钩来实施的，这在中小城市取得了很大进展，但在大城市的进展有限。目前，一些大城市积累了大量没有当地户口的常住人口，非户籍人口占常住人口的比重高达30%～40%，深圳更是高达70%多（见表1），在城市内部形成了明显的二元结构。这不仅造成群体矛盾、影响社会稳定，也造成了机会不均等，严重影响了外来人口人力资本的积累和消费的扩大，对经济社会可持续发展带来了诸多消极后果。

表1　　2010年部分大城市非户籍常住人口比重　　单位：万人，%

项目	北京	上海	广州	深圳	天津	杭州	宁波	苏州
常住人口	1961.2	2301.9	1270.1	1046.7	1293.8	870.0	760.6	1046.6
常住人口中的非户籍人口	704.5	883.4	476	778.9	299.2	235.4	228.9	408.9
占比	35.9	39.0	37.5	74.4	23.1	27.1	30.1	39.1

数据来源：各城市2010年第六次人口普查公报或国民经济和社会发展统计公报，其中深圳没有2010年数据，表中数据为2011年。

城市不愿意彻底接纳常住外来人口，财政增支压力和维护户籍人口既得利益显然是重要原因。但同时，大城市人口迅速膨胀，面临较大基础设施和资源环境压力也是客观事实。因此，当前部分城市事实上又在收紧落户政策，希望能用这一手段适当减缓人口的增长。这样，大城市的户籍改革就陷入了一种困境：出于社会公平公正和缓解社会压力的考虑，需要解决已经在当地稳定就业和生活的非户籍人口的平等权益，放松落户限制；但出于城市承载以及财政压力方面的考虑，又需要收紧落户政策。当前，一些城市采取了折中的办法，对不能立即给予户口但对当地经济发展又在做着贡献的人，以居住证为管理依托，用居住年限、就业年限、社保缴费年限等多种更为合理的管理手段来替代户口这个单一的身份区隔性质的管理手段，根据是否满足这些具体条件来渐进地给予当地的福利和权益。这一制度创新应予以充分肯定，但实际操作大多较为保守，即使已经在城市长期居住和就业的存量外来人口的完全平等权益问题也难以在短期内解决。

二、改革困境是由诸多制度原因共同造成的

造成当前大城市户籍改革困境的根源在于制度安排，主要跟我国的公共服务和社会保障支出分担机制、城市的层级体制有关。

（一）公共服务和社会保障支出主要由地方政府承担，导致地方政府接纳外来常住人口的积极性不高

我国公共服务和社会保障的支出责任是高度分权化的，主要由省级及以下政府承担支出责任，而且长期以来省以下政府支出占大头。以教育和卫生为例，2003年时，全国教育、卫生财政支出中，地方政府（省级及以下）的支出比重分别高达91.8%和97.2%。近年来，随着中央政府对教育、卫生投入的加大，2011年地方支出比重分别下降到了80.2%和73.1%（见表2）。但这一比重仍然是非常高的，而且这几年的下降有的是阶段性改革中的专项支出造成的，并没有形成中央和地方之间稳定的分担机制。社会保障的支出分担机制也类似。而且越

是发达地区，越是大城市，地方分担的比例就越高，甚至完全自筹，而这些地方正是人口流入最多的地区。

表2　2003~2011年教育、卫生财政支出中地方政府分担比例　单位：%

支出	2003	2004	2005	2006	2007	2008	2009	2010	2011
教育	91.8	94.0	93.8	87.8	84.9	82.2	81.0	79.7	80.2
卫生	97.2	97.4	97.9	89.5	66.6	70.0	68.0	71.1	73.1

数据来源：根据各年统计年鉴和全国财政支出决算表计算。

在这样一种公共服务和社会保障支出责任机制下，城市地方政府放宽落户条件，就需要主要依靠自身财力来为新落户人口提供公共服务，积极性显然不高。出于发展经济和控制财政支出之间的平衡，精明的地方政府就倾向于选择性地向拥有较高知识、技能和资本即能为地方经济做出较大贡献的人颁发户口，而不愿意向知识技能相对较低的人口敞开户籍大门，而实际上这些人也是城市经济发展和社会服务所必需的。

（二）我国汲取型的城市层级体制导致高层级城市的公共服务水平和成本都较高，进一步增加了户籍制度改革的难度

公共服务支出责任的高度分权化必然导致公共服务地区差距的扩大。但不仅如此，由于我国的城市体系是一个汲取型的层级体制，城市按行政级别分为直辖市、副省级城市、地级市、县级市等，政治地位差别很大。无论是在区域规划、投融资还是公共服务资源获取，高层级城市都更为强势。这种等级化的资源分配方式人为拉大了城市间经济发展和公共服务差距，高层级城市也因此吸引了大量外来人口的涌入。高层级城市不仅经济发展水平较高，一般也都具有较高的公共服务水平。而较高的公共服务水平必然意味着较高的服务成本，这样公共服务和社会保障向常住非户籍人口的扩展成本也就较高，愈来愈倾向于保护户籍人口的既得利益，进一步增加了户籍改革的难度。

三、拓宽思路打破大城市户籍改革困境

既然如上分析，当前大城市户籍改革的困境主要是由制度性原因造成的，那么要彻底破解这一难题也只能用制度改革来解决。但在当前体制没有大的改变情况下，也仍然是可以有所作为的。因此，大中城市户籍改革既要着眼长远，改革制度和激励机制，也要在近中期解决一些紧迫的问题。

（一）中长期改革议程

1. 改革公共服务和社会保障支出责任体制，提高中央和省级政府的支出比重

从国际经验来看，大多数国家教育和卫生支出主要是中央和省级政府的责任，而且中央

政府承担比例较高；社会保障和救济则基本就是中央政府的支出责任。我国提高中央和省级政府的公共服务和社会保障支出比重的改革势在必行，这不仅是为户籍改革创造有利条件，也是促进基本公共服务均等化的根本性解决办法。提高中央和省级政府的支出比重，不能只是临时性的举措，必须建立明确的政府间的分担机制，而且各地区的分担比例安排应尽量统一。在此前提下，要求流入地政府切实承担起为外来常住人口提供公共服务和社会保障的责任。当前部分大城市不愿意向常住外来人口扩展公共服务和社会保障，并不完全是因为财力不足，而是当前的制度提供的激励不足，约束也不足。与此同时，中央政府要加强公共服务和社会保障的标准制定和控制职能，除了制定最低标准，也要控制最高标准，以免差距扩大过快，增加户籍改革的难度。

2. 改革城市行政层级体制，缩减城市层级，鼓励大城市支持周边地区发展

我国大城市规模的扩张并不完全是市场经济条件下经济和人口的自然集聚，也有高层级城市通过行政性手段争夺低层级城市资源的人为因素。这虽然带来了高层级城市的繁荣，但也带来了较大的人口涌入压力。要想从长远上破解大城市户籍改革困境，需要取消城市行政层级别，实现城市自治。在现有体制下，可以缩减城市层级，减少对低层级城市和周边区域的汲取。大城市应该积极支持周边地区的发展。这样就可以缓解人口涌入的压力，也促进了均衡发展。一个生动的例证是，上海市第六次人口普查数据显示，随着浙江的快速发展，浙江流入上海的人口从外省市中的第三位下降到了第六位。经济集聚是城市化的规律，但通过行政方式配置资源出现的过度集聚并不是好事。

（二）近中期可以采取的举措

1. 集中解决一批已经在城市长期居住和就业人口的落户问题

当前大中城市积累了大量已经在城市长期居住和就业但仍然没有平等享有公共服务和社会保障权益的人口。必须集中解决一批这些人口的落户问题，否则城市内的二元结构将愈来愈固化，解决的难度会越来越大，社会风险也会越来越高。可供参考的解决思路是，中央政府出台一个规定，规定无论是在哪个城市，在当地连续就业和居住最长达到一定年限（如10～15年）后，最多再加上一定的社保缴费年限要求，地方政府必须给予当地户口，不能再附加任何其他条件。根据第六次人口普查数据，我国流动人口在流入地居住5年以上的人口比例约为30%，10年以上比例应远低于这个比例。根据中国人民大学的“北京市1‰流动人口调查”资料，2006 年北京市流动人口中“来京时间”5年以上占38.8%，其中10年以上占13.5%，15年以上者占4.1%[①]。当前的比例差别估计不会太大。根据第六次人口普查数据，北京市户口登记地在外省的流动人口约为700万，如果准许来京10年以上人口立即落户，

① 北京市第六次人口普查数据显示，2010年在北京居住6年及以上的外来人口比重为24.8%。

总量约为95万；如果准许来京15年人口立即落户，总量约为29万。虽然数量也不小，但准许落户以后给公共服务带来的压力是有限的。因为这些人已经在当地工作生活，也已经在实际利用大多数社会服务，而且都是劳动年龄人口，申请社会救助等现金补助服务的比例不会高，主要的压力可能会是保障性住房和高考。况且，北京在全国是较为极端的情况，一般城市流动人口规模都没有这么大，压力也不会这么大。

2. 对不能立即落户的人口，遵循“低门槛、阶梯式”的思路，以居住证为管理依托，逐渐增加享有流入地权益，优先解决就业资格彻底放开问题和教育机会均等问题

对于不能立即落户的人口，当前各地以居住证为管理依托，用居住年限、就业年限、社保缴费年限为管理手段渐进赋予流入地权益的做法，方向是正确的。关键在于如何更加合理地设定这些条件，如何排列赋予权益的优先顺序，以及如何使得管理更加便民。当前应优先解决大中城市就业资格（特别是机关事业单位就业资格）的彻底放开问题，以及实现教育机会的均等问题。同时也要完善管理，在总结地方经验教训的基础上，在全国推广居住证制度，将居住证与身份证、户籍信息系统实现连通，与政府部门掌握的人口基础信息实现共享，更好地实现人口服务与管理的双重目标。

需要特别提出的是，广受关注的“农民工市民化”（农业转移人口市民化）问题表面上看起来是农村户口与城镇户口人口权益差别的问题，但实际上是外地户口与本地户口人口权益差别的问题。因为不仅是农业户口的农民工在城市遇到了差别对待的问题，具有城镇户口的外地户籍人口在城市同样也遇到了差别对待的问题。只是因为农民工的人力资本更低，所拥有的社会资本更弱，才使得其在城市的处境更加困难。同时也说明，农民工的市民化并不能指望通过户籍制度改革就能完成，这是一个综合的经济社会改革过程。

国务院发展研究中心社会发展研究部
“完善城市化进程中的相关社会政策研究”
课题组
负责人：葛延风　林家彬
执行负责人：王列军
成　员：贡　森　丁宁宁　杨余宇
张佳慧　喻　东　张冰子
执笔人：王列军

利率市场化的美国经验及其借鉴意义

利率市场化并非是一个水到渠成的过程，而是从一种体制转换到另一种体制的“惊险的跳跃”：跨越之前和跨越之后风险都不大，但是跨越的过程风险非常大

吴　庆

国务院发展研究中心金融研究所银行研究室副主任、研究员

一、问题的提出

中国的利率市场化进程正在加快。存款利率和贷款利率是人民币利率市场化最后的攻坚。在这一轮利率市场化启动之前，银行间市场和债券市场上的人民币利率已经由市场定价。中国人民银行在2004年取消了银行存款利率下限，同时允许贷款利率较基准利率下浮10%。在2012年，人民币利率市场化又迈出了两步：6月，人民银行进一步决定允许银行的存款利率较基准利率上浮10%，并允许贷款利率下浮20%；同年7月，央行允许贷款利率下浮30%。在“十二五”期间，人民币利率市场化可能将会快速推进[①]。

① 截至本书付印时，利率市场化改革又有新进展。经国务院批准，中国人民银行决定，自2013年7月20日起全面放开金融机构贷款利率管制。具体包括：取消金融机构贷款利率0.7倍的下限，由金融机构根据商业原则自主确定贷款利率水平；取消票据贴现利率管制，改变贴现利率在再贴现利率基础上加点确定的方式，由金融机构自主确定；对农村信用社贷款利率不再设立上限；个人住房贷款利率浮动区间暂不作调整。——编者注

（一）中国的利率市场化迅速推进

推动人民币利率市场化的动力至少有以下三个。

第一，利率市场化是经过长期研究并且正在推进的重要改革内容。“先外币，后本币；先贷款，后存款”等原则要求达成共识。总体来说，银行间市场、国债市场的利率市场化程度已经很高；贷款利率市场化程度比较高，但是监管机构对是否发放贷款的规定和指导较多，同时存款利率市场化程度很低。

第二，中国人民银行从2005年以来积极推进人民币区域化，并且每年都有新的进展。而在人民币区域化的终极目标当中，应当包含人民币利率市场化。在过去一年多时间里，通过进出口贸易结算推动的人民币区域化进展迅速，跨境资本管制正在放松，客观上要求境内本币利率市场化改革必须跟进。人民币区域化和人民币利率市场化的关系密切。

第三，银行业的高利润有可能促进决策者推进利率市场化改革。“企业利润那么低，银行利润那么高，我们有时候自己都不好意思公布。”在本研究立题的时候，民生银行行长洪崎2011年底说的这句话至今仍然在发酵中，让银行业是否存在垄断的争论进入到公众层面。来自企业和公众的压力可能推动决策者采取行动，同时，银行业高利润时期是推进利率市场化改革比较好的时机。

（二）利率市场化的风险

目前，存贷款利率的市场化正在直接冲击商业银行目前普遍采取的依靠净利差赚取利润的经营模式。让我们以一家有代表性的商业银行为例：这家典型的商业银行的存贷款利差直到2012年仍旧高达3个百分点，银行获得巨额利润。但是，如果利率市场化没有伴随商业银行的经营方式和利润来源发生重大转变，那么一旦存款利率上涨1个百分点，或者贷款利率降低1.5个百分点，这家银行令人羡慕的高额利润就将回归到零。

可见，利率市场化并不是一个孤立的市场规则变化，而是牵一发而动全身，对商业银行影响巨大。利率市场化并非是一个水到渠成的过程，而是从一种体制转换到另一种体制的“惊险的跳跃”：跨越之前和跨越之后风险都不大，但是跨越的过程风险非常大。就国际经验来看，即使是后来被认为利率市场化取得成功的国家，在利率市场化的过程中有的也经历了严重的系统性危机。即使是美国这样市场机制比较发达、金融市场化程度相对比较高的国家，在20世纪70年代的全球化过程中，被动接受利率市场化的现实，在国内金融监管政策中犯了错误，导致80年代爆发了一场严重的金融危机。

在人民币利率市场化的攻坚阶段，商业银行有没有可能再次出现全行业的危机，以及如何才能降低危机爆发的可能性，是本研究希望回答的核心问题。

（三）中美之间的利率市场化比较

借鉴国际经验的时候，我们总是希望从多

个国家的案例当中总结经验教训，于是在资料可获得的情况下，总是进行多国比较。但是在研究利率市场化的时候，多国比较提供的有意义的结论是有限的。例如，在研究利率市场化的先后顺序的时候，大多数研究者相信存在着一个正确的次序，即“先外币，后本币；先贷款，后存款；先大额，后小额”。遗憾的是，国际经验并不支持这一次序选择①。

表1　各国家和地区的存贷款放开顺序与改革效果

存贷款放开顺序	国家或地区	改革效果
先存款，后贷款	泰国	不理想
	波兰	成功
	俄罗斯	成功
	匈牙利	成功
先贷款，后存款	美国	成功
	日本	成功
	土耳其	不理想
	德国	成功
	韩国	不理想
	中国台湾	成功
同时进行	智利	失败
	阿根廷	失败
	巴西	失败
	菲律宾	不理想
	马来西亚	成功

如表1所示，关于存款利率和贷款利率的市场化顺序问题，有三种选择。实施利率市场化的15个样本国家（地区）当中，选择这三种顺序的几乎各占1/3。更加令人迷惑的是，在这三条道路上，都有成功的国家（地区），也有失败（不理想）的国家（地区）。因此，存贷款利率市场化的先后顺序问题不是一个重要问题。按照这个结论，那么中国当前选择的“先贷款，后存款”路径有可能不是必须的。

问题在于，多国经验比较为什么没有得出有意义的结论。我们认为是因为多国比较的时候忽略了一些重要的“关键变量”。这组“关键变量”涉及银行业结构、监管规则、经营惯例、法律体系、历史传统、重大事件，以及来自境外或者非银行金融机构的挑战等。如果不引入这些变量，国家之间的比较不够深入；如果引入这些变量，两个国家案例之间的共性将变少，三个国家案例之间的共性更少。以此类推，多国比较的空间非常小。

有鉴于此，本研究选择单个国家（美国）的经验与中国现状进行比较。之所以选择美国，有以下几个考虑：首先，学者们对美国经验的研究最为丰富和深入，有关美国经验的资料可获得性最好；其次，美国的利率市场化的起点与中国接近，最主要的共性包括：传统的银行监管体制、3个百分点的银行存贷款利差和丰厚的银行利润。

二、美国利率管制的形成与状况

美国的利率市场化过程从20世纪70年代开

① 根据中国人民银行上海总部的研究报告《关于利率市场化改革路径安排的思考》，对20个国家和地区的改革次序的研究表明，选择贷款先放开的有7国（地区），选择同时放开的有8国，选择存款先放开的有4国。从改革成效来看，存贷款放开次序的差别对于改革成败没有决定性影响。

始，到80年代结束（见图1）。在此之前，美国实施着1933年银行法确定的严格的利率管制，而这种管制过于严格。如此严格的利率管制是如何在国会通过的？回答这个问题，有助于理解市场各类主体在利率市场化进程中积极逃避监管而没有心理障碍的现实。

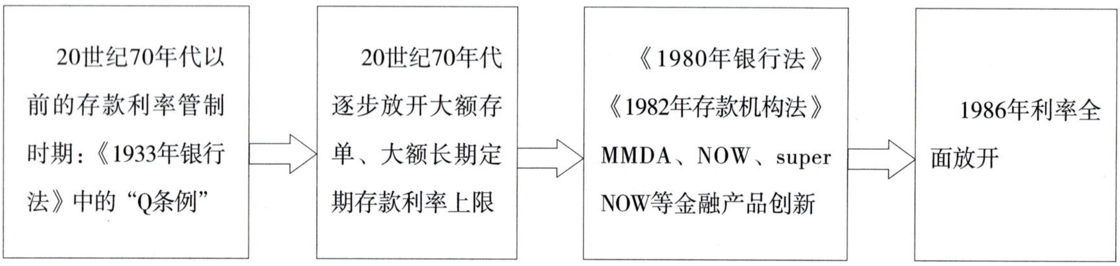

图1　美国利率市场化线路图

（一）银行家应对政治危机的失策

1929年开始的银行危机比以前美国人经历过的任何一次都严重。它一如既往地摧毁了所有在灾难降临之前就失去了清偿力的银行，之后继续让无辜的银行因遭受挤兑而失去清偿力，然后无情地摧毁它。据美国联邦存款保险公司（FDIC）1998年提供的数据，从1921年到1932年的12年间，美国有10807家银行倒闭了，其中5096次倒闭集中在最后3年。在紧接其后的1934年，关闭的银行数目达到空前绝后的4000家！

接连发生的银行危机和随之而来的大萧条强化了公众对银行业根深蒂固的不信任感。公众希望有人站出来回答：到底发生了什么，有没有人为此承担责任，同样的事件会不会重演，能不能防患于未然？他们要求有人为1929年以来发生的事件道歉。第一个目标就是公众历来不信任的银行家。

政治家们首先意识到了这一点。罗斯福总统不愿意公开和银行家们绑在一起，于是否决了让摩根财团的银行家拉塞尔·莱芬韦尔（Russell C. Leffingwell）到财政部任职的提名。但莱芬韦尔仍然是罗斯福信任的朋友和顾问，在新政派中具有大知识分子的形象。罗斯福在一封给他的信中明确地说：“我希望银行家能向我承认，在1927年到1929年间存在着严重的舞弊行为，并能看到银行家们现在全心全意地支持防止这种状况重演的措施。难道银行家们就看不到他们自身在这一进程中的利益吗？”

但是银行家们反应迟钝，不愿意承担这个责任。莱芬韦尔答复罗斯福说：“银行家们实际上不能对1927到1929年间发生的事情负责，有责任的是政治家们。为什么银行家要虚假地认罪呢？”传纪《摩根财团》的作者彻诺对此评论说：摩根财团看不到它在这一进程中的利益，这是摩根的悲剧。在整个新政期间，摩根财团不断重犯同一政治错误：一直宣传小改小革，而这些建议又总是被认为只是为其自身利益考虑而未被采纳。

格林斯潘拿2008年开始的全球金融危机与1929年开始的大萧条相提并论，号称“百年一遇”。但是，我们看到过去几年里美国金融监管者的反应已经不像80年前那么过激，这是因为美国的决策体系已经吸取了80年前的教训。

（二）不认错的银行家阶层失去发言权

1929年的危机让政治家与银行家分道扬镳。早在1932年夏天，胡佛总统就要求参议院银行和货币委员会对卖空行为进行调查。由此拉开了政府对银行家的政治挑战，也导致胡佛失去了银行家们的选票。新总统罗斯福对银行家的态度依然，他在就职典礼上宣称：“货币兑换商们已经从我们文明圣殿的高座上逃走了，我们现在可以使这个圣殿归复于古老的真理。”

当年春天，胡佛催促参议院银行和货币委员会执行一个更广泛、更彻底的任务，以调查“恶劣银行行为的所有影响”。调查转向私人银行家，那些被来自纽约的53岁的前地区检察官助理费迪南德·佩科拉（Ferdinand Pecora）定义为“自己制定规则而不受任何检查的人”。佩科拉1933年1月接管了这项调查。从此，这项调查以他的名字命名。

这场持续到1934年5月的调查写出了1万页证词，把一些纽约银行从事的不光彩交易公诸于众，让本已暗淡无光的银行家形象雪上加霜。佩科拉提供了一部股票市场崩溃的秘史，一个关于20年代的实事求是的分析报告。它使一代银行家名声扫地。从此，银行家们被称为“强盗资本家(robber barons)”，“银行家们那些诸如保守、小心、谨慎的形象被1929年的危机彻底粉碎了”。银行家们不仅在政治上已经失去了公众的支持，而且在道义上越来越应该受到惩罚——这不仅是美国银行家的悲剧，也是美国的悲剧。

（三）用过度的管制惩罚银行家

彻诺指出，格拉斯—斯蒂格尔法案的形成在很大程度上是“命运的产物”。从本质上说，格拉斯—斯蒂格尔法案不仅是一个银行业务的改革措施，同时也是对大银行的惩罚。它是普通群众因为1929年的灾难而对华尔街做出的反击。公众们希望看到大银行被拿来开刀，而对那些由于管理不善或者运气不佳而步履蹒跚、毫无生气的小银行不感兴趣。格拉斯—斯蒂格尔法案让美国民众把自黑色星期四以来一直憋着的气发泄了一下。

与100年前（1835年）托克维尔观察到的现象类似，格拉斯—斯蒂格尔法案迎合了大众的情绪，却背离了经济上的正确方向。让街头巷尾的小银行免受大银行的竞争，这种做法只是在政治上而不是在经济上有意义。原子化的银行体系是造成这个国家暴风骤雨般的金融史的因素之一，但是政治上对风暴的反应却是把它分得更碎一些。大多数银行家都知道这个道理，可是银行家们彻底失去了公信力。在佩科拉听证会之后，连金融精英们十分有道理的论点，听起来也像是只顾自己利益的胡言乱语，但是没有人愿意听（彻诺，1990）。

更加吊诡的是，本来是想惩罚大银行家的银行法案，却让整个银行家阶层轻轻松松地过了40年体面而安逸的日子。可见，经济政策的结果和目标有时候相差甚远，特别是当经济政策没有经过很好的论证、只是一时冲动做出来的时候。不能不说这是受民意绑架的决策体制导致的一场悲剧。

（四）美国银行监管的Q条例

Q条例是美国联邦监管条例（United States Code of Federal Regulations）当中的第Q项条例（Title 12, part 217）。设置这一条例是为了落实格拉斯—斯蒂格尔法案（正式的称呼是1933年的银行法）。在30年代初期的大萧条当中，出现了大量的银行倒闭。人们认为导致银行大量倒闭的原因之一是，银行之间争夺存款的竞争压低了存贷款之间的利差，鼓励大银行越来越多地到投资银行领域冒险。这是实施利率管制的动因。

现在Q条例已经被废除，但在1933~2011年间，Q条例一直禁止银行向活期存款支付利息。在1986年以前，Q条例给储蓄账户、NOW账户等很多种类账户规定存款利率上限。后来的研究发现，利率管制是一把“双面刀片”（double-sided blade）。它让美国银行体系享受了短期的稳定，也造成了美国银行体系长期的不稳定。因此，第一条可供中国借鉴的教训是，早一点放弃利率管制更为有利。

（五）银行倒闭在公众视线中消失

在实施利率管制的前40年，美国银行业一度风平浪静。在1929年的大萧条发生之前，美国经济总是周期性地发生经济危机，银行也周期性地爆发倒闭浪潮。可是，在实施利率管制之后的前四十年里，“银行倒闭几乎在公众视线中消失了”（见图2）。有鉴于此，越来越

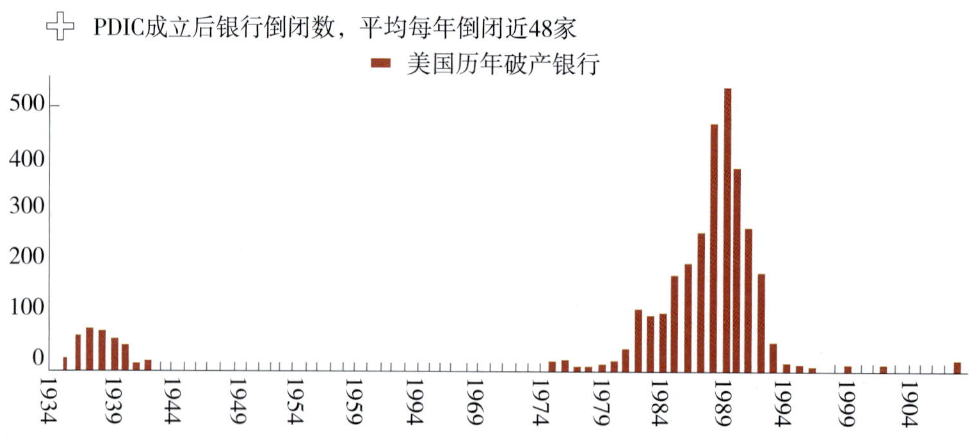

图2　美国历年破产银行数

多的公众认同了利率管制。

当然，利率管制并非银行不再倒闭的唯一原因。我们知道，按照1933年的银行法建立的监管体系还包括存款保险制度，这个制度保护10万美元以下的存款在银行倒闭以后也可以得到全额支付，于是让银行摆脱了小存款人的挤兑，因此也避免了银行因信息不对称而受到挤兑并且倒闭。

此外，“稳定的”经济环境也是金融稳定的重要原因。第二次世界大战的欧洲战场从1939年开始，刺激了美国国内与军事有关的工业生产。1941年爆发的太平洋战争更让美国直接卷入其中，国内经济再次因战争而繁荣。战后虽有短暂的“战后衰退”，但是新建立的联合国、国际货币基金组织、布雷顿森林体系和推进欧洲复兴的马歇尔计划等促进了世界经济繁荣，也维持了美国的繁荣。

（六）银行家的“无辜年代”

当时的美国银行家与现在的美国银行家有一个更重要的区别，那就是美国银行家在70年代之前都严格遵守监管规则，绝不越雷池半步。借用一个说法叫做*The Age of Innocent*（电影名，中文片名《纯真年代》）。Innocent有“纯真、无知、无辜”等多重含义，用来形容当时的银行家都很贴切。

从70年代开始，美国银行家视监管为“猫捉老鼠”的游戏：银行家就像弱小而聪明的Jerry，而监管者像强大而笨拙的Tom。公众们期待着观看Jerry如何调戏Tom。银行业也随之进入*The Age of Uncertainty*（加尔布雷斯著作名，译为《不确定的年代》），随后又进入*The Age of Turbulence*（格林斯潘著作名，译名《动荡年代》）。

那么，银行家们为什么在前40年里循规蹈矩呢？

在监管保护下，“无辜年代”的银行业过着体面而且安逸的日子。许多当代的银行人士还时不时地怀念80年代以前的银行家生活。当时银行家的生活，有人总结为“3-6-3”规则：银行家一天只需做两笔业务：以3%的利率借入一笔资金，再以6%的利率贷出去，一天的工作就轻松完成了，下午3点可以去打高尔夫球。银行家当然不愿意失去这样的好日子，何况破坏这种好日子的任何努力都违背监管规则，将受到监管者的惩罚。

那么70年代以后的银行家们为什么会冒着被惩罚的危险破坏自己的好日子？这正是下文“被动的利率市场化”即将讨论的问题。

三、被动的利率市场化及其后果

正如上文所述，在“无辜年代”里，美国的银行家过着体面而安逸的日子，美国银行业没有内在创新的动力，不可能主动推动利率市场化，华尔街如同一潭死水。因此，利率市场化的动力只能来自本国银行业之外。从70年代开始，两个背景的变化开始推动美国国内的利率市场化。

（一）利率市场化的背景和驱动力

其一是信息技术（又称IT技术，information technology的简称）的持续进步，导致金融机构跨境提供资金和金融服务的交易费用持续降低。于是，全球各个分割的金融市场越来越紧密地联系在一起。这就是通常所说的"金融全球化"。IT是其技术基础。

其二是海外市场上的金融创新。在1970年以前，一些大额存款已经能够享受到比较高的利率，只是能够享受到高存款利率的毕竟只是少数，因此对整个银行业的成本影响不大。但是，伦敦市场上的一个名叫MMMF（money market mutual fund，货币市场共同基金）的金融创新，把存款人获得较高利息的门槛降得很低。

此外，在经历了20多年的低通胀时代之后，1973年爆发持续三年的第一次石油危机，原油价格从每桶3.011美元提高到10.651美元，美国工业生产下降了14%，通货膨胀在1974年就上升到两位数。1978年开始的第二次石油危机让每桶的石油价格从1979年的13美元上涨到1980年的34美元，并且持续了半年多时间，导致西方世界经济全面衰退。（见表2与图3）

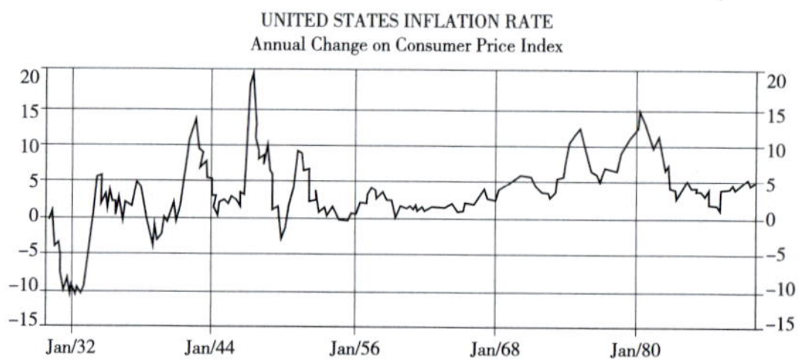

图3　美国的通货膨胀（1929~1989年）

通胀率的提高并非推动银行监管当局彻底改变利率管制，存款人有强烈愿望让存款保值。于是，提高利率的金融创新在美国有很好

表2　美国的通货膨胀

Year	Jan	Feb	Mar	Apr	May	Jun	Jul	Aug	Sep	Oct	Nov	Dec	Ave
1929	−1.2	0	−0.6	−1.2	−1.2	0	1.2	1.2	0	0.6	0.6	0.6	0
1930	0	−0.6	−0.6	0.6	−0.6	−1.8	−4	−4.6	−4	−4.6	−5.2	−6.4	−2.3
1931	−7	−7.6	−7.7	−8.8	−9.5	−10.1	−9	−8.5	−9.6	−9.7	−10.4	−9.3	−9
1932	−10.1	−10.2	−10.3	−10.3	−10.5	−9.9	−9.9	−10.5	−10.7	−10.7	−10.2	−10.3	−9.9
1933	−9.8	−9.9	−10	−9.4	−8	−6.6	−3.7	−2.2	−1.5	−0.8	0	0.8	−5.1
1934	2.3	4.7	5.6	5.6	5.6	5.5	2.3	1.5	3	2.3	2.3	1.5	3.1
1935	3	3	3	3.8	3.8	2.2	2.2	2.2	0.7	1.5	2.2	3	2.2
1936	1.5	0.7	0	−0.7	−0.7	0.7	1.5	2.2	2.2	2.2	1.4	1.4	1.5
1937	2.2	2.2	3.6	4.4	5.1	4.3	4.3	3.6	4.3	4.3	3.6	2.9	3.6
1938	0.7	0	−0.7	−0.7	−2.1	−2.1	−2.8	−2.8	−3.4	−4.1	−3.4	−2.8	−2.1

续表

Year	Jan	Feb	Mar	Apr	May	Jun	Jul	Aug	Sep	Oct	Nov	Dec	Ave
1939	-1.4	-1.4	-1.4	-2.8	-2.1	-2.1	-2.1	-2.1	0	0	0	0	-1.4
1940	-0.7	0.7	0.7	1.4	1.4	2.2	1.4	1.4	-0.7	0	0	0.7	0.7
1941	1.4	0.7	1.4	2.1	2.9	4.3	5	6.4	7.9	9.3	10	9.9	5
1942	11.3	12.1	12.7	12.6	13.2	10.9	11.6	10.7	9.3	9.2	9.1	9	10.9
1943	7.6	7	7.5	8.1	7.4	7.4	6.1	4.8	5.5	4.2	3.6	3	6.1
1944	3	3	1.2	0.6	0	0.6	1.7	2.3	1.7	1.7	1.7	2.3	1.7
1945	2.3	2.3	2.3	1.7	2.3	2.8	2.3	2.3	2.3	2.3	2.3	2.2	2.3
1946	2.2	1.7	2.8	3.4	3.4	3.3	9.4	11.6	12.7	14.9	17.7	18.1	8.3
1947	18.1	18.8	19.7	19	18.4	17.6	12.1	11.4	12.7	10.6	8.5	8.8	14.4
1948	10.2	9.3	6.8	8.7	9.1	9.5	9.9	8.9	6.5	6.1	4.8	3	8.1
1949	1.3	1.3	1.7	0.4	-0.4	-0.8	-2.9	-2.9	-2.4	-2.9	-1.7	-2.1	-1.2
1950	-2.1	-1.3	-0.8	-1.3	-0.4	-0.4	1.7	2.1	2.1	3.8	3.8	5.9	1.3
1951	8.1	9.4	9.3	9.3	9.3	8.8	7.5	6.6	7	6.5	6.9	6	7.9
1952	4.3	2.3	1.9	2.3	1.9	2.3	3.1	3.1	2.3	1.9	1.1	0.8	1.9
1953	0.4	0.8	1.1	0.8	1.1	1.1	0.4	0.7	0.7	1.1	0.7	0.7	0.8
1954	1.1	1.5	1.1	0.8	0.7	0.4	0.4	0	-0.4	-0.7	-0.4	-0.7	0.7
1955	-0.7	-0.7	-0.7	-0.4	-0.7	-0.7	-0.4	-0.4	0.4	0.4	0.4	0.4	-0.4
1956	0.4	0.4	0.4	0.7	1.1	1.9	2.2	1.9	1.9	2.2	2.2	3	1.5
1957	3	3.4	3.7	3.7	3.7	3.3	3.3	3.7	3.3	2.9	3.3	2.9	3.3
1958	3.6	3.2	3.6	3.6	3.2	2.8	2.5	2.1	2.1	2.1	2.1	1.8	2.8
1959	1.4	1	0.3	0.3	0.3	0.7	0.7	1	1.4	1.7	1.4	1.7	0.7
1960	1	1.7	1.7	1.7	1.7	1.7	1.4	1.4	1	1.4	1.4	1.4	1.7
1961	1.7	1.4	1.4	1	1	0.7	1.4	1	1.4	0.7	0.7	0.7	1
1962	0.7	1	1	1.3	1.3	1.3	1	1.3	1.3	1.3	1.3	1.3	1
1963	1.3	1	1.3	1	1	1.3	1.3	1.3	1	1.3	1.3	1.6	1.3
1964	1.6	1.6	1.3	1.3	1.3	1.3	1.3	1	1.3	1	1.3	1	1.3
1965	1	1	1.3	1.6	1.6	1.9	1.6	1.9	1.6	1.9	1.6	1.9	1.6
1966	1.9	2.6	2.6	2.9	2.9	2.5	2.8	3.5	3.5	3.8	3.8	3.5	2.9
1967	3.5	2.8	2.8	2.5	2.8	2.8	2.8	2.4	2.8	2.4	2.7	3	3.1

续表

Year	Jan	Feb	Mar	Apr	May	Jun	Jul	Aug	Sep	Oct	Nov	Dec	Ave
1968	3.6	4	3.9	3.9	3.9	4.2	4.5	4.5	4.5	4.7	4.7	4.7	4.2
1969	4.4	4.7	5.2	5.5	5.5	5.5	5.4	5.7	5.7	5.7	5.9	6.2	5.5
1970	6.2	6.1	5.8	6.1	6	6	6	5.4	5.7	5.6	5.6	5.6	5.7
1971	5.3	5	4.7	4.2	4.4	4.6	4.4	4.6	4.1	3.8	3.3	3.3	4.4
1972	3.3	3.5	3.5	3.5	3.2	2.7	2.9	2.9	3.2	3.4	3.7	3.4	3.2
1973	3.6	3.9	4.6	5.1	5.5	6	5.7	7.4	7.4	7.8	8.3	8.7	6.2
1974	9.4	10	10.4	10.1	10.7	10.9	11.5	10.9	11.9	12.1	12.2	12.3	11
1975	11.8	11.2	10.3	10.2	9.5	9.4	9.7	8.6	7.9	7.4	7.4	6.9	9.1
1976	6.7	6.3	6.1	6	6.2	6	5.4	5.7	5.5	5.5	4.9	4.9	5.8
1977	5.2	5.9	6.4	7	6.7	6.9	6.8	6.6	6.6	6.4	6.7	6.7	6.5
1978	6.8	6.4	6.6	6.5	7	7.4	7.7	7.8	8.3	8.9	8.9	9	7.6
1979	9.3	9.9	10.1	10.5	10.9	10.9	11.3	11.8	12.2	12.1	12.6	13.3	11.3
1980	13.9	14.2	14.8	14.7	14.4	14.4	13.1	12.9	12.6	12.8	12.6	12.5	13.5
1981	11.8	11.4	10.5	10	9.8	9.6	10.8	10.8	11	10.1	9.6	8.9	10.3
1982	8.4	7.6	6.8	6.5	6.7	7.1	6.4	5.9	5	5.1	4.6	3.8	6.2
1983	3.7	3.5	3.6	3.9	3.5	2.6	2.5	2.6	2.9	2.9	3.3	3.8	3.2
1984	4.2	4.6	4.8	4.6	4.2	4.2	4.2	4.3	4.3	4.3	4.1	3.9	4.3
1985	3.5	3.5	3.7	3.7	3.8	3.8	3.6	3.3	3.1	3.2	3.5	3.8	3.6
1986	3.9	3.1	2.3	1.6	1.5	1.8	1.6	1.6	1.8	1.5	1.3	1.1	1.9
1987	1.5	2.1	3	3.8	3.9	3.7	3.9	4.3	4.4	4.5	4.5	4.4	3.6
1988	4	3.9	3.9	3.9	3.9	4	4.1	4	4.2	4.2	4.2	4.4	4.1
1989	4.7	4.8	5	5.1	5.4	5.2	5	4.7	4.3	4.5	4.7	4.6	4.8

资料来源：http://www.usinflationcalculator.com/inflation/historical-inflation-rates/。

的市场前景。

上述三个条件（信息技术、金融创新、通货膨胀）缺一不可，共同推动了美国的利率市场化。例如，美国在1942和1947年前后两次发生两位数的通胀，但都没有造成利率市场化的后果，就是因为当时只具备了三个条件之一，而另外两个条件尚不具备。

（二）监管者的双重被动

在70年代的利率市场化过程当中，美国的银行业监管者在两个层面上看都始终处在被动状态。

首先，美国的金融监管者没有主动放松利率管制，更没有主导利率市场化的进程。这与1933年的银行法的地位不可动摇有很大关系。在1933年的银行法的弊端暴露出来之前，银行业的绩效很好。越来越多的人支持包括利率管制在内的立法，只有银行业内核心圈的从业者逐渐发现其弊端，但他们没有扭转乾坤的能力。美国监管者没有主导利率市场化是与中国利率市场化进程的一个重要差别。

其次，当境外市场推动境内利率被动市场化的进程开始之后，监管者也没有做出积极的回应。弗雷德里克·米什金等美国学者用监管“容忍”（forbearance）来形容监管者当时的行为，并把原因归咎于监管目标的短期化：只要在自己这一任上维持稳定，目标就实现了。于是，一些监管者为了维持短期稳定而牺牲了长期稳定，例如让已经失去偿债能力的金融机构扩大经营范围，做无本生意。这通常导致未来更大的损失。

监管者的这种重被动导致利率市场化失控。美国银行业从大萧条之后的过度管制迅速向高度市场化方向转变。

（三）银行家被迫走在监管者前面

从70年代开始，一边是来自海外市场和非银行金融机构的挑战，一边是监管者过度严格的监管和迟缓的转变，体面和安逸的日子再也不像前40年那样唾手可得。银行家被迫应对挑战。至于应对挑战的方式，逻辑非常简单：既然无法对抗利率市场化潮流，那就参与其中。

在美国利率市场化的过程当中，欧洲美元市场对美国本土市场构成严重挑战。欧洲美元市场没有什么监管，利率早就是充分市场化的。与欧洲美元市场上的利率相比，美国本土市场上的存款利率总是偏低，贷款利率经常偏高，利差总是偏大。这样，美国本土的存款人更喜欢欧洲美元市场。IT技术进步和伦敦市场上的金融创新让越来越多美国人能够购买利率较高的欧洲美元产品。这样，欧洲的金融机构分流了美国本土金融机构的业务。

美国本土金融机构的应对策略就是自己开办欧洲美元业务。这些在岸机构开办的离岸业务对本土美元业务的替代加快了，但是这种替代不再是从美国本土的金融机构转移到欧洲的金融机构，而是从本土金融机构的国内业务部门转移到本土金融机构的海外业务部门，甚至只是在同一家金融机构的部门之间转移业务。许多美国本土银行的海外业务部门迅速膨胀，成为美国企业与欧洲美元市场之间的桥梁。花旗银行（Citibank）就是在这一阶段通过拓展海外业务而迅速崛起的。

本土银行开办的海外业务挑战了Q条例，但是这类实践很难说违反了监管规则。因为制定监管规则的时候压根儿没有考虑到会出现这种情况，因此没有制定明确的规定。这样，监管者没有对本土银行发展海外业务做出反应，实际上纵容了这场海外业务推动的本土利率市场化。利率市场化本身并非坏事，但缺少顶层设计的利率市场化容易出现不那么令人满意的结果。

（四）监管者因失误而不再神圣

在“无辜年代”里，监管者及其制定的规则是神圣的。被监管的银行和银行家们从来不敢尝试挑战监管者的权威。但是，利率市场化的过程让监管者的神圣性荡然无存。银行家们发现监管者失职了。

首先，监管者没有考虑如何应对新情况的发生；

其次，在新情况发生之后，也没有及时做出反应；

最后，在监管者做出的反应当中，还有一些是错的。

关于前两点失职，本研究在前文“双重被动”部分已经讲过了。关于第三点“错误反应”，最失败的应对策略是让已经失去清偿能力的金融机构继续存活，甚至让这些被称为“僵尸银行”的机构扩大经营范围，目的是让他们尽快用经营收入获得清偿能力。但是，“僵尸银行”下的赌注往往导致更大的损失。这反倒加重了银行业的危机。

继续经营的“僵尸银行”存在严重的体制问题：金融机构无时无刻不在面对风险，无时无刻不在权衡收益与风险的平衡。但是“僵尸银行”已经没有资本金用来承担风险，实际上是在用别人（存款人）的钱冒险。存款人之所以允许“僵尸银行”用自己的钱去冒险，是因为有一个联邦存款保险公司（FDIC）保护存款人的本金安全。

“僵尸银行”如果冒险成功，那么“僵尸银行”获得清偿能力从而恢复正常；如果冒险失败，自己银行的股东也不会损失更多钱——他们的股本早已经亏光了。所以，“僵尸银行”愿意拿更多存款人的钱去冒险，为此他们不惜变着法子高息揽存。为了让“僵尸银行”苟延残喘，监管者对这种做法睁一只眼，闭一只眼。例如，得克萨斯州是“僵尸银行”的集中地，存款利率普遍高于其他州，被称为“得州升水”。这种存款利率上升扭曲了利率市场化进程中的存款利率上升。

目前没有看到“僵尸银行”投资成败的统计数据。可能有一些“僵尸银行”投资成功，恢复清偿能力；但大多数学者（例如米什金）认为更多的“僵尸银行”投资失败，只是推迟了关闭的时间、增大了关闭的损失。在80年代的银行倒闭的高潮中，联邦存款保险公司损失太大，也失去了清偿力。最后只能靠财政资金渡过难关。

学者们对美国金融监管的研究早已发现了一些问题，例如监管俘获、旋转门等等。业内人士对金融监管早有怀疑。当“僵尸银行”纷纷倒闭的时候，监管失败已经尽人皆知，监管者丢了颜面。此后，人们对监管的怀疑更加普遍。

（五）银行家逃避监管成为习惯

监管既然不再神圣，银行家逃避监管就不

再有什么心理障碍。其实，从遵守监管规则的“好孩子”发展为得到机会就违规的“调皮小子”并不容易，银行家们的第一步是逼出来的：如果不迈出这一步，就会不断丢失市场份额，最终被市场淘汰。

在利率市场化的进程当中，出现了一种类似“劣币驱逐良币”的现象：绕过利率上限的银行能够为债权人提供更好的收益，因此受到市场青睐，于是得到更多资金，市场份额随之扩大；遵守利率上限规则的银行无法为债权人提供更高的收益，逐渐受到债权人抛弃，于是丢失市场份额，最终被淘汰。这种淘汰“好孩子”、奖励“调皮小子”的机制让越来越多的银行加入“调皮小子”的行列。

这种情况在中国也发生过。20世纪80年代早期，中国建立了专业银行体系。四大专业银行按照行政区划遍设分支机构，很快出现了分支机构过多、很多机构没有足够多存款的情况。于是，各分支机构自主决定高息揽储。凡是提高利率的分支机构都得到存款，凡是拘泥于法定利率的分支机构必定存款搬家。最终几乎所有分支机构都提高了利率。

用博弈论来解释，银行家们落入了“囚徒困境”：无论B银行是否提高利率，只要A银行提高利率，就可以占B银行的便宜；无论A银行是否提高利率，只要B银行提高利率，也同样可以占A银行的便宜；结果是AB两家银行都提高利率。但是，都提高利率的结果还不如都不提高利率。

表3　银行家的囚徒困境

		银行B	
		提高利率	不提高利率
银行A	提高利率	1，1	3，0
	不提高利率	0，3	2，2

（六）银行监管成为“猫捉老鼠”的游戏

“后无辜时代”与“无辜时代”的重大区别之一，就是银行家在“无辜时代”视监管规则为禁区，压根儿不会去想如何钻规则的空子；但是，在“后无辜时代”，银行家视监管为一场“猫捉老鼠”的游戏，银行家想尽办法找监管的漏洞、钻规则的空子。只要足够巧妙，钻空子的银行家不会受到任何惩罚，甚至也不会受到道德谴责，肯定会被写入下一版的金融学教科书。

于是，银行家的一项重要任务，就是创新出新的金融产品、新的金融技术来利用监管的漏洞、钻规则的空子。由于没有道德上的顾虑和法律上的担忧，银行家在找漏洞、钻空子方面争先恐后，这已经成为“金融创新”的重要内容。银行家就像迪斯尼卡通片《猫和老鼠》里面的聪明老鼠Jerry，总是走在监管者的前头；监管者就像笨猫Tom，总是事后来完善规则填补漏洞。

“找漏洞、钻空子”的银行家们在道德上如何为自己开脱呢？

钻空子的银行家们认为，他们也是在为改善监管作贡献：只有发现了漏洞，才有可能弥补漏洞。钻空子的银行家担当了发现漏洞的任务。钻空子的“收入”是用来奖励发现漏洞的银行家。只要监管者行动迅速，那么只要有人开始钻空子，漏洞很快会被弥补，漏洞造成的损失也不会很大。

这种监管者和被监管者之间“猫捉老鼠”的情况在美国很容易被接受，但是在中国是否会发生，还是一个问题。这涉及中美两国基本法律理念的不同：在美国，凡是监管规则没有明文禁止的行为，金融机构都可以做。但是在中国，凡是监管规则没有明文允许的业务，金融机构都不可以做。在前一种体制当中，金融创新的动力比较高；在后一种体制中，金融创新的动力比较低。如前文所述，金融创新是银行业动荡的三个必要条件之一。

在利率市场化的时代，中国的金融机构是否会走上金融创新之路，是中国金融市场是否稳定的关键因素。下文讨论商业银行在利率市场化背景中可以选择的应对策略。

四、中美利率市场化进程的比较分析

本研究之所以关注70年代美国利率市场化的经验和教训，目的是为中国正在推进的利率市场化提供参考和借鉴。因此，在作出任何结论之前，讨论美国和中国在银行体制方面的异同点就变得尤为重要。

（一）中国利率市场化的现状

中国的利率市场化改革最早是从20世纪80年代开始推进的。1986年1月，国务院颁布《中华人民共和国银行管理暂行条例》，明确规定专业银行资金可以互相拆借，资金拆借期限和利率由拆借双方协商确定，由此拉开了中国利率市场化的序幕。中国借鉴发达国家成功的利率市场化改革经验，采取了渐进式的路径，已经取得了明显成效。目前，货币市场和债券市场基本实现了利率市场化；外币利率市场化的步伐相对较快，已于2004年底基本实现。人民币存贷款利率实行浮动区间管理，浮动幅度进一步扩大，并调整了房贷利率的浮动下限，商业银行对人民币存贷款利率的自主定价权扩大。因而目前较为严格的利率管制主要是央行对人民币业务实行的贷款利率下限管理和存款利率上限管理。

首先，货币市场利率已经市场化。货币市场利率市场化主要包括银行同业拆借利率市场化和票据市场利率市场化两个方面。

1996年5月，中国人民银行对同业拆借利率不再实行上限管理的直接控制方式，即取消原来按照同档次再贷款利率加2.88个百分点确定的同业拆借利率最高限，改为由拆借双方根据市场资金供求情况自行调节决定利率水平，中央银行以间接调控为主，强化利率对市场资金的调节作用。从1986年1月国务院颁布《中华人民共和国银行管理暂行条例》开始，一直到2006年设立Shibor作为货币市场基准利率，同业拆借市场的利率市场化进程持续了近20年。Shibor从2007年正式运行至今，已经能够较好地反映资金成本、市场供求和货币政策预期，逐步成为中国金融市场上重要的指标性利率。

1995年《票据法》颁布，为票据市场利率市场化奠定了法律基础。1998年3月，中国人民银行改革贴现率和再贴现率生成机制，贴现利率不再与贷款利率挂钩，而是在再贴现利率基础上加点生成，再贴现率成为独立的利率体系。

其次，债券市场利率也已经市场化。债券市场是金融市场的重要组成部分，放开债券市场利率是推进利率市场化的重要步骤。

第一，发行的市场化。1991年，国债发行开始采用承购包销的发行方式，是市场化发行方式的有益尝试；1998年，国家开发银行、中国进出口银行成功实施债券的市场化发行；1999年，财政部首次在银行间债券市场实现以利率招标的方式发行国债，实现了国债发行的市场化。

第二，交易的利率市场化。1997年，中国人民银行决定建立银行间债券市场，各商业银行可以使用其持有的国债、中央银行融资券和政策性金融债在银行间进行回购和现券买卖，债券回购和现券买卖利率由双方协商确定。

再次，人民币存贷款利率有待进一步市场化。相对于货币市场和债券市场利率，存贷款利率市场化涉及面广，难度也较大。2003年2月，中国人民银行在《2002年中国货币政策执行报告》中公布了中国存贷款利率市场化推进的整体思路：先外币，后本币；先贷款，后存款；先长期、大额，后短期、小额。

第一，外币存贷款利率市场化。2000年9月，中国人民银行放开外币贷款利率，市场化改革一步到位；大额（300万美元以上或等额其他外币）外币存款利率同时放开。2004年11月，中国人民银行调整境内外小额外币存款利率的同时，决定放开1年期以上小额外币存款利率。至此，分步骤的外币存贷款利率市场化完成。

第二，人民币存贷款利率市场化。1987年首次尝试贷款利率浮动后，中国人民银行针对人民币存贷款利率实行了一系列扩大银行存贷款定价权的措施。2003年之前，银行定价权浮动范围基本局限在30%以内。2004年，贷款上浮范围扩大到基准利率的1.7倍，同年取消贷款上限，允许贷款利率较基准利率下浮10%；还取消了银行存款利率下限，随后进一步允许存款利率较基准利率上浮10%；允许贷款利率下浮20%，之后又允许贷款利率下浮30%。

因此目前，中国货币市场、债券市场以及外币存贷款市场已经基本实现了利率市场化，仍需要进一步推进的是人民币存款上限和贷款下限。

（二）中美利率市场化进程的相似性

中国当前正在推进的利率市场化进程与发生在20世纪70年代的美国利率市场化进程虽然在时间跨度上相差了40年，却有明显的相似之处。

一方面，利率市场化的初始状态非常相似，这反映在三个方面。

第一，严格的监管非常相似。本研究之前已经讨论了美国的情况，此处不再赘述。与美国70年代的银行监管状况相似，中国银行业的利率监管也非常严格。中国人民银行规定存贷款基准利率和不大的浮动范围，商业银行必须遵守规定。在利率监管之外，中国人民银行和银监会对商业银行的其他监管也同样严格。

中国的商业银行法和中央银行法都是在1995年建立的。90年代初期，中国金融业充斥着“三乱”（乱集资、乱批设金融机构、乱办金融业务），金融监管者“无法可依、执法不严”。受此背景的影响，1995年的立法目的包含了治理“三乱”，手段是严格地监管金融机构和金融业务。在许多方面，中国1995年的金融立法与美国1933年的银行法非常类似。虽然在2003年作了一次修订，但主要内容变化不大。

第二，巨大的存贷款利差和丰厚的银行业利润非常相似。与当年美国银行业享受3个百分点的存贷款利差惊人的相似，当前中国的银行正享受着平均3个百分点的利差（有一些银行的存贷款利差高达3.5个百分点）。银行业因此累计了相当高的利润。民生银行行长洪崎在2011年底说的一句话经常被引用：“企业利润那么低，银行利润那么高，我们有时候自己都不好意思公布。”

当前银行业巨大的存贷款利差和与之对应的银行业高利润是建立在利率管制之上的。证据之一是最近一次存款利率上浮：2012年6月，中国人民银行进一步决定允许银行的存款利率较基准利率上浮10%，并允许贷款利率下浮20%；同年7月，央行允许贷款利率下浮30%。对这个政策变化，四大行的第一反应是迅速上浮一年期以下的存款利率。存款期限越短，利率上浮越多。其中，活期存款利率上浮10%，3个月定期存款上浮8.8%，6个月定期存款上浮8.2%，1年期定期存款上浮7.7%。

表4 四大行对上浮存款利率上限的反应（2012年6月）

单位：%

期限	央行基准存款利率	假设上浮至1.1倍	四大行目前利率
活期	0.4	0.44	0.44
三月	2.85	3.135	3.1
六月	3.05	3.355	3.3
一年	3.25	3.575	3.5
二年	4.1	4.51	4.1
三年	4.65	5.115	4.65
五年	5.1	5.61	5

表5 分类银行对上浮存款利率上限的反应（2012年7月）

单位：%

银行	活期	1年	2年	3年	4年
基准	0.35	3	3.75	4.25	4.75
国有银行（工行、农行、中行、建行、交行、邮储）	0.35	3.25	3.75	4.25	4.75
股份制银行（招行、浦发、中信、光大、兴业、深发展、北京银行、民生、华夏）	0.385	3.3	3.75	4.25	4.75
宁波	0.385	3.3	4.125	4.675	5.225
南京	0.385	3.3（1万以上）	4.125	4.675	5.225（20万以上）

数据来源：苏曼丽整理。

第三，相对比较低的竞争力。“无辜年代”的美国银行家体面而安逸，整个行业在长达40年的进程中没有什么创新。美国金融史学者记录了一个小故事：一家位于华尔街上的银行为一位工作了40年的职员开一个欢送会。会上有年轻人请教这位长者：在您看来，这40年里华尔街最大的变化是什么？长者沉思良久，然后只说了两个字：空调。

在90年代治理整顿取得成效之后，中国的银行业也经历了一段体面而安逸的“无辜时代”，至今不到20年。在这20年的早期，有不少数据显示国内银行的竞争力低下。例如人均利润、资产回报率等。

对中国银行业竞争力的担心集中反映在90年代后期中国加入WTO的谈判过程中。当时中国希望为“中国制造”开拓国际市场，而美国银行家希望给中国企业和个人提供服务。包括笔者本人在内，不少国内人士认为一旦中国开放银行业，一场银行危机就距离不远了。

但是，主要的国有银行在经历了2004年以来的“重组—改制—上市”之后，资本金变得充足，市场地位也更加巩固。特别是原本被认为是国有银行最强劲的竞争对手外资银行没有直接进入中国银行业，反而成了国有银行的股东。于是，两大潜在的竞争对手集团被资本纽带连接在一起，成为“一根绳上的两只蚂蚱”，变“胜负型博弈”为合作博弈，为国有银行改革赢得了时间。

得益于中国经济的高速增长和银行业产业结构的稳定，中国银行业的利润持续增长。在90年代年以来的改革过程中，国有银行大量缩减了分支机构，导致人均指标大幅改善。如今，已经没有数据反映银行业仍然效率低下。但是由于最近一轮国有银行改革主要是在治理结构层面，而且没有彻底解决治理结构的问题，至于管理方面的改进并不太多，因此，我们仍然担心国有银行的效率和竞争力。

另一方面，中国和美国的利率市场化的路径相似，这条路径有两个特点。

第一，非银行金融机构挑战商业银行。不受银行法约束的非银行金融机构比商业银行更能够绕过利率管制。例如，美国70年代的货币市场共同基金（MMMF），又如中国当前能够提供数倍于存款利率的券商保证金，以及大量发售信托产品、理财产品的各类机构。这些产品是存款的替代品。这类市场规模扩张导致银行存款受到挤压。

第二，境外金融机构挑战境内金融机构。目前，推动中国利率市场化的一个不可忽视的力量是人民币国际化。实际上，美国在70年代利率市场化的主要动力来自欧洲美元市场。同样，目前已经在香港存在的人民币离岸市场是推进在岸人民币利率市场化的动力。香港离岸市场上已经形成了人民币市场利率。如果人民币在岸市场上的利率与离岸市场上的利率差距太大，那么必定有机构和个人在两个市场之间套利。这些套利行为将缩小两个市场上的利差。

（三）中美利率市场化进程的差异性

尽管中美之间在利率市场化方面的相似性是本研究立题的动因，在研究过程中我们越来越多地观察到，中国正在推进的利率市场化进程与美国70年代的利率市场化进程也有明显的差异。

第一，基本的法律制度基础不一样。在美国，凡是监管规则没有明文禁止的行为，金融机构都可以做。因此，美国金融市场上的金融创新是监管者无法事前控制的变量。但是在中国，凡是监管规则没有明文允许的业务，金融机构都不可以做。从事创新金融业务的金融机构必须事前获得监管机构的批准。因此，中国的金融监管者可以事前控制金融创新的进度、方向，甚至规模。

中美两国的监管者的权力大小不一样，导致监管者控制利率市场化进程的能力有很大差别。美国监管者在70年代根本无法延缓利率市场化的进程，但是在当今中国，监管者可以随时调整利率市场化的节奏，甚至叫停这一进程。于是，中国的监管者在利率市场化进程当中受到的挑战较小。

第二，监管者发挥的作用不一样。在70年代的美国，监管者消极、被动地应对利率市场化，但在当代中国，监管者积极推进利率市场化。中国的监管者主导了利率市场化进程的前期研究和方案设计，还主动推进利率市场化进程。就是间接导致利率市场化的人民币国际化进程，也是监管者主动推动并始终主导其进程的。这样，在利率市场化的进程中，中国的监管者实际上走在了商业银行的前面，而美国的监管者走在了银行的后面。

第三，跨境资本管制程度不一样。在70年代的美国，跨境资本流动已经非常容易，因此欧洲美元市场可以直接冲击在岸美元利率。但在当今中国，尽管外汇管制已经不是一道阻断资金流动的水坝，但还是一道能够减缓水流速度的滤网。这个滤网能够加大境内外人民币利差，让在岸市场受到较小冲击。

中美之间在利率市场化进程当中的这三个差异可以总结为一条：中国的监管者对利率市场化进程的控制力大于其美国同行。因此，中国的利率市场化进程有可能避免当年美国遭遇过的危机。

（四）利率市场化是银行危机的必要但非充分条件

除了利率市场化之外，美国发生80年代银行危机的另外两个原因也是不可忽视的，分别是：监管者的容忍与拖延；70年代开始的宏观经济波动特别是高达两位数的通货膨胀。

这三个因素共同作用，最终导致了美国银行业发生严重的危机。但是，这三个因素当中的任何一个都不足以单独导致一场银行业危机。如果这个判断正确，那么利率市场化是银行危机的必要条件，但不是充分条件。金融危机不是利率市场化的必然结果。如果中国的金融监管者能够避免容忍和拖延，如果中国人民银行能够避免严重的通货膨胀，那么中国的利率市场化进程不一定会伴随着金融危机。

（五）在利率市场化进程中避免银行危机的要点

基于上述判断可以有以下推论：在积极推进利率市场化进程这个既定前提之下，避免银行危机的要点是要杜绝另外两件事情发生：其一是监管容忍与拖延，其二是宏观经济波动特别是严重的通货膨胀。

避免监管容忍与拖延的最佳方式是建立审慎性监管（prudential regulation）体系。在经历了80年代非常严重的银行危机之后，美国监管者痛定思痛，下定决心建立审慎性监管。由于金融业的全球性，欧洲美元市场上的不审慎行为很可能再次危害美国本土的在岸美元市场。因此，美国不仅自己建立审慎性监管体系，也把这个体系推广到国际金融体系。顺应这一体系，对中国自己也是有利的。

对当今中国来说，维持宏观经济稳定，特别是避免发生严重通货膨胀的关键是进一步提高货币政策的独立性。2003年，中国人民银行和银监会分离。之后，央行独立于国务院的条件已经成熟。

中国改革议程中的关键问题

世界银行集团

本文为世界银行集团为“中国发展高层论坛2013”年会完成的政策报告，中国发展研究基金会授权刊登

一、背景介绍

以任何标准衡量，中国近30年的经济表现都令人印象深刻。在此期间，中国的国内生产总值年均增幅高达10%，有超过5 亿人口脱离贫困。中国现在已经是世界第一大出口国、第一制造业大国和第二大经济体。然而，以下两个问题是无法回避的：第一，即使经济增速有所放缓，中国的经济增长率是否仍可保持世界最高？第二，在不给整个世界、自然环境和自身社会结构造成重大影响的前提下，中国经济是否仍可保持快速增长？

经济增速开始逐步结构性放缓

经过30多年高速增长，在未来几十年内，中国的经济增长由于各种原因有可能结构性放缓。首先，人口增速下降，并且从现在开始，劳动力将在几年内开始下降。其次，尽管巨额资本将继续积聚，但经济增长却很少能从中受益，因为劳动与资本比率也在不断上升。最后，作为经济效率和技术进步改善的衡量方法，全要素生产率增长也在放缓，部分原因

是中国经济已经耗尽了第一代政策改革的红利，这包括价格改革、所有权改革和吸收引进技术。

在过去，推动生产力增长的一个关键因素是，人与资本从农业向工业和服务业的转移，而且，随着中国朝着科技前沿的发展，采用来自其他国家技术所带来的生产力增长将会放缓，创新和新技术将对生产力增长产生更大作用。因此，需要改变未来经济增长的本质。

越来越多的中国人意识到，当前的生产模式和增长模式是不可持续的。这种意识引发政府工作着力点的重新调整。政策重心要向发展私营部门倾斜，确保市场走向成熟，足以有效分配资源；确保企业走向强大，注重创新能力，具备高技术领域的国际竞争力。这些政策的目标应当是纠正各种扭曲现象，在可持续的基础上实现经济增长。

抑制效率、创新和增长的扭曲现象

随着中国开始着手下一阶段的经济发展工作，中国需要移除阻碍创新、抑制效率和增长的障碍。战略调整的核心在于转变政府角色，改变政府与市场、私营部门乃至整个社会的关系。一方面，政府不宜再直接插手生产、分配和资源配置；另一方面，政府要把更多的精力放在制定和执行政策和监管机制上，让其他成分参与到经济决策中来，实现可持续、快速和包容性经济增长这一期望的目标。为发挥这样的作用，政府需要把自己转变成为一个更为精简、清廉、透明和高效的现代法治政府。在重新明确政府的这一角色的时候，政府需要加速国有部门改革，同时继续推进私营部门的发展。政府还需要推进改革要素市场（资本、土地和劳动力），帮助巩固市场经济基础，并促进竞争和创新。

需要在可持续的基础上实现经济增长

当媒体和市场都在关注中国近期经济增速放缓之际，如何转变中国的资源密集型增长模式将是中国新一届领导面临的主要挑战。中国当前的发展模式给环境——土地、空气和水——造成了相当大的压力以及对自然资源的大量需求。未来的挑战将是如何转化上述压力，寻求的新增长源，而这需要采用可以发掘全球绿色技术市场潜力的绿色发展模式，同时还要解决中国自身面临的众多亟待解决的环境问题。

绿色发展有可能会成为新的重要增长机遇。这在很大程度上得取决于政府政策是否能够促使企业纠正负外部性，并激励企业为应对环境挑战，开拓创新，寻求技术突破。中国并不希望重走发达国家“先致富，后治污”的老路，而是打算采用可以促进环境保护和技术进步的绿色增长模式，实施可以为其他发展中国家甚至发达国家做出范例的战略。

因此，着眼未来，必须加快改革步伐——企业、要素市场及财政体制改革。

这些改革需要针对以下三个方面，以便显著提高效率或减少失衡。第一，继续推进企业改革，以便促进资源的更高效利用，激发创新和创业。第二，推进要素市场改革——土地市场、劳动力市场和资本市场，纠正要素配置的扭曲。第三，改革财政体制，以可持续的方式帮助提供高水平和高质量的公共服务、社会服务和环境服务。

二、促进竞争

在战略和支柱产业引入更多的竞争机制

企业界的繁荣发展对于维持相对快速的经济增长至关重要。为此，必须进一步促进竞争，特别是国有企业和非国有企业（包括私营企业）之间在战略和支柱产业上的竞争，而这些产业上的竞争往往被削弱。政府干预竞争和行政垄断的行为中，允许被列入官方名单中的国有企业在特定领域享有独家经营权或占据优势地位是最成问题的。在这样的名单中，有两份最引人注目。第一，2006年中国指定了国家拟实施“绝对控制”的七大战略产业，包括国防、发电和输电、石油石化、电信、煤炭、民航和水运。在这些领域中，为数不多的几家国有企业可能会相互竞争，但是却保护其免受新进入者的竞争。第二，中国还指定了国家拟保留强大影响力的基础或支柱产业，包括机械、汽车、信息技术、建筑、钢铁、冶金和化工。在上述产业中，私营投资参与者将面临一系列准入壁垒或其他限制。

促进战略和支柱产业的竞争，首先是要降低国家主导活动的准入门槛。在某些可以通过引入竞争产生卓越成效的部门中废除垄断和寡头，引入监管机制，确保垄断企业不滥用市场支配力，不拖经济的后腿，还要面向所有企业降低准入和退出门槛。其次，还需要对影响行业内部结构和行业间结构的“产业政策”进行评审，使产业政策现代化。

促进各部门及公共产品和服务提供中的竞争

所有行业都须要有更为公平的竞争环境。更多的国内和国际竞争都将提高中国企业的效率和提升创新能力。通过使生产要素流向最有效益的地方，将提高资源配置效率。为此，不同规模或不同所有权的公司，不仅在严格的法律意义上，而且在获得投入的条款上，应该有一个更加公平的竞争环境。

从中期来看，为实现更为公平的竞争，必须制定和颁布一整套法律，限制具有潜在扭曲力的随意行为，尤其是产业政策领域的随意行为。这样的法律就是要制定明确的“游戏规则”，这些规则与世界贸易组织对成员国贸易政策实施限制的精神是一致的。上述游戏规则可以抑制中央和地方政府显然试图通过不完善的行政手段来施加影响的做法。

从长期来看，为保障单一市场中的公平竞争环境，中国可以考虑限制地方政府直接或间接向企业提供财务支持，这种财务支持也是一种不正当竞争。为了对抗这种趋势的发展，应该向地方政府提出明确的游戏规则，以此应对各种援助需求的压力。这一点，中国可以借鉴欧盟在实施“国家援助”规则时积累的经验。

减少对产业的行政支持可以释放资源，改

善公共产品和服务的提供。公共资源应当仅用于或者主要用于提供公共产品和服务，生产和消费公共资源必须获得非盈利性的积极外部影响。这些产品和服务可以是在国防建设、基础设施、社会保障以及基础学科研发领域，其范围可能会随着情况而改变。为了进一步重新界定政府角色，政府制定政策时应当鼓励私人提供公共服务，还应当进一步向私营企业开放公共采购。

发展私营部门，降低市场进入和退出壁垒

为了在国内市场加强竞争，还要进行进一步改革以支持私营部门，比如降低企业进出市场的壁垒，打破重点行业的国有垄断或寡头局面，促进效益好的中小企业发展，为其获取融资提供更多便利，促进区域和地方专业化进程，并鼓励国有企业在竞争中主动进行改革。

中国过去的经历以及其他国家的经历表明，加强国内竞争可以大幅提升生产力。近30年中国经济得以迅速增长，私营企业的参与发挥了重要作用。从20世纪80年代开始，在所有制多样化和市场化改革的刺激下，大多数制造业各部门的准入和竞争环境都大有改观。此后，还要通过多样化融资渠道为私营部门提供更多支持。所以，所有企业部门需要进一步改革，以提升资源利用效率，推动创新和创业。

国有企业的进一步改革（包括所有制多样化）

改革企业部门，首先要认识到政府所有的企业是无处不在和多种多样的，它们在大多数领域都存在。政府可以是全资所有者，也可以是大股东或小股东。国有企业与私营企业相比，消耗了更大比例的资本、原材料和中间投入，但创造的总产出和附加值却相对较少。国有企业的大部分利润来自少数几家国有企业，这些利润是通过限制竞争与获得廉价资本、土地、自然资源而得到的。这样就阻碍了私营部门的进入，减少了竞争和创新，最终降低效率和福利。

营造不公平竞争环境的政策，或者加剧企业面临的不确定性的政策，都会进一步限制效率的提升。尽管国有企业和非国有企业得以共存，但在面对不同激励，自然会按照不同的方式行事，资源配置由此就会出现扭曲。非国有其企业推动了中国经济的快速增长，而许多运行效率不高的国有企业依然在开展业务。此外，某些地方政府旗下的国有企业近期还在迅速扩张。这些扩张行为可能会将私营企业排挤出局，进一步削弱竞争态势。这种做法与中国构建健康市场经济的努力背道而驰。

在中期内，扩大私人部门参与范围可以通过对现有国有企业的改制加以补充。中国凭借过去积累的企业化和国有企业改制经验，这些大企业可以转变为多种所有制并存的企业和上市公司。此外，政府还可以减持这些公司的所有权股份，并建立以专业管理为特征的现代管理模式。虽然天然垄断企业还是存在的（例如，铁路运输），但是垄断企业应当接受独立监督，确保缺乏竞争不会导致价格垄断，也不会导致可能影响下游行业的市场力被滥用。

三、 彻底改革要素市场

为了完成向市场经济过渡，进一步巩固增长的基础，中国需要彻底改革要素市场——资本、土地和劳动力市场。这些领域的市场改革往往滞后于商品和服务市场的改革。资本、土地和劳动力市场的制度阻碍了生产要素投入的有效配置。

政府通过土地收取租金的方式造成土地利用的低效率，也造成财政体系依赖不可持续的土地收入。农民工和本地工受到的差别待遇弱化了城市化的力量，加剧了经济和社会的不平等。国有企业和非国有企业之间融资渠道的差别性待遇，也扭曲了中国的产业结构，阻碍生产力的提高。

土地市场

未来20年，土地将越来越稀缺，高效利用土地将成为中国长期目标中的关键环节，这些长期目标包括粮食安全、高效和创新的城市、机会均等和社会稳定。更合理的土地政策将有助于保障农民拥有土地的权利，推动农业投资和生产力发展；确保城市或农村的土地被用于最高生产的用途；缩小城乡差距；促进更为有效和可持续的城市发展。

提高土地利用效率，需要解决三个关键问题：① 保障农村土地使用权；② 农业用地转城市用地；③ 把土地当做地方政府收入来源。解决这些问题需要进行政策组合改革和发展机构能力，而这些工作需要花时间来设计和实施，但这些工作对于中国整体改革计划的成功是必要的。

首先，落实保障农业土地使用权的措施，将近期的决策落到实处：赋予农民无限期土地使用权，拓展土地注册和巩固农村土地市场，改革和更新农村集体所有制组织的管理结构和争议解决机制。

其次，改革土地征用和补偿措施，在市、地区和国家层面实施战略性土地利用规划。由于国家运用不受监管的征地权来增加政府收入，中国的城市用地面积增长比城市人口增长的速度快得多。需要实施以下两项改革措施：第一，地方政府在为城市拓展征用农村土地之前，其发展规划必须获得上级政府审批，上级政府在审批过程中需要考虑相关区域土地利用的当务之急和城市用地的效率。第二，当前土地征用的补偿措施也需要进行评审，毕竟这些措施经常招致抱怨。第三，开发土地租金和土地融资的替代方案，地方房产税和地方政府从国内资本市场借款。中国现在已经在两个城市试点房产税，但发现推行期间困难重重，常常会遇到技术、制度和社会方面的问题。地方政府目前只能从中央政府借款，但也开发了多种预算外融资的手段，包括以土地作抵押的融资。开放更多常规的融资渠道可以降低对土地融资的需要。根据其他国家的经验，这种地方政府借款需要严格监管，尽管目前的数量有限。房产税与地方政府借款合在一起可以更好地利用土地并推进更有效的城镇化。

资本市场

尽管过去30年中国深化金融部门改革方面的成绩斐然，但中国的金融体系依然缚手缚脚，存在重大结构性失衡。这些失衡不仅会构成显著的系统风险，还将妨碍金融体系为复杂多变、国际融合度日益提升的经济发展服务。金融部门改革的目标应当是构建一个竞争力强、平衡、高效、安全和健康的金融体系。这样的体系应当足以满足企业、家庭和政府部门的需求，并可以为中国最终与全球金融体系接轨打下基础。

第一，实行更为灵活的利率政策，在不进行数量控制的前提下，使利率主导信贷市场。与此同步，金融机构的直接和间接管控应服从于独立的市场安排。

第二，资本市场需要进行深入改革，使其能够提供更多的股权融资和证券化融资，这是发展更具活力和创新行业的重要成分。为实现这个目标，中国可以转变股票首次公开发行政策，从现有的以业绩为基础的审批制度，变为以信息披露为重的审批制度，并侧重改善资本市场的法律框架，落实法律法规，升级金融基础设施，并执行严格的信息披露规定。

第三，如果上述制度和治理结构已经就位，那么中国可以拟定和实施一项计划，放开存款利率上限及贷款利率下限；这一步骤将加快银行商业化进程，确保金融部门的稳定性。

劳动力市场

与土地和资本一样，劳动力也需要流向能带来最高收益的地方，流向产出最多、工资最高的工作。中国以后要拥有一个能提供高收入的开放经济，发展灵活和充满活力的劳动力市场是必不可少的，而是否能够成功发展这样的劳动力市场，关键取决于生产和就业模式是否能够迅速调整，以适应不断变化的国际和国内需求。

然而，中国的户口制度，也就是户籍注册制度，以及由地方管理的保险和养老金制度限制了劳动力的流动。户籍制度改革在未来几十年是当务之急，应当在2030年前完成，然而，这项改革的进展很可能是缓慢的，因为它取决于财政体制改革。户籍制度已经不再限制劳动力从农村向城市的迁徙，但是农民工没有城市户口，他们依然无法获得医疗、教育和住房等城市居民可以获得的社会福利。

户籍制度改革的主要局限在于，地方政府既没有资源，也没有动力去为农民工及其家庭提供公共服务。因此，户籍制度改革的步伐将取决于地方政府推进财政体制改革的速度，以及中央和地方政府如何分担出资责任。考虑到这些因素，推进户籍制度改革的系统性方法包括：① 使户口和获取公共服务脱钩，使用居住证来作为有权获取服务的凭据；② 鼓励地方政府开展试点改革；③ 重新界定中央和地方政府的出资责任，以此推动改革进程。

为了增加劳动力的流动性，社会保障（养

老金、医疗保险和事业保险）

应可以在全国范围内转移。未来几十年，数亿劳动力还是会去寻求更好的工作，这就要求劳动力市场具有灵活性，配有能够保护工人权益的机构，向工人提供就业预测信息、社会保险和可以转移的负担得起的医疗保险和养老保障。

中国需要找到降低城市就业人群社会保险缴费水平的方法。这种隐性就业税需要雇主负担，雇主要承担平均占工资的45%的雇佣税，这在国际上都算是高的。因为最低缴费额适用于平均工资的60%，这种隐性税收比率对于低收入工人来说要更高些。可以考虑的选择有：吸收政府债务中的遗留成本，提高退休年龄，随着工资的上涨减少养老金替代率。这些选择可以减少社会保险税，增加对劳动力的需求。

四、财政体制改革

未来20年，中国面临的挑战是如何改革财政体制。第一，要限制政府开支占国内生产总值的比重，还要改变政府开支的构成，使之与中国的优先事项相适应，即加大社会和环境领域的政府投资比重以及经常开支的比重。第二，改善收入动员的效率，这可以通过调整收入结构来实现。第三，改革政府间财政关系，这可以通过优化各级政府的资源配置和支出责任来实现。

调配更多政府开支给社会和环境目标

中国在未来20年迫切需要在卫生、社会保障和环境保护领域加大投入。这些投入对于提供社会保障和基本社会服务，构建人力资本和拓展机遇至关重要。未来几十年提供社会服务的开支将增加，而且地方政府将承担越来越大的份额。

需要实现这样的增长，同时要保持财政可持续性，避免损害经济的高税收负担。

因此，政府开支需要做出调整，以反映中国面临的不断变化的发展挑战。值得一提的是，需要制定财政纪律和预算程序，以及更强的财政制度，这样可以在从较低优先级到更高优先级的政府项目上重新配置资源。

调动额外金融资源以满足日益攀升的预算需求中国具有大量尚未开发的收入潜力，可以满足不断上升的预算需求。最重要的短期额外收入来源就是提高国有企业的分红比例，并将这些资金完全划归政府预算。这样可以在生成大量资源的同时，刺激国有企业制定更为高效的投资计划。

在短期到中期，可以对能源（碳）、水、自然资源的使用和污染征收更高的税款，并提高这些资源的使用价格。这样既可以鼓励使用者提高效率，还可以改善环境状况，生成主要收入。此外，提升机动车使用税、停车费（短期选项）和拥堵税（长期选项）可以改善城市效能、宜居程度和环境状况。

最后，加大向居民征收房产税的力度，这样可以提升土地使用效率，同时缓解城市过度扩张。政府还可以拍卖带宽用户权限等公共资源，出租公共设施特许经营权和自然资源开采权，以此来获得可观的经济收益。上述措施不仅可以提高政府收入，还可以避免政治上强大的利益集团获取这些经济收益。

确保各级政府可以获得的预算资源与支出责任相匹配

在政府开支方面，中国是世界上财政分权最显著的国家之一，但在政府收入方面却高度集中。中国地方政府的开支占全部预算支出的80%左右，并承担着提供关键公共服务的责任，如基本医疗、教育、养老金、失业保险、残疾福利、住房保障、基础设施维护和低收入保障。中国的地方政府以各类税费、出让土地使用权和征收房地产交易税等方式获取主要收入。存在于地产开发行业的扭曲动机，可能会导致腐败滋生、强行征地、低效用地和滥用政府权力等问题。此外，财政支出责任和收入不匹配导致了地方政府债务不断增长，通常是采用预算外借款，以绕过预算内借款的限制。主要的措施是，通过重新收回某些职能，将收入与支出责任更好地联系在一起，同时扩大地方政府征收地方税的范围。地方政府借贷和支出应该纳入预算管理，并服从监管。对较富裕和有能力的市政府，要服从债券市场纪律。尽管政府间转移支付在多数大国是很普遍的，但是中国与众不同，其地方政府拥有自由支配权，而负责提供各项服务的基层地方政府却面临着极大的财政压力。为了解决各省之间以及省内政府资源可用性的差异，可以执行资源转移规定，对省向县和市转移资源的行为加以管理。在其他国家，加强地方政府的自治和能力是普遍做法，在单一制国家也不例外。

五、结论

未来20年里，在构建一个现代、和谐、有创造力的高收入社会的过程中，中国将会面临很多挑战。中国的高层领导已经认识到调整国家发展战略和转变经济增长模式的紧迫性。中国在“十二五”规划和其他政策文件中都已经给出了未来5年新的政策方向，并阐述了宏观经济、社会和环境目标，并把“幸福指数”作为评估地方政府绩效的一个尝试。因此，将政府规划和政策转变为现实将可以使中国成功转型。

关于《中国智库·第2辑》两篇文章来源的说明

《中国智库·第2辑》刊登的《推动“智能城市”可持续发展的电力解决方案》（作者冯恩博）和《“我们已不在堪萨斯”》（作者马丁·沃尔夫）两篇文章，均系作者为“中国发展高层论坛2013年会”撰写的报告，中国发展研究基金会授权《中国智库》刊登。因编辑工作疏忽，在刊登时未予注明，现特予说明并向中国发展研究基金会表达歉意。感谢中国发展研究基金会一直以来对《中国智库》的大力支持。

《中国智库》编辑部

人口倒挂地区的社会管理

国务院发展研究中心“人口倒挂地区社会管理研究”课题组

人口倒挂，即外来人口大大多于本地人口。人口倒挂地区是中国改革开放以来，在工业化、城镇化进程中出现的一大特有现象。从全国来看，人口倒挂镇（村）在沿海地区和中西部大城市郊区普遍存在，是城镇化的基本形态之一。如广东省现有“人口倒挂村”1708个，涉及流动人口1584.3万人，占全省流动人口的57.1%；“同乡村”294个，涉及流动人口243.4万人，占全省流动人口的8.8%。

人口倒挂地区不同于一般的城镇或者流动人口聚集区，在当前二元结构体制没有根本突破的情况下，社会矛盾容易积聚并酿成群体性事件。如果说流动人口是我国今后一个时期社会管理的重点人群，这些人口倒挂镇（村）就是社会管理的重点地区。特别是一些人口严重倒挂镇（村）将是今后一个时期我国群体性事件的高发地区，是社会矛盾的爆发点，也是社会管理的重点和难点。因此，深入研究流动人口与流动地社会经济的融合，特别是人口倒挂地区当地人与外来人口的融合，对从源头上控制群体性事件、促进社会管理管理创新具有重大现实意义。

2012年，国务院发展研究中心课题组先后对广州增城市、安徽安庆市和铜陵市、山东德州市做了实地调研，特别是重点了解了2011年广州增城“6·11”事件和浙江湖州织里“10·26”事件的经过。课题组还与原国家人口计生委流动人口管理司联合召开了湖北武汉、江苏苏州、上海松江、陕西西安等7个城市的流动人口社会融合问题座谈会，与地方主管部门一起讨论流动人口集聚地区的社会管理问题。

在原国家人口计生委流动人口管理司的支持下，课题组通过该司的全国流动人口调查系统，选择了北京市、上海市、广东省广州市、浙江省湖州市、江苏省苏州市、山东省青岛市和德州市共7个城市的21个人口倒挂区（县）作为调查样本，对5557户家庭开展了问卷调查，了解流动人口在流入地获得公共服务的状况和质量，调查流动人口诉求以及在流入地的生活质量和心理感受。样本分布情况是：北京市360份，德州市40份，广州市1040份，湖州市320份，青岛市1557份，上海市1000份，苏州市1240份。问卷调查结果为课题分析工作提供了第一手的信息，使研究成果更具有科学性。

一、人口倒挂地区流动人口基本特征

通过国务院发展研究中心课题组2012年的调查，并结合其他调查结果来看，人口倒挂地区流动人口具有以下主要特点。

（一）总体特征

倒挂地区流动人口文化程度以初中为主，流动跨度大，流动频率高，举家迁徙比重高。其中，农村户籍人口占总调查人口的84.2%。“80后”和“70后”是流动人口的主要组成，分别占42.4%和32.9%。流动人口文化程度以初中为主，占52.1%；高中文化程度占15.6%；中专及以上文化程度占20.2%。跨省流动占65.2%，省内跨市流动站30.8%，市内跨县流动仅占4%。但人员流动距离与居住时间呈反向关联，即流动距离越远则流动人员在现居地居住时间越短，跨省流动人口中在现居地居住不足1年的占31%，市内跨县流动人口中有44.5%在现居地居住1~4年，居住满5年的占18.6%。60.5%的“90后”流动人口在调查时现居地居住时间不足1年，“80后”和“70后”在现居地居住时间不足1年的比例明显降低，分别为36.6%和20.8%，说明流动人口在青年时期处于行业选择和工作经验积累时期，工作和居住地

表1　倒挂地区流动人口流动范围与居住时间　单位：人，%

观测值/占比		在本地居住时间				合计
		1年以下	1~4年	5~9年	10年以上	
本次流动范围	跨省流动	1124	1042	889	570	3625
		31.0	28.7	24.5	15.7	100.0
	省内跨市	639	600	310	163	1712
		37.3	35.0	18.1	9.5	100.0
	市内跨县	46	98	41	35	220
		20.9	44.5	18.6	15.9	100.0
合计		1809	1740	1240	768	5557
		32.6	31.3	22.3	13.8	100.0

流动频率大。被调查的流动人口中携带配偶外出的占73.4%，携带子女外出的占59.3%。

（二）收入和消费水平相对较低

被调查的每户家庭月平均收入为6003.5元，按照调查家庭的平均人口为3.3人折算，调查家庭的人均月收入为1819.2元，相当于全国流动人口平均收入水平（2253元）的80.7%①。家庭月收入集中在3000~5000元和5000~10000万两个档次，分别占35.8%和30.4%；低收入家庭（月收入在3000元以内）占调查家庭的9.6%，高收入家庭（月收入超过1万元）占12.4%。家庭每月平均支出2688.7元，折算成人均月支出为814.8元，相当于全国流动人口人均消费月支出（1029元）的79.2%。其中每月平均住房支出392.4元，占总支出的14.6%；每月平均食品支出1450元，占53.9%，高于全国流动人口人均食品支出（493元）的占比（47.9%）。每户家庭平均每年寄回或带回老家的钱（物）约合6828.2元，其中1000元以内的占34.8%，1000元以上5000元以内的占29.9%，5000元以上占35.3%。考虑到部分流动人口每年工作10~11个月，往返老家以及寄回老家的钱（物），调查家庭的平均人口为3.3人，估算人均年收入应在11000~14000元，收入水平处于农村居民②和城镇居民③收入水平之间，低于城镇居民36%~50%。

① 流动人口的平均收入水平为2011年数据，该数据来源于《中国流动人口发展报告2012》。

② 2011年农村居民家庭人均纯收入为6977.3元。

③ 2011年城镇居民家庭人均可支配收入为21809.8元。

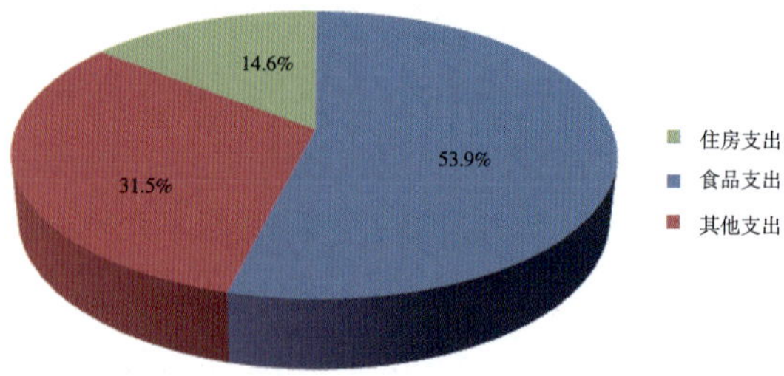

图1 流动人口家庭月度支出构成

倒挂地区流动人口在异地就业大幅度增加了其现金收入，但生活成本特别是食品支出的比例高，流动人口恩格尔系数为53.9%，高于全国流动人口平均恩格尔系数（47.9%），也高于2011年农村和城镇家庭恩格尔系数④，说明流动人口还处于温饱生活水平，同时流动人口在衣着、住房、耐用消费品等其他商品的购买能力不足。

（三）人力资本水平总体较低，城乡流动人口差异较大

调查表明，倒挂地区流动人口就业集中在二、三产业的低薪、低技能行业。从被调查人上月收入的统计来看，学历与月收入呈正向关联，说明学历仍是我国劳动力市场薪酬支付水平以及求职者薪酬期望的主要因素。在我国产业结构优化、转型的大背景下，流动人口的文化知识水平与产业升级和设备更新改造的人才需求不匹配。许多流动人口从事计件、生产线工作，“干中学”或“熟练工”类型的经验积累对生产效率的提高贡献极其有限。从图2中

④ 2011年农村和城镇家庭恩格尔系数分别为40.4%和36.3%。

可看出，虽然不同学历流动人口在刚进入劳动力市场时工资收入差别不大，但中专及其以上学历流动人口随着工作经验的积累，工资收入不断增加；而高中及以下学历流动人口在40岁以后体力和精力衰退，工资收入下降。

表2　各年龄阶段流动人口月收入　　单位：元

年龄区间	平均月收入
43岁以上	3030
33~42岁	3237
23~32岁	2904
23岁以下	2017

注：调查中流动人口月收入指调查试点被调查人上月月收入。

从不同户籍性质流动人口学历程度分布情况看，农村户籍流动人口整体文化水平低于城镇户籍，城镇户籍流动人口以大学及其以上学历为主。流动人口中特别是农村户籍人口由于城乡教育资源和质量的差异，缺乏提升自身技能和知识水平所需的时间、精力、资金投入以及就业指导，因此人力资本提升面临瓶颈。

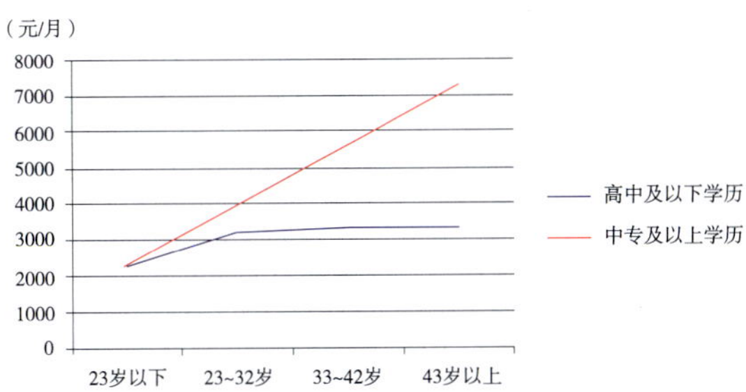

图2　各年龄阶段不同学历程度流动人口月收入变化趋势

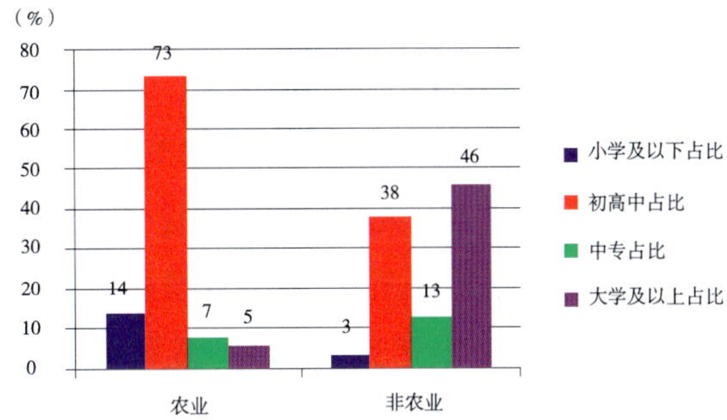

图3　不同户籍性质流动人口学历程度分布

（四）就业以低端行业为主，自营比例相对较高

倒挂地区流动人口就业行业集中在服务业和制造业，主要从事商贩、餐饮、家政、保洁、保安、装修、生产、运输、建筑等职业。以雇员身份就业比例最高，占67.7%，其次是自营劳动者占8.8%，雇主和家庭帮工比例很小。这与流动人口的就业身份表现基本一致，二者的比例分别是66.2%、25.8%。

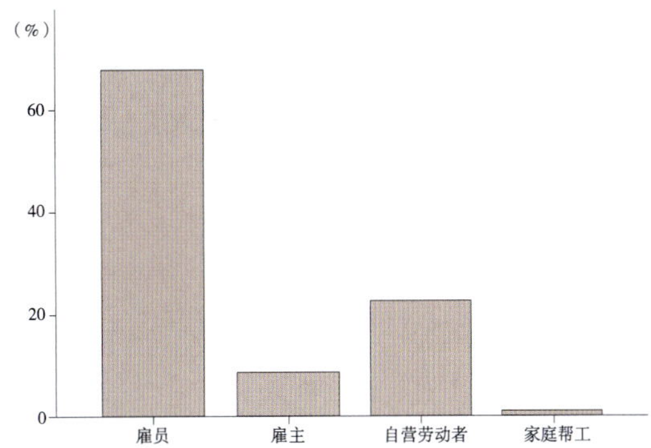

图4　流动人口就业身份构成

与全国流动人口总体情况相比，人口倒挂区流动人口就业有两个鲜明的特征：一是自营比重较高，接近9%，比全国平均水平高出约4个百分点；二是家庭或家族作坊（微小企业或个体工商户）数量较多，一家人或亲戚朋友、老乡在一个作坊里就业，经济利益和血缘关系、亲缘关系相互交织，而且同乡作坊间的联系密切，形成高度一致的利益共同体。

倒挂地区流动人口工作强度高，被调查流动人口平均每周工作6天，每周工作6天以上（不包括6天）的占42.4%。平均每天工作时间9小时，低于全国流动人口的平均水平（平均每周工作54.6小时）。倒挂地区每天工作8小时以上（不包括8小时）的占59.4%。高强度工作限制了流动人口从事业余爱好的时间和精力，长期处于高强度工作状态，业务生活乏味。

表3　流动人口业余爱好与习惯

单位：%，小时/周

爱好与习惯	占被调查人数比例	习惯/爱好程度（平均值）
看电视/电影/录像	88.8	10
玩棋牌/麻将/电脑游戏	30.8	7
上网浏览/通讯	45.4	7
参加文艺/体育活动	16.7	4
读书/看报/学习	49.2	5

（五）基本公共服务水平总体较低，不同项目覆盖情况差异较大

调查显示，倒挂地区流动人口中有28%的农业户籍和51%的非农业户籍流动人口享有城镇职工医疗保险；在对医疗报销作答的1756人中有60%采取付费时直接减免的方式。由于流动人口整体年龄集中在18~45岁，廉租房、经济适用房以及子女入学是他们最迫切需要的公共服务，但由于各地公共服务资源和常住人口的配比不同，流动人口享受租、买房优惠和子女入学的比例和服务质量都不高。以流动人口子女义务教育为例，被调查家庭中在居住地公立小学就读占跟随父母在当地就读小学人数比例的78.1%，有7.6%的孩子在打工子弟小学就读。而廉租房福利的覆盖比例则更低，仅有1.8%的家庭享受了政府提供的廉租房福利，有5%的家庭居住在就业场所或其他非正规居所，绝大多数流动人口（约60.5%）在租住私有住房中居住，自购房的比例为15.8%。目前，户籍身份仍是获得众多公共服务和福利待遇的识别条件，因此流动人口在流入地享受基本公共服务的比例和质量都有待提高。

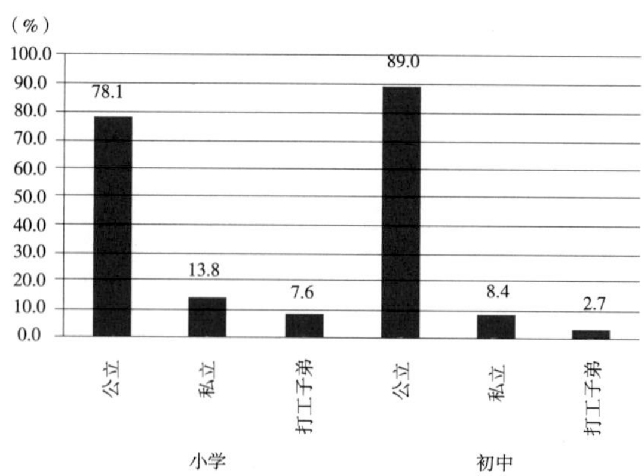

图5　在居住地参加活动情况

（六）流动人口融入本地的意愿强烈，总体幸福水平较高

调查显示，有97.5%的流动人口表示“喜欢现在居住的城市”，95.7%的人“关注现在居住城市的变化”，92.4%的人“愿意融入本地人当中，成为其中一员”。63.9%的人打算在当地长期居住5年以上。与老家相比，60.9%的人感觉在流入地幸福，37.1%的人感觉一般，仅有2%的人感觉不幸福。假设没有其他限制，有59.4%的人愿意把户口迁到当地。总体来看，流动人口外出就业意愿未减弱，融入意愿强烈。

但33.1%的被调查流动人口基本或完全同意“本地人总是看不起外地人”，雇主就业身份的流动人口对这种说法的不认同比例最高，占73.3%；而家庭帮工对这种说法的不认同比例最低，占61.9%。

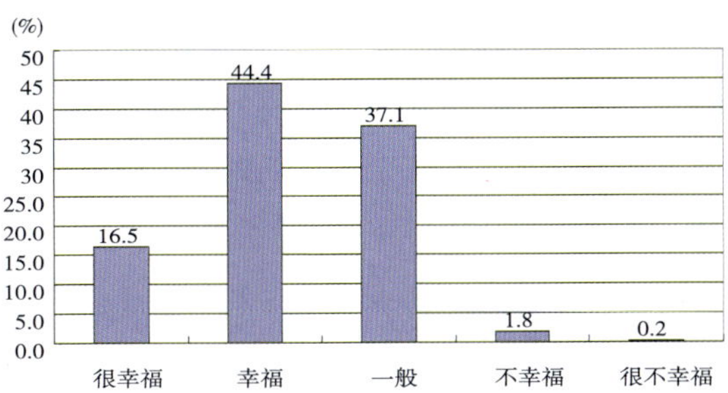

图6　流动人口在流入地幸福感

（七）社会网络以同乡为主，在当地的社会参与渠道缺乏

倒挂地区外来人员呈现鲜明的地缘特征。如浙江湖州织里镇20万外来务工人员中安徽籍10万余人，其中安庆人就达到8.2万人，同乡仍然是流动人口的主要社会网络。调查显示，48.3%的流动人口在业余时间主要与户口在老家的同乡来往，而经常与“其他本地人”和“其他外地人”分别只占16.9%和13.8%，有8.8%的人很少与别人来往。

表4　在居住地参加活动情况　　单位：%

活动类型	参加人数占被调查人数比例
社区文体活动	18.5
社会公益活动①	22.2
计划生育协会活动	23.5
社区卫生、健康教育活动	26.5
选举活动	5.7

注：社会公益活动包括：献血、募捐、做义工等。

此外，倒挂地区流动人口参加居住地社会活动比例较低。例如，仅有18.5%的人参加过社区文体活动，22.2%的人参加过社会公益活动，5.7%的人参加过选举活动。以上活动是流动人口参与社区管理、丰富业余生活、结识更多的本地人口的平台和机会，因此本外地人群间交流机会少、时间短，限制了流动人口在当地社会网络的发展。但是，倒挂地区由于外来人口的集中，其参与社会活动的比例反而高于流动人口平均水平（不足10%）。

（八）不同地区流动人口的特征差异较为明显

从样本基本情况来看，浙江湖州市和广州市流动人口以男性为主，而山东省被调查

流动人口则以女性为主。调查显示，湖州市男性样本为181个，占56.6%，女性为139个，占43.4%；广州市男性样本565个，占54.3%，女性样本为475个，比重为45.7%；而山东省被调查流动人口中，女性样本898个，比重占56.2%，男性样本699 个，比重为43.8%。

从职业分布情况来看，湖州市被调查流动人口47.8%从事生产类工作，占该地总样本的比例接近一半，尤其是从事生产行业的样本有99个，占总样本的30.9%，湖州从事商务服务的占36.25%；而广州和山东从事商务服务的样本最多，样本数分别为527和661个，占该地总样本的比重分别为50.7%和41.5%。

从流动范围来看，山东跨省流动的被调查流动人口中雇主和自营劳动者的比重为45.1%；而湖州跨省流动人口中雇主和自营劳动者的比重仅31.6%，绝对数量比跨省流动人口少很多的省内跨市流动人口却因为地缘、人脉资源等优势，而有58.6%为雇主和自营劳动者。

从住房情况来看，虽然三个地区被调查流动人口中租住私房的比例都是最高的，但湖州市租住私房的有251人，比例占到78.4%，远高于其他两地区。其中，广州租住私房的比例最低，样本绝对数量为582个，占该地总样本的56%，这与该地单位提供免费住房或可租住房的比例有一定关系。广州作为我国流动人口最多的城市之一，很多单位可以为员工提供免费住房或可租住的住房，本次调查中，广州被调查流动人口有25.2%居住于雇主提供的住房中。另外，由于南北方消费观念不同，北方人对房产更加看重，这也导致流入该地的流动人口在购房行为上受当地观念的影响。调查发现山东被调查流动人口有257人拥有自购房，占该地总样本的16.1%，远高于湖州和广州2.2%和4%的自购房比例。

从享有城镇医疗保险情况来看，三个地区的差异主要表现在城镇医疗保险参保率、在本地居住时间和单位性质上。总体来看，三个地区参保率都非常低，但山东省被调查流动人口享有城镇医疗保险的比重达26.7%，远高于湖州17.6个和广州13.9个百分点。湖州地区的被调查流动人口中，在本地居住5~9年的享有城镇医疗保险的比例最高，而在山东享有城镇医疗保险最高的则是在本地居住10年以上的流动人口，这部分人口在本地居住时间长，对本地一些政策也十分熟悉，参加城镇医疗保险的积极性也较高，比重占31.85%。从单位性质来看，广州作为我国东部沿海经济开放区的中心，吸引了大批知名外资企业，这些外资企业制度完善，基本都可以为员工提供城镇医疗保险，故广州就职于外资企业（欧美、日韩）的被调查流动人口全部享有城镇职工医疗保险。而湖州和山东开放性略逊于广州，外资企业被调查流动人口中享有城镇医疗保险的比例较低，但国企和机关事业单位享有城镇职工医疗保险的比重都较高，其中湖州国有企业就职的流动人口100%参加职工医疗保险，山东这一比例也达到90.63%。

从参加社会活动的情况来看，广州和山东

被调查流动人口参加各项社会活动的比例相对平均，而湖州被调查流动人口参加各项活动的比例相差较大，其中参加社区卫生、健康教育活动的流动人口比例最高，为34.4%，而参加选举活动的比例最低，仅为2.2%，相差32.2个百分点，这一方面与地方活动的吸引力有关，另一方面也与湖州地区样本总量较少有关。相较于初婚和再婚者，湖州地区未婚流动人口参与社会公益活动、社区卫生、健康教育活动和选举活动的积极性明显较高；相比之下，山东地区再婚人口参加社会公益活动和计划生育协会活动的比重都较大，分别为32.14%和39.9%。另外，湖州地区家庭月收入在10000元以上的流动人口参加各种活动的积极性较低；而调查显示，山东地区有53.03%高收入流动人口参加计划生育协会活动，他们中参加社区卫生、健康教育活动的人口数次之，比重为45.45%，参加社会公益活动和社区文体活动的人口比重分别为40.91%和39.39%，均高于其他收入阶层。

三个地区的被调查流动人口社交活动在就业身份上存在一定差别。湖州和山东被调查流动人口中家庭帮工与本地人联系较多，这可能因为家庭帮工的就业性质决定其更容易认识和有必要与本地人及其他外地人打交道。但广州地区家庭帮工却与同乡来往的比例最高，达到60%，究其原因，广州是我国外来务工人员集中的地区之一，很多流动人口是组团前来广州打工的，除却工作，可能是因为他们在生活和心理上有更多的相互依靠，所以广州家庭帮工与同乡联系最密切。

从幸福感来说，湖州被调查流动人口随着教育程度的提高，个人自我要求更高，感觉一般或不幸福的比例也在提高，如未上过学（18.2%）、小学（22.4%）、初中（34.6%）、高中（28.6%）、中专（50%）等。而广州和山东的调查却显示被调查流动人口的幸福感与学历高低关系不大。

三个地区对城市认同感的差异主要表现在年龄上。湖州新生代农民工对城市的认同感较高，尤其是“80后”和“90后”流动人口完全同意喜欢所居住城市的比例接近一半。而对山东流动人口的调查发现，这里的被调查流动人口对城市的认同度随着年龄的增大而提高：“90后”被调查流动人口中38.7%非常肯定自己喜欢现居住城市，“80后”中这一比例为58.1%，“70后”比例为63.4%，1970年前出生的达到64.1%。

从迁户意愿来看，山东地区户口对流动人口吸引力最大，其次为广州地区，而湖州地区户口对流动人口基本没有吸引力。调查显示，山东地区大部分人愿意把户口迁入本地，占总样本的59.4%，广州地区愿意把户口迁入本地的样本占总样本的49%；而湖州地区愿意迁入、不愿意迁入以及没想好的人群基本各占1/3。从就业身份来看，湖州被调查流动人口中自营劳动者和家庭帮工的流动人口中均有一半的人愿意将户口迁入本地，明显高于雇员和雇主（分别为31.4%和36.7%）。其原因是自营劳动者和家庭帮工对本地的依赖性相对于雇主和雇员更强。山东愿意迁户的雇主占66.1%，高于其他身份流动人口。

总体来看，三个地区被调查流动人口月收入水平都较低，收入差异主要表现在被调查流动人口收入与年龄的相关性和流动范围大小两个方面。湖州地区调查显示，月收入与年龄呈相关关系，而山东地区月收入最高的为壮年期流动人口。湖州省内跨市流动人口收入较高，而山东地区则是跨省流动人口收入较高。调查显示，湖州有30%的家庭月收入在10000元以上，显著高于跨省流动（14.6%）和市内跨县（0）的群体；山东地区跨省流动者高收入的比例占5.5%，高于其他两个范围的流动人口。

二、人口倒挂地区群体性事件和社会矛盾产生的深层次原因

流动人口群体性事件的发生，和我国当前正处于“经济体制深刻变革，社会结构深刻变动，利益格局深刻调整，思想观念深刻变化”的社会大背景有关。流动人口，特别是农民工，总体处于社会最低阶层，相对剥夺感最强烈，对社会存在不满情绪，这是流动人口群体性事件发生的社会心理根源。具体来看，流入地政府服务管理不到位，流动人口在城市的公共服务水平低，权益保护力度低，社会参与程度低，对流动人口政治歧视，利益剥夺，往往是事件发生的直接原因。而流动人口与户籍人口收入差距加大、本地经营者与外来经营者竞争激烈、流动人口公共服务财力分担机制不健全则是这些问题产生的经济根源。

（一）管理层面的原因

从管理层面看，政府社会管理意识和管理能力不强，流动人口管理体制不健全，基层社会管理和服务体系建设滞后，各种矛盾不能得到及时有效化解，是流动人口各类问题产生的直接原因。

一是地方政府的社会管理意识和管理能力不强。重经济建设，轻社会管理和服务；重户籍人口，轻流动人口。基层领导干部的社会管理知识贫乏，能力不够，重大决策没有风险评估机制，对群体性事件应急管理能力不强。往往是事件发生前，不掌握社会风险；在事件发生后的第一时间，没有及时处置，甚至是处置不当，导致大量非直接利益相关者参与进来；事件发生过程中，不能及时有效客观发布信息，对网络信息和媒体缺乏有效应对，对流言和谣言的传播不能有效制止，没能有效舒缓、抚平公众的不满情绪。

二是流动人口管理体制不健全，缺乏统一的流动人口信息共享平台。横向来看，公安、计生、人社等部门各自有自身的流动人口服务管理职能和统计标准、统计数据，但由于缺乏相应的协调和联动机制，没有统一的信息采集和共享平台，这些部门的信息资源不能共享，没有形成管理合力。从纵向来看，乡村（居）流动人口管理力量薄弱，县乡村三级管理体制不能有效联动。

三是基层社会管理和服务体系建设滞后，

服务管理能力不足。基层警力、劳动监察等队伍和经费仍是按照户籍人口规模配备，人力财力装备不足，职能未能有效发挥。特别是在一些流动人口较多的特大镇，镇级管理力量不足，社区居委会设置不完善，人员配备不足，服务管理力量薄弱。如有30万人居住的织里镇只有一个派出所，无法应付数百人的风波，事件升级时，只能依靠从浙江省各地区紧急调集数千名特警前来控制事态的进一步扩大。而且，管理方式粗放。引发群体性事件的导火索是税收额度的过快增长，但增税决定在决策前未经过论证，也未启动重大决策风险评估程序，甚至没有任何公示和征求意见，仅靠税务部门的一纸通知，使业主对政府产生了极大的不信任感。再加上上门征税的工作人员未取得执法资质，工作不规范，动辄采取“锁门”“恐吓”等方式征税，方式简单粗暴，直接导致了纠纷的发生，并进一步引起矛盾的激化。

四是流动人口党团工会建设薄弱。多数非公有制企业中没有党团组织，组织活动较难开展，流动人口集聚区的社区党组织对流动党员也缺乏管理，很多流动党团员长期不能参加党组织活动，长期游离于组织之外，党团员在社会管理方面的作用难以有效发挥。还有一些民办企业没有建立工会组织，建立了工会的企业，农民工参加工会的也非常少，农民工往往“诉求无门”。

五是流动人口输出地和输入地管理合力没有形成。尽管一些地方探索由输出地派出警察、成立商会等措施协助流入地社会管理，但从全国来看，输出地和输入地政府在流动人口权益保护、公共服务、治安管理、群体性事件处理等方面缺乏制度化的安排，没有长效机制，没能形成合力。

（二）社会层面的原因

从社会层面看，大量的流动人口为流入地的经济社会发展作出巨大贡献，但他们在城镇落户定居难，公共服务缺乏，缺乏制度化的利益表达渠道，长期感觉没有得到公平待遇，对当地没有归属感，没有公共责任意识，甚至对社会产生不满，是流动人口各类矛盾和问题产生的深层次原因。

一是流动人口与户籍人口在就业服务方面仍存在一定的制度性差距。尽管各地公共就业服务机构都为流动人口提供就业服务，但许多机构公共就业服务手段单一，普遍缺少针对性强、时效性高的专业化服务项目，信息收集和发布功能不健全，信息服务手段滞后。流动人口与户籍人口在再就业保障制度方面仍存在差距，户籍从业人员一旦失业，政府有义务帮助其重新获得就业岗位，这种福利待遇还没有覆盖到流动人口。流动人口与户籍人口在就业培训制度执行方面也存在一定差距，与户籍人员享有丰富、有效的就业培训相比，流动人口职业培训政策的实际效应与预期还有相当距离。

二是流动人口子女义务教育“两为主”进展不均衡，学前教育和中考、高考问题日益突出。尽管义务教育制度覆盖已实现无差别，但全国仍有23.3%的流动人口子女无法入读全日制公办中小学校，只能进入民办学校或农民工子弟学校，在沿海地区这一比重更高。民办学校与公办学校在教育资源配置、教学质量方面差距较大。在学前教育方面，农民工随迁幼儿大多数进入的还是条件较差的民办幼儿园，而且仍有部分流动人口子女的学前教育需求不能得到满足。由于异地高考政策还未得到有效落实，跨省的流动人口子女不能在本地参加高考，很少能在本地参加中考。

三是流动人口不能完全平等享受公共卫生和计生服务。尽管各地都在推进公共卫生均等化，但仍有部分公共卫生服务内容尚未覆盖到流动人口。流动人口子女计划免疫接种率较低，流动人口疾病预防监测尚未完全覆盖，对于分散、流动的流动人口的疾病预防宣传教育还缺乏有效的手段。流动人口计划生育管理和服务经费已纳入流入地财政预算，免费享受“三查四术”（查孕、查病、查环、人流、引产、上环和结扎）和避孕药具，但手术补助和独生子女奖励政策仍在户籍地进行。由于新农合的报销限制、农民工参加职工基本医疗保险的比例不高，以及农民工自身收入水平低、不能享受当地医疗救助等原因，广大农民工难以获得城市正规医院的医疗服务，患病后自我医疗的比例高，看病难问题突出。

四是流动人口社会保障在制度安排上与户籍人口仍存在不小差距。流动人口、特别是农民工参加城镇职工社会保险的比例低，灵活就业类的流动人口仍无办法参加社会保险。调查显示，流动人口享有医疗保险的比例仅为31.6%。户籍人口除享有社会保险以外，还享有“最低生活保障”“社会福利”以及“社会救济”等社会保障制度，而目前这些制度尚未惠及流动人口。

五是农民工公共文化服务严重缺乏。政府对农民工文化生活重视程度不够，投入经费少。企业没有把文化服务当作农民工的重要权益，对文化生活关注少，对文化设施投入很少。大多数农民工文化生活贫乏，缺少最基本的文化娱乐方式，文化需求目前处于一种饥渴的状态，他们工作在繁华的都市，却生活在精神上的孤岛。

六是流动人口住房保障程度低。尽管一些地方也开始将流动人口纳入到公共租赁房保障之内，但门槛较高。而经济适用房和廉租房等其他保障性住房还未对流动人口开放，也缺乏针对农民工特点的租金补贴和实物配租政策，农民工住房保障水平较低，公积金缴存率也很低。

七是流动人口缺乏制度化的利益表达渠道。由于户籍制度，流动人口被排斥在社区组织、社区活动、社区管理之外，也不能参加人大、政协和党的选举，没有融入城市政治生活和社会管理，利益诉求难以在城市公共政策的制定中得到充分反映。流动人口参加社会组织的比例比较低，社会组织在流动人口群体中的正常功能尚未有效发挥。在流动人口集聚区、尤其是人口倒挂区，外来人口与本地人口的矛盾，外来人口与本地政府的矛盾突出，但是流动人口难以找到制度化和低成本的利益表达渠道，在不满情绪高涨时，往往只能诉诸过激行为和集群行为来表达自己的利益诉求，进而引发群体性事件。

八是流动人口在城镇落户定居难。一些地方在积极落实中央户籍制度改革政策，降低落户门槛，推行居住证制度，实施城乡一体的户籍制度。但大多数地方的落户政策主要是针对本辖区的非农户口，对跨行政区的流动人口落户仍设有较高门槛。还有一些地方的户籍制度改革没有触及嵌入其中的福利制度，或者设置较多的限制，流动人口难以跨越。引导农民工到中小城市、小城镇落户的政策不够有力，农民工进城落户进展总体缓慢。

（三）经济层面的原因

从经济层面看，流动人口和户籍人口贫富差距大，外来经营者和本地经营者对生产要素和产品市场的竞争激烈，外来人口和本地居民对公共资源的竞争激烈，是流动人口各类矛盾和问题产生的经济根源。

一是流动人口工资水平普遍较低，流动人口和户籍人口贫富差距问题突出。2011年，全国农民工月均工资2927元，仅相当于当年城镇单位在岗职工月平均工资3483元的84%。作为保障职工工资最低收入的最低工资标准，成为许多企业确定农民工基本工资的标准，农民工成为拿“地板工资”的主要群体，为了增加收入被迫“自愿”加班。一些企业仍存在拖欠农民工工资问题。本地经营者与外来务工者之间、本地经营者与外来经营者之间的利益分配失衡，流动人口和户籍人口贫富差距大而且呈不可逆转的趋势，导致流动人口心态失衡。

二是流动人口的劳动权益得不到有效保障。很多企业社会责任低，中小企业和流动性较大的行业企业中，农民工劳动合同签订率低。在已签订的合同中，也普遍存在内容不完备和执行不规范等问题。以农民工为主体的劳务派遣用工不规范，一些劳务派遣单位不与农民工签订劳动合同，不依法缴纳社会保险，被派遣农民工与用人单位直接用工同工不同酬问题比较突出。农民工劳动安全卫生条件差，超时加班现象较多，休息休假权得不到保障。集体合同制度、工资集体协商制度和协调劳动关系三方机制不完善，农民工工资支付保障机制和正常增长机制不健全。劳动争议多发，劳资矛盾进入高发期。

三是外来经营者和本地政府、本地经营者的矛盾突出，特别是外来经营者和本地经营者对生产要素和产品市场的竞争激烈。在流动人口集聚的人口倒挂地区，大多以低端劳动密集型产业为主，市场同质化严重，本地企业主与外地企业主之间在销售市场、劳动力资源等方面存在恶性竞争。如织里镇当地大多数家庭从事童装类行业，外来流动人口在本地从事家庭作坊式的生产和加工，甚至有些流动人口成长为企业主，在劳动力市场和产品市场形成了竞争关系。由于童装产业准入门槛低，新企业不断增多，劳动力紧缺成为织里童装企业面对的突出问题。据统计，近年来，织里镇每年劳动力缺口大约在5万左右。一方面导致劳动力的工资上涨，在企业未能有效升级的情况下，企业利润必然变薄；另一方面，织里的外来人口集中来自于几个地方，由于老乡等关系的存在，外地企业主可能更容易招到工人。大量家庭作坊式企业的存在，客观上也使得产品市场的竞争更加激烈。由于织里本地人和外地流动人口的服装大多是简单仿制，同质性较强，因此随着规模的增长，企业之间的竞争主要是价格竞争，从而影响本地企业利润的提高。同时，地方政府都存在产业转型升级的压力，一些地方想借助提高税收水平等措施加大低端产业的成本，如织里镇为了淘汰规模小、档次低、质量差的童装企业，大幅度增加对作坊式企业的税收标准，逼迫其离开，客观上对外地企业主产生较大的影响。

四是用于流动人口及其家庭公共服务的财政投入不足，外来人口和本地居民对公共资源的竞争日益激烈。如织里镇本地人口仅为外地流动人口的1/2，目前各种公共资源仍然按户籍人口配置，巨量的外来人口必然在教育、医疗等公共服务方面影响本地人的利益。另一方面，保障流动人口公共服务均等化的政府间财政分担机制尚未形成，国家针对农民工公共服务财政转移支付不能满足需要，实际的投入责任大多落在了地方、企业和个人肩上。作为农民工主要流入地的东部沿海发达地区政府、特别是特大城市和人口倒挂的特大镇财政压力较大，对流动人口公共服务的投入不足。

三、进一步加强倒挂区流动人口管理的政策建议

为防止流动人口群体性事件的发生，人口倒挂地区应切实转变重经济建设、轻社会管理，重户籍人口服务、轻外来人口服务的思想观念，加强面向流动人口的各项服务，畅通社会参与渠道，促进流动人口的社会融合。特别是要处理好本地产业升级和保障流动人口经济权益的关系，把促进流动人口在本地市民化和有序分流外来人口结合起来，从根本上消除引发流动人口群体性事件的经济社会根源。

（一）进一步加强服务管理工作

1. 强化基层服务管理功能

做好流动人口服务管理工作，关键在基层，在乡镇和村居。首先，要做实社区人口综合服务综合平台。在社区规划建设综合性、多功能的社区服务站或服务中心，强化其“社区公共服务，社区志愿服务，社区便民利民服务和社区综合治理”职能。加强社区服务人才队伍和信息化建设，提高社区工作人员的收入水平，吸引高素质人员进入社区工作。对于流动人口聚集的社区，可吸引流动人口加入社区服务队伍。推进互助和参与式管理，促进流动人口和本地居民之间的交流和融合。其次，要理顺管理体制。根据“明确职能，中心下移，钱随事走”的原则，切实解决基层社会管理体制条块分割、乡镇和社区职能不清、社区经费得不到有效保障等问

题。对于常住人口较多、流动人口比重较高的社区，应根据实际情况进行分设，使社区管理人员和实有人口保持合理的比重。对于常住人口较多的特大镇，可根据人口规模、经济总量适当增加人员编制，提高管理权限。对于具备条件的，可设立镇级市。

2. 做好流动人口管理的基础性工作

首先，要理顺流动人口管理体制，明确主管部门，解决综合治安、人口计生、农民工办等部门都管理，但都管不到底的问题。其次，要按照资源整合、集中管理、互联互通的原则，以社区人口信息系统建设为源头，加快建立流动人口服务管理综合信息系统，推动国家人口基础信息库建设。将人口信息采集和基本公共服务提供紧密结合起来，以人口普查、人口抽样调查和流动人口服务管理综合信息系统登记的人口数为依据，按常住人口制订城乡发展规划，安排公共财政转移支付。

3. 完善应急管理体系，提高群体性事件的预防和处置能力

从增城“6·11”和织里“10·26”两大事件的回波现象可以看到，在最初的事件发生4小时后大概是回波现象发生的时间。这要求政府有良好的应急预案，主要领导人应一线指挥，在事件发生后能迅速平抑事态蔓延，阻止回波现象的发生。目前，我国流动人口群体性事件大部分发生在县以下层级，因此应将完善基层应急管理体系，提高群体性事件处置能力作为重点。一是要制定可操作性的应急管理预案，改变依葫芦画瓢、从上级政府的应急管理预案中照搬照抄的情况，人口倒挂区、聚集区尤其要注重分析流动人口的空间分布、社会网络、隐形组织发展等情况，增强应急管理预案的针对性。二是构建重大项目改革的社会矛盾和风险评估制度。对当地涉及公众利益的改革政策或重大项目进行风险评估，除了经济风险，要更加注重社会风险评估，培育社会风险评估人员和机构。三是健全舆情信息收集分析系统，提升对群体性事件的全过程信息管理能力。健全各层级的舆情信息收集分析系统，提高工作人员的政治敏锐性和鉴别力，及时收集、监控、分析和上报社会舆情变化，尤其是要高度重视对网络舆情的收集整理分析工作，做好社会舆情的引导和回应。在群体性事件发生后，应“第一时间”了解相关舆情信息，及时客观发布信息，遏制流言和谣言的扩散。利用公众对第三方发布的信息会比较容易接受这一心里特点，通过大众媒体的信息发布，增加政府行为的透明度和曝光度，强化政府公信力。

4. 加强流入地政府和流出地政府之间的协作

人口倒挂地区外来人口多以乡缘集聚，这为流入地政府和流出地政府之间加强协作，建立长效协作管理机制创造了条件。安徽省安庆市潜山县在浙江织里镇设立有流动党支部、计生协会等机构，这些机构在安徽工作组协助湖州市处理织里群体性事件过程中发挥了重要作用。应大力推广流出地政府在流入地设立流动党支部、计生协会、行业协会等做法，鼓励流出地政府和流入地政府定期交流信息，定期互

访，成立流动人口服务管理协作办公室，共同提高对流动人口的各项服务管理水平。

（二）完善公共服务体系，实现流动人口公共服务全覆盖

1. 加强公共就业服务，促进流动人口多渠道转移就业

坚持“就业优先”，建立健全人力资源市场，完善公共就业服务体系，积极引导农业转移人口外出就业，鼓励农业转移人口就地就近转移就业，扶持农业转移人口返乡创业，促进农业转移人口稳定就业，体面就业。

2. 加强技能培训和职业教育，着力提升流动人口职业技能素质

建立健全农业转移人口自主选择、产学结合、校企结合的市场导向和政府购买服务的培训教育体制，加快实现农业转移人口培训资金省级统筹和国家统筹。以企业、技工院校和农业转移人口培训基地为主，力争每年新增转移就业的农业转移人口都能得到一次技能培训。尽快实现农村“两后生”免费接受中等职业教育。

3. 强化输入地政府属地管理责任，切实保障流动人口子女的教育权利

大力实施“以流入地政府为主、普惠性幼儿园为主”的政策，逐步普及农业转移人口随迁子女学前三年教育；进一步落实农业转移人口随迁子女在输入地全日制公办中小学平等接受义务教育的政策，实行与城镇户籍学生混合编班，促进社会融合；落实异地高考政策，将农业转移人口随迁子女纳入就业地中等和高等职业教育招生范围，对于连续在本地就读的，应允许在本地参加中、高考。

4. 根据常住人口配置公共服务资源，保障流动人口平等享有基本医疗卫生和计划生育服务

要合理调整基层医疗卫生机构布局，提高农业转移人口集中的基层社区医疗卫生机构服务能力，加强疾病预防控制工作力度。推广跨地区指定定点医疗机构的经验，解决农业转移人口异地看病报销难等问题。加强基层计划生育网络建设，建立国家和省级流动人口经费保障制度和财政转移支付制度，推进农业转移人口计划生育基本公共服务均等化。

5. 完善政策措施，扩大流动人口社会保障覆盖面

健全各类社会保险跨地区、跨制度间的转移衔接办法，提高农业转移人口参加城镇社会保障的比例。争取到“十二五”期末，实现社会保险对农业转移人口群体的广覆盖，“十三五”期末，实现全覆盖。健全社会救助制度，将符合条件的农业转移人口纳入城市最低生活保障范围。

6. 逐步将农业转移人口纳入住房保障范围，改善流动人口居住条件

将农业转移人口住房纳入城镇住房保障规划，引导农业转移人口集中的开发区或工业园区建设农民工公寓。制定适合农业转移人口特点的住房公积金缴存和使用办法，扩大农业转移人口住房公积金制度覆盖面。支持农业转移人口通过租、购、集体宿舍等多种方式解决住

房问题。

（三）深化户籍制度改革，推进流动人口市民化进程

1. 有序放宽各类城市的落户政策

尽快放宽中西部人口倒挂的中小城市和小城镇的落户政策，只要有合法稳定职业和住所（含租赁），同时按照国家规定参加社会保险达到一定年限的人员，本人及其共同居住生活的配偶、未婚子女、父母可申请落户。同时也要完善沿海地区、大城市周边地区的户口迁移政策，制定阶梯式政策通道实现农业转移人口有序落户。

2. 全面实行居住证制度，完善从居住证到落户的制度通道

以居住证为载体，实行省级行政区域内“一证通”，融居住登记和就业、社保、租房、教育、计生等多种服务管理功能于一体，并根据各地实际情况逐步提高“含金量”，保障暂不具备落户条件或不愿意落户的农业转移人口在劳动报酬、子女就学、社会保障、技能培训、公共卫生等方面的合法权益。建立从居住证到落户的制度通道，为办理居住证并在当地连续居住、参加社会保险达到一定年限的农业转移人口落户提供保障。

（四）创新社会治理机制，畅通流动人口利益表达渠道

1. 畅通现有的制度化利益表达渠道

逐步完善相关法律，健全多种形式的农业转移人口权益表达渠道。对于持有居住证有一定年限的农业转移人口，应允许其依法参加城市社区民主选举和管理。逐步增加农业转移人口在流入地党代会、人代会代表和政协委员的名额。发挥社区的社会融合功能，促进农业转移人口融入城市生活，与城市居民和谐相处。推广浙江宁波、广东东莞等地的做法，在人口倒挂地区建立“新市民局”“新市民服务中心”，建立“虚拟社区”，把流动人口纳入服务管理范围。

2. 构建多元的“非组织化”利益表达渠道

完善信访制度、网站投诉专栏及信箱、官员接待日、电话、网络微博等。特别是随着现代科技的发展，网络科技的力量日益增强，在公众利益表达中逐渐成为有影响力的新渠道，应充分利用网络积极营造良好的公共舆论氛围，时刻关注民众的意见和呼声，及时分析、积极反馈、有效回应，从而形成对制度性利益表达渠道的一个有力补充，以在制度上保证一个“下情上传，上情下达”的立体通道，把矛盾、冲突消解在萌芽状态，避免积聚爆发。

3. 建立制度化的利益提炼和凝聚机制

由于单个的人表达的自身利益诉求是散射性的，每一个人的情况都不一样，具体的要求也是五花八门，需要一个提炼和凝聚的过程，使得自然的散射要求能够接近决策的层面，从而避免成为情绪化的语言而累积社会矛盾，酿成社会问题。因此，应建立健全制度化的利益提炼和凝聚机制，善于听取不

同的声音并综合转换成为社会政策，尤其是弱势群体的呼声，并通过后续的各种政策的执行和实施，让社会各利益群体能够公正、合理地共享社会发展的成果，同时尽量公平地承担发展的成本。

（五）把本地产业升级与鼓励农民工返乡就业创业结合起来，逐步分散流动人口

随着沿海地区要素成本的上升和政府的政策导向，很多企业开始加大设备投资，用机器替代劳动力，提高劳动生产率，或将生产环节向中西部地区迁移，缓解成本上升的影响。这一过程客观上会减少本地的就业人口，逐步缓解人口倒挂现象，同时形成了新一轮产业转移和劳动力转移的趋势。应结合这一趋势，鼓励农业转移人口返乡创业和再就业，引导新增农业转移人口就近就地转移就业，并使更多的流动人口在家乡城市（城镇）落户定居。中西部地区应抓住产业转移有利时机，促进特色产业、优势项目向中小城市、县城和重点镇集聚，加大中小城市、县城和重点镇的基础设施和社会服务建设投入力度，提高综合承载能力。

（六）建立适应流动人口市民化趋势的公共财政分担机制

应进一步明确中央政府、省级政府和城市政府在推进农业转移人口市民化方面的主要职责。中央政府主要负责制定基本公共服务全国最低标准，依法承担义务教育、社会保障、公共卫生等基本公共服务成本，增加对接受跨省农业转移人口较多省份的支出补助。省级政府主要负责制定本省（区、市）公共服务标准，承担公共服务成本省级负担部分，增加对接受跨市农业转移人口较多城市的支出补助。城市（含区县）政府要承担公共服务成本市（县）级分担部分，以及基础设施建设和运营成本。

同时，要适应农民工市民化的客观趋势，进一步完善财税制度，以常住人口作为财政分成依据来调整各级政府之间的财政分配关系。健全中央和省两级专项资金转移支付制度，对吸纳流动人口较多的城市给予资金补助。

国务院发展研究中心农村经济研究部
“人口倒挂地区社会管理研究”课题组
组　长：金三林
成　员：张江雪　高　芸
朱贤强　吴　筱

治理雾霾须全方位发力

国务院发展研究中心公共管理与人力资源研究所

近些年来，我国大城市霾天出现频率明显增多。尤其是2013年伊始，我国中东部出现4次大范围雾霾天气，140多万平方公里、8亿以上人口受到影响，北京市1月雾霾天气多达26天，引起各界广泛关注。20世纪60年代，全国年均霾日数只有2.4天，70~80年代上升至5.3天，90年代6.1天，2001~2007年达到9.7天。从城市来看，我国霾日数最多是山西侯马，达286天。其次是山西襄垣244天、江苏盱眙227天。省会级城市中南京193天、合肥165天、杭州131天，其后是深圳、郑州、北京（104天）、天津、长沙。

雾（fog）和霾（haze）概念不同。其区别在于，雾的空气相对湿度大于90%，霾的小于80%，在此之间为雾霾混合物[①]。由于雾日大气比较稳定，容易聚集污染物，所以雾霾天气往往同时发生。但雾是自然现象，霾却对居民健康和社会经济的危害较大。

一、城市雾霾天气是自然气候、生产方式和生活方式共同作用的结果

（一）自然气候是影响城市霾日数的首要原因

大范围雾霾天气主要出现在秋冬季节冷空气较弱和水汽条件较好的大尺度大气环流形势下，近地面低空为静风或微风。因此，山、河谷地区（山西的部分城市、湖南长沙等）、平原河湖地区（如南京、合肥、杭州等）更易形成雾霾天气，而干燥多风地区则不易形成。如呼和浩特和乌鲁木齐2012年霾日数为0。今年年初北京雾霾天气主要是遭遇了罕见的逆温气象条件。

① 当前气象系统的定义中，雾是悬浮于近地面气层中的大量微小水滴（或冰晶）聚集在一起，使水平能见度小于1公里的现象。霾是指悬浮在大气中的大量微小尘粒、烟粒或盐粒的集合体，使空气混浊，水平能见度降到10公里以下的一种天气现象。两者的核心区别是相对湿度，能见度和凝结核也是区分指标，但并无量化标准。预计新的量化标准将在近期出台。

（二）“三高”的经济发展方式是近年来中东部地区霾日数增加的主要原因

2009年，我国千美元GDP能耗（2000年美元不变价，下简称单位能耗）约0.77吨标准油，是世界平均水平0.31吨的两倍，同年美、英、日的单位能耗分别为0.19、0.12、0.1吨标准油。尤其是我国第二产业能耗较高。2010年，我国三次产业结构为10：47：43，但三次产业及其与居民生活的能源消费比例为2：71：16：11。比产业能耗结构更突出的问题是能源结构。2010年，我国能源消费结构中煤炭（其中49.5%用于火力发电）、石油、天然气、电力（包括水电、核电、其他能发电，不含火电）比例为71.9：20：4.6：3.5[①]（下文同此口径），同期世界煤炭消费占比不到30%，我国清洁能源使用比例明显偏低。

（三）大气污染区域化和生活方式高碳化是一些大城市霾日数增加的重要原因

2011年，北京市单位能耗约为0.32吨标准油，三次产业结构为0.9：24：75.1，能源消费结构中煤炭、石油、天然气、电力比例为27.1：32.6：14.4：25.9，基本达到世界大城市标准。北京市环保局数据显示，2013年1月北京PM2.5污染物泛滥（霾天气的重要成因）的首要原因是北京周边地区的影响（24.5%），其次是机动车直接和间接排放（约22%）。在长三角和珠三角的部分城市，部分污染物的外来源贡献率达到40%。

霾日数增加不仅是“天灾”，也是大气污染的“人祸”，在人口、产业密集的大城市更易发生，影响也更大。治本之道在于多管齐下，积极应对大气污染。

二、借鉴发达国家的治理经验

与我国可类比的是，发达国家在20世纪中期也曾集中爆发重大大气污染事件。在此推动下，发达国家对大气污染进行了持续防治，取得了较好的治理效果。我们总结美、英、日三国治理大气污染的经验，为我国防治当前日益严重的大气污染问题提供借鉴。

（一）通过立法明确大气污染防治的主体、标准和措施

1. 制定完善的大气污染防治法律体系

英国早在19世纪就制定了阿尔卡利法和公共卫生（伦敦）法，并于1956年颁布了专门针对大气污染的《清洁空气法》（并经多次修订），其后相继制定和修订了《工厂法》《工作场所健康和安全法》《控制公害法》《公共卫生法》《放射性物质法》《汽车使用条例》《环境保护法》等，构成了完善的大气防治法律体系。

美国于1955年颁布了《空气污染控制法》，并于1963年制定了《清洁空气法》

① 数据来源于《2011年中国能源统计年鉴》，为便于国际比较，以国际通用的电热当量计算法计算。若以国内较为通用的发电煤耗计算法核算，我国2010年能源消费结构中煤炭、石油、天然气、电力比例为68：19：4.4：8.6。

（1970、1977和1990年均有重要修订），成为大气污染防治的主要法律依据。同期还制定了《机动车空气污染控制法》《国家环境政策法》《能源供应与环境协调法》及一系列修正案等。

日本于20世纪50年代颁布了《烟尘限制法》《公害对策基本法》《大气污染防治法》《减少汽车氮氧化物总排放量的特殊措施法》《环境基本法》等大气污染治理的综合性法律体系。

上述三国的主要地区和城市大多基于国家法规（甚至先于国家立法）制定了更严格的地方性法规条例体系。

2. 明确各级政府大气污染防治的权责

美国1970年修订的《清洁空气法》明确了联邦负责制定全国空气质量标准，州政府负责制定本州达标方法与时间表，地方负责具体实行并针对本地特殊情况对此进行补充的大气污染防治三级管理体制。联邦政府专设环保局进行管理，并成立空气质量顾问委员会为总统提供决策服务。1990年修订后进一步明确了联邦政府在管理大气污染防治计划、控制酸雨、固定污染源操作许可证、保护平流层臭氧等方面的权责，并要求所有重要工程项目必须递交环境影响报告。环保局可采用收紧发放新排放源许可证，终止联邦政府公路建设拨款等多种手段，制裁未按时提交空气质量管理计划、计划被否决或执行不达标的州。

英国《环境保护法》和《国家空气质量战略》提出中央政府制定统一的国家空气质量战略，但市郡政府有权在无法达到国家空气质量标准的区域申请成立空气质量管理区，并制订远期空气质量行动计划以达到国家标准；国家环境局综合控制大型、危险的工业设施，地方政府监管小型、危险程度低的工业设施；国家成立空气污染健康影响委员会，评估各空气污染区对人体健康的影响。

3. 划定大气污染控制区域，实行区域（国家）联动

大气污染具有区域性特征，因此各国均采用区域控制的办法。1967年，美国《空气质量法》划定了空气质量控制区以协调各州间的大气污染问题。1976年，加州率先建立了控制区域空气污染的政府实体“南海岸区域空气质量管理区”，并赋予其立法、执法、监督、处罚的权利，通过制订并推行空气质量管理计划、排污许可、检查、监测、信息公开和公众参与等方式实现减排目标。1990年，缅因州、弗吉尼亚州与哥伦比亚特区联合成立了“臭氧传输协会”，并于2003年开始执行覆盖美国和加拿大东部各州（省）的氮氧化物减排实施计划。目前，美国环保局将全美划分为十个跨州管理区域，各区域办公室针对污染问题与各州合作。

英国、日本的大气控制区范围较小，中央和地方的关系更加灵活。英国1956年《清洁空气法》中设立的控烟区为城市内部区域；1995年《国家空气质量战略》中设置空气质量管理区也局限于市郡层面，截至2009年12月，共有234个地方政府申请设立空气质量管理区，占

地方当局总数的58%。2008年，伦敦区内设立“低排放区”，设定污染物排放限值，从管制时间、覆盖地域、管制对象、运作流程、排放标准与进度安排、收费金额、付费方式、处罚规定、应对措施等方面明确了低排放区的政策要求。

日本的《大气污染防治法》中也确立了大气污染严重区域制度，对该区域实行更严格的排放标准。

4. 制定并适时修订大气污染物的种类和排放标准

1968年英国修订的《清洁空气法》确定了烟尘浓度的“林格曼黑度”，规定在控烟区内严禁排放高于“林格曼二度”的黑烟；其后又制定了国家大气排放物目录以评估污染源排放量。1995年，通过政府和行业代表的共同协商，明确了78个行业的主要污染物标准。2012年起，英国开始实行新的空气质量指数评价体系，明确规定了二氧化硫、二氧化氮、颗粒物（PM2.5、PM10）、铅等12项污染物的上限值或目标值。

美国则根据污染物构成变化和实际情况，在1990年修订《清洁空气法》时将原来的六个标准大气污染物调整为臭氧、一氧化碳、二氧化硫、二氧化氮、铅以及颗粒物（PM），并明确了新的标准。

5. 多种形式保障大气污染防治的资金来源

美国大气污染防治经费数额巨大且十分多元。据环保局估算，美国20世纪90年代在空气污染控制领域的支出在每年310亿美元到370亿美元之间，而2003年环保局全年的工作经费才76.16亿美元，主要经费来源包括排污收费、排污权交易和燃油税费等。

英国、日本也十分注重政府投入的引领作用。英国1956年的《清洁空气法》就明确在控烟区内改装炉灶的费用，30%自理，30%由地方政府解决，40%由国家补助。2009年，英国政府又投入近1亿英镑设立绿色公交基金，鼓励公交车采用低排放技术。日本环境保护的资金来源，除政府直接补贴外，还包括排污收费、环保税收、环境基金等，并以补贴和低息贷款的方式促进中小企业和家庭节能，以政策补贴和税收优惠鼓励节能汽车，如低公害汽车的机动车税优惠和停车费减免、天然气公交汽车购买资金补贴、天然气加油站建设费补贴等。

日本还建立了独具特色的受害人补偿制度。1969年《公害受害者救济特别措置法》明确以政府出资与企业自愿捐助的方式对大气污染受害患者支付医疗补助费；1973年《公害健康损害补偿法》进一步明确了向污染企业强制征收污染费以补偿污染受害患者。

1990年美国《清洁空气法修正案》正式提出了排放量交易制度，对于美国污染物减排（尤其是二氧化硫与铅）产生了重大的积极效果。此后，发达国家均开始尝试通过排放权交易制度促进市场对大气污染的调节。

（二）控制工业污染，推动产业转型和能源转型

1. 强制推行工业和能源领域污染治理，鼓励产业结构调整和循环经济模式

1968年，英国制定《工厂法》，规定了污染工厂的酸性上限浓度和烟雾浓度，并在相关法案的支持下，强制关闭或转移大型污染设施。大伦敦地区从1986年开始以治理碱工业污染（污染物为氯化氢）为重点的专项整治，并在1989年关闭了伦敦最大的燃煤发电站巴特西发电站。

1958年，东京都政府开始制定东京圈基本规划，此后历次规划都着力于产业结构调整、主导产业选择、产业地区布局等。从20世纪60年代起，东京的很多制造企业纷纷迁到横滨甚至国外。

20世纪80年代，随着全球制造业向发展中国家转移，发达国家对工业污染的控制全面转向为产业结构调整，着力于发展高科技产业、服务业和绿色经济产业。同时，欧洲和日本政府开始大力倡导循环经济，鼓励企业采用先进的清洁生产工艺和技术，并倡导在企业内部、企业之间、产业园区中构建废弃物相互利用的循环经济体系。

2. 工业治理思路从排放浓度控制向总量控制转变

早期发达国家的大气污染物排放控制以浓度控制为主，20世纪80年代以后各国修订相关标准时均引入了排放总量控制。以日本为例，其总量控制分为排放口总量控制和区域总量控制。排放口总量控制以最高允许排放总量和浓度为基础，以不超标为要求。区域总量控制以排放总量的最低削减量为基础，以削减达标为要求。政府对排放总量、总量削减计划（包括总量限制指标和削减措施、期限等）、额度分配等均进行了严格界定。

3. 推进能源结构转型，鼓励新能源应用

1973年的石油危机倒逼发达国家降低能源需求，提高能源效率，并推动能源结构转型。1970年，英国能源消费结构中煤炭、天然气、石油、电力比例约为39.1∶2.5∶47.1∶11.4，此后相继通过发布能源白皮书《我们能源的未来：创建低碳经济》和《英国可再生能源战略》，提出了能源规划、供应链、电网建设、生物能源利用方面的改革计划和税费、金融政策支持。2011年，英国能源消费结构煤炭、天然气、石油、电力比例已调整为1.8∶30.7∶45∶19.8，并计划于2020年将再生能源比例提高为15%[①]。

（三）倡导低碳生活方式，加强城市、交通等领域的排放管理

1. 重点治理交通污染

20世纪80年代，交通污染取代工业污染成为发达国家空气质量的首要威胁，英国91.8%的空气质量管理区主要污染源来自交通排放，因此各国均加强了交通污染治理。主要措施包括以下几方面：

提高并统一新车排放标准。英国从1993年起要求所有新车必须加装催化器以减少氮氧化

① 其中40%的电力来自绿色能源，既包括对传统火力发电进行绿色改造，也包括发展风电等绿色能源。

物污染，并在伦敦市中心设立污染监测点，对超标车辆罚款。美国加州要求1994年后出售的汽车全部安装“行驶诊断系统”，即时监测机动车的工作状态，让超标车辆及时脱离排污状态和接受维修。

推广清洁能源。各国均大力推广使用无铅汽油。日本还积极开发轻油低硫磺化和柴油汽车低公害化的新型技术。2000年以后，英国和日本均大力投资发展氢燃料电池公共汽车，2002年，东京在临海副中心首先建设了氢燃料供应站。2003年，东京都政府在部分都营公交线路上试运营氢燃料电池汽车，并制定了《低油耗汽车利用章程》。

限制私家车行驶，积极发展公共交通。伦敦的主要措施包括提高市内停车费用、出台“堵塞费”以限制私家车进入伦敦城、设立1000英里长的公交专用道和自行车步道网。东京都市圈以轨道交通为主，已经形成了2000公里长、500个车站的轨道交通网络，承担了东京圈80%以上的城市客运交通量，远高于世界其他大城市。

2. 重视城市绿地建设和管理

伦敦绿化带始建于20世纪40年代，2010年绿带面积达4841平方公里，而建成区面积仅为1577平方公里。同年英国绿带总面积约1.6万平方公里，占英国国土面积的13%。这些绿带有效地置换了城市空气，控制了城市蔓延。

日本在《城市规划法》《城市绿地保护法》的基础上制定实施了五个城市绿地保护五年计划，建立了详细的城市绿化标准，包括人均占有城市公园面积、布局、服务半径、规模、选址、服务设施设置及允许建筑面积等。东京都政府还出台了补助金等一系列政策，鼓励和支持屋顶绿化。《绿色东京规划（2001～2015）》提出到2015年东京屋顶绿化面积要达到1200公顷。

3. 鼓励居民使用节能电器

20世纪70年代，英国政府便开始鼓励市民和商家使用节能电器，其后日本和美国也各自建立了电器使用的“节能标签”制度和“能源之星”标识体系，并给予使用者财政补贴和税收优惠。

4. 鼓励低碳建筑和低碳社区建设

1993年，英国环境、交通、建筑研究等部门共同开发了衡量建筑物能源利用效率的能源效率标准评价程序（SAP）。2007年，英国政府宣布将在全国建设10个生态镇，并宣布将对所有房屋节能程度进行“绿色评级”，要求从2016年开始，所有新建住宅必须实现“零排放”。英国的贝丁顿社区已经成为世界低碳社区典范。

（四）通过信息公开和司法程序等鼓励公众参与

1. 实时公开大气污染状况，为居民提供免费的技术指导和生活引导

目前，美国环保局等机构通过AIRNow网站向公众即时发布全美各地空气质量水平的易懂信息（包括动态空气质量指数图、臭氧指数图、PM2.5指数图以及根据各指数列出的

全美空气质量最差的五个地点），并提供生活指引。

日本在248种有害大气污染物质中，针对23种优先对待的污染物制定了详细测定方法，并建立了由一般大气污染测定局与汽车尾气测定局构成的测定局管理体系，2012年测定局总数达到2135个。

英国伦敦则在1999年建立了第一个PM2.5监测站，目前已有17个监测站在运行。

2. 司法诉讼增强了社会对污染事件的关注和民众参与污染防治的热情

司法系统对空气污染治理的支持态度至关重要，各国均在不同时期通过备受关注的案件影响了公众的环保意识和相应的立法进程。

1970年美国的《清洁空气法》修正案首次将公民诉讼条款纳入环保立法中，规定“任何人都可以作为私人公民对触犯环保法规者和未能履行职责的环保机构及官员在法院进行起诉”。

日本东京大气污染诉讼（1996~2007年）也具有深远的影响。受害者以政府及七大汽车厂家等为被告提起损害赔偿诉讼，迫使被告出资设立受害者医疗费资助制度、赔付12亿日元和解金以及政府出台抑制汽车尾气排放对策。

3. 社会团体的研究进一步推动了立法完善

这一领域的典型案例是以美国癌症协会（ACS）、美国肺脏协会（ALS）为代表的社会机构与学术界开展的PM2.5与城市非正常死亡、致病性之间关系的学术研究，为PM2.5立法提供了强有力的科学依据，有效推动了美国环境立法的补充与完善。

（五）对我国大气污染防治的经验借鉴

发达国家治理大气污染上总体是把立法作为重要保障，转变发展方式和生活方式作为根本途径，公众参与监督和加强规划及管理作为有效手段。

1. 空气治理需要顶层设计和法制保障，明确各级政府、各方主体责任

大气污染防治涉及自然生态环境、产业结构、城镇体系、跨界合作和生活方式等方面，是一项涉及多种时空条件转换的长期系统工程。因此，大气污染治理需要顶层设计和统筹规划，通过法律、伦理、行政、经济等手段有机结合，将污染源控制、污染处理、污染监测、污染警示、污染疏散等环节系统地融入城镇化、工业化进程中，并针对不同污染源、不同区域和不同发展阶段制定专项的大气污染防治法规条例。

在政府、企业、公众三元治理机制中，政府应承担起顶层设计、法制建设、法制监管等责任，企业应主动降低污染排放、遵守相关污染法，民众则应倡导低碳生活，并积极发挥监督作用。通过立法使大气污染诉讼和补偿制度成为空气治理的重要手段，并以此为借鉴不断完善和规范大气污染的标准和治理措施。

在各级政府中，中央政府应着重于标准制定和跨区协调，省级政府应制订达标计划和时

间表，市级及以下政府应着重于执行环保措施和环境监测。

2. 建立大数据时代公众参与的空气治理模式

将空气监测和政府信息公开、智慧城市建设等机制体制建设相结合，及时、透明、有效地发布空气质量指数和提示信息，从而使空气治理成为可量化、可监测、可预警、可控制的系统性管理工程。

提高空气治理的公众参与度：一是预案参与。通过设立审议机构、健全听证会制度、依据民意调查制定政策等措施，使得公众在环境法律法规、政策、规划制定过程中和开发建设项目实施之前就能参与并影响决策过程和结果。二是过程参与。以社会监督力量通过媒体、社会活动、环境纠纷处理和市民选举等方式，实现对政府和企业的监督。三是行为参与，鼓励居民实行环保的生活方式。

3. 提高能源质量，推进产业转型，加快与空气治理有关的技术开发与应用

在工业生产中开发低污染排放的原材料、能源和工艺流程，开发工业污染的回收利用技术，开发工业污染的疏散工艺流程等。在汽车尾气处理中开发利用洁净能源，促进燃料的充分燃烧，在排气口安装新型气体过滤装置等。

4. 通过城市规划和管理引导低排放的生活方式

通过城市规划与交通管理政策，推进职住平衡，大力发展公共交通，引导公众减少出行、绿色出行。鼓励居民选择健康、低碳、节约、环保的生活方式，使用节能电器和清洁能源。加强城市绿化，优化城市人口、产业布局，促进污染物的吸收和扩散。

三、当前我国大城市应对大气污染和雾霾天气措施建议

（一）划定区域标准

划定大气污染控制区，制定统一的空气质量标准，实行区域联防联控和区内政府问责。大气污染是区域性污染，中央政府应依据区域环境承载力和大气环流特征，划定大气污染控制区（以下简称控制区），制定统一的大气污染标准和监测信息公开制度，根据区内污染物贡献率，问责各级、各地政府。省级政府应制定本省达标方法与时间表，并对新建、改建污染项目进行区域环境影响评价。市级政府负责具体实行和环境执法。

（二）严控污染排放

普查、迁出、改造和管理控制区大气污染项目，严控污染物排放量。全面普查控制区内各项大气污染源；在控制区内划定污染项目禁建区，对新建、改建项目统筹区域选址，设定更高排放标准，并加快改造和淘汰既有污染项目；加快提高机动车排放标准；加强城市施工扬尘、道路清扫、堆料场地的环境监理和执法检查。

（三）提高能源质量

加快清洁能源的生产、使用和配套建设。

重点提高成品油质量，加快实施第四、第五阶段车用燃油国家标准；加快实现煤炭清洁化利用；鼓励运营车辆率先使用电力、天然气等清洁能源，统筹配套充电站、加气站。

（四）加强城市绿化

根据城市主导风向，建设和保育区域性大型绿地、水面等通风廊道，保持城市空气流动；提高建筑绿化标准，鼓励屋顶、垂直绿化，加强市内灰尘吸附。

四、我国大气污染防治的长效机制

（一）落实十八大精神，转变经济发展方式

深入贯彻落实党的十八大精神，坚持五位一体、科学发展，加快转变经济发展方式，着力构建创新驱动、资源节约、环境友好型的现代产业发展新体系。

（二）推动立法保障，坚持长期治理

加快大气质量立法的体系建设[①]，明确政府、企业、居民各方权益，保障大气污染治理经费的来源与用途；约束各届、各级政府长期贯彻执行大气污染防治工作；明确空气质量标准和环境排污标准，落实重点行业环保监测、核查制度和企业排污许可制度；根据法律实施情况和污染物变化情况适时调整修订。

（三）运用经济杠杆，调整能源和排放结构

通过财税金融政策，理顺能源资源价格，引导低碳能源、清洁能源和传统能源清洁工艺的投资和应用；划定各控制区煤炭能源消费总量和清洁能源消费结构标准，并将达标情况与企业、园区等主体的金融信贷挂钩；以企业排污许可制度为基础，实现控制区内主要大气污染物排放指标有偿使用，建立排污权交易制度。

（四）调整城市结构，优化人口产业布局

优化产业空间布局，以控制区内的城市群为基础，引导第二产业实现空间重组；建设多中心大都市，平衡职住空间，大力发展城市公共交通，辅以交通管控措施，减少机动车交通出行；适度疏散大都市中心城区过高密度的人口和产业，避免极端气象条件下城市污染集中爆发。

（五）加强信息公开，引导公众低碳生活

加强环境动态监测和发布；加强环境政策、减排技术和新能源技术等的科研教育和宣传推广投入；通过财税政策引导公众趋向低碳生活，倡导公交出行，鼓励使用节能电器和农村户用清洁能源。

国务院发展研究中心

公共管理与人力资源研究所

执笔人：黄　斌　刘　锋　刘如菲

鲁　婷（中国气象局）

苏杨和杨晓东参与讨论

① 目前我国已有《中华人民共和国大气污染防治法》，但较之于发达国家完善系统的法律体系还有差距。

国外如何进行公共政策评估

进入20世纪80年代之后，西方发达国家开展了声势浩大的行政改革运动，其精髓在于注重结果和产出、追求效率、实行绩效管理、增强公共部门的责任等。这场改革进一步强化了公共政策评估工作

李志军
国务院发展研究中心技术经济研究部
副部长、研究员

公共政策评估是政策过程的重要组成部分，对正确地制定、执行和完善政策具有重要意义。通过公共政策评估可以决定是否需要对政策进行调整、完善或终止，更好地配置政策资源，提高政策的科学性和准确性，实现政策运行和决策的科学化。20世纪90年代以来，随着各国政府改革的推进，公共政策评估受到越来越多国家和国际组织的重视，一些发达国家相继开展了公共政策评估工作。其中，美国、法国、日本、韩国、南非等国家具有较强的代表性。当前，我国公共政策评估工作状况明显不适应经济社会发展需要。要深刻认识公共政策评估对经济社会发展的重要意义，抓紧建立我国重大公共政策评估制度。国外公共政策评估的实践，为我国提供了有益的启示和借鉴。

公共政策评估是指特定的评估主体根据一定的标准和程序，通过考察政策过程的各个阶

段、各个环节，对政策的效果、效能及价值所进行的检测、评价和判断。公共政策评估不同于政府绩效评估，公共政策评估是对中央政府或地方政府颁布的某一项或某一类政策实施效果进行评估，政府绩效评估则是对政府部门的工作进行全面和系统的评估。

一、公共政策评估的由来与发展

公共政策评估作为一个专业领域和一项实际工作，是20世纪初随着现代科学方法的发展及其在社会研究和政策研究中的广泛运用而诞生和发展起来的。

早在第一次世界大战之前，就有少数研究人员运用社会学、统计学等学科的知识和方法对教育、卫生、就业等领域的政策和政府项目进行评估。

20世纪30年代，许多社会科学家主张和倡导运用社会研究方法对政府为解决“大萧条”带来的经济社会问题而制定的政策和计划（如罗斯福总统“新政”的社会政策和计划）进行评估。

在第二次世界大战期间，出于战争的需要，美、英等国的军队专门聘请研究人员对其人事政策和宣传策略等进行评估，使政策评估得到进一步发展。

第二次世界大战结束后，西方国家在城市发展、住宅建设、科技、教育、就业、卫生等方面制定了大量的政策措施和计划。这在客观上要求开展政策评估来获知这些政策的结果。另一方面，各种社会研究方法逐步发展成熟，提高了政策评估的有效性和可靠性。

到了20世纪六七十年代，西方发达国家为了解决当时各种严重的经济和社会问题，实施了规模空前的政策干预，为了提高政策干预的有效性，要求对所采取的政策进行评估。另外，各种社会研究方法的完善，特别是计算机技术的应用，为政策评估提供了有力的工具。在这个时期，公共政策评估获得了最为迅速的发展。

进入20世纪80年代之后，西方发达国家开展了声势浩大的行政改革运动，其精髓在于注重结果和产出、追求效率、实行绩效管理、增强公共部门的责任等。这场改革进一步强化了公共政策评估工作。

20世纪90年代以来，随着各国政府改革的推进，公共政策评估受到越来越多国家和国际组织的重视，一些发达国家相继开展了公共政策评估工作。同时，联合国、世界银行、OECD等国际组织也开展了政策评估工作。

二、一些国家公共政策评估情况及主要做法

（一）美国

美国政府干预政策的盛行导致了公共政策评估的快速发展。美国国会关于政策和项目评估的立法也起到了很大的推动作用，各州政府的评估人员大大增加。同时，大量的评估活动要求政府各级机构寻求私人咨询公司的帮助，

反过来又促成私人部门大量参与政策评估活动，并最终导致评估产业的形成。除此之外，主要的大学也纷纷建立了政策研究机构，提供研究数据，并为不断扩大的政策分析市场培养人才。

20世纪50年代，美国实行绩效预算之后，受新公共管理运动和重塑政府运动的影响，几乎每一届政府都会在前任基础上提出新的政府绩效评估法案。如尼克松在任时实行目标管理，并于1973颁布《联邦政府生产率测定方案》；卡特总统在任时则推行零基预算；里根与老布什时期倡导全面质量管理。到了20世纪90年代，克林顿政府于1993年出台《政府绩效与结果法案》。2002年，小布什政府颁布《项目评估定级工具》。2003年9月，美国政府正式颁布《政策规定绩效分析》文件，对实施公共政策绩效评估作了系统、全面的规定。2011年1月4日，奥巴马总统签署了《政府绩效与结果现代化法案》。

美国的政策评估机构主要有：国会下属的政府审计办公室、监察长办公室、政府管理预算局。

在美国，政策评估包括三个方面的基本内容：一是政策的必要性分析；二是政策的合法性；三是对公共政策执行效果的分析。政策评估的方法是以定量为主，定性为辅，定量与定性相结合；基本方法是成本效益分析，通过成本效益分析为决策者选择有效率的方案，即产生最大社会净收益的方案。对于不能以货币计算损益的情况，则进行定性分析。政策评估的整个过程充分体现公开透明的原则。首先，前期进行意见征询，在设计、编写、执行政策规定绩效分析时，询问政策目标人群及专业人士和机构的意见；其次，分析过程透明，要求列明分析是建立在哪些技术、信息基础上，同时注明数据来源、附加模型，说明基本假设、方法、数据及分析的不确定性，以便让第三方能够清楚地理解分析的过程和结论；再次，评估结果公开，评估结果在互联网上公示，并披露外部咨询人员的资格及聘用情况，如由于隐私、产权、商业秘密等原因不能公示，则严格检验分析的结果和使用的数据，同时遵守信息质量标准和相关法律。

美国政府干预政策的盛行导致了公共政策评估的快速发展。美国国会关于政策和项目评估的立法也起到了很大的推动作用，各州政府的评估人员大大增加。

（二）法国

法国中央部门和地方政府公共政策评估的方式有所区别。对中央部门进行公共政策评估，一般由国家级的评估机构组织和实施；对地方政府公共政策的评估，采取的方式主要有：一是设评估专员，一般是5万人口以上的城市采用；二是设评估处，主要是省级政府采用；三是设集体评估机构，如大区评估委员会，主要是对大区进行评估。

法国的公共政策评估，有明确的法律保障。1985年，法国政府颁布法令，规定国家级的计划、项目未经政策评估不能启动，从法律上确立了政策评估的地位。

法国赋予评估机构一定的特权，以保证公共政策评估的有效性。评估过程中，报告人如认为有必要，可以组织向新闻界开放的听证会，以收集与问题相关的个人及组织的意见，听证会的小结作为报告的附件，并体现在报告中。这样形成的有价值的报告，将直接用于公共政策的立法讨论和预算参考。法国评估人员都要接受资格认定，并承担评估法律责任。法国有专门的评估师培训学校，大学毕业生要经过专门的学习，通过严格的考核才能成为评估师。

法国有多个机构承担公共政策评估，包括：国会、中央和地方行政机关、国家审计法院和地方审计法庭，以及由公务员、民选议员和评估专家组成的大区评估委员会。除公共机构承担公共政策评估外，也可委托私人机构对某些项目进行评估。

2002年，法国成立了全国评估委员会，负责领导跨部门的评估工作。法国国家评估委员会具有相当的权威性，负责确定评估方法，制定详细的招标规划，挑选委员会以外的专家。评估过程中委员会成员独立发表意见并进行辩论，最终以集体意见作为评估结果。整个过程采用异议制，允许被评估机构阐述其观点甚至对评估结论提出异议。但评估报告一旦确定，被评估机构必须根据评估报告的建议采取措施，并向政府主管部门报告。

法国中央部门和地方政府公共政策评估的方式有所区别。对中央部门进行公共政策评估，一般由国家级的评估机构组织和实施。对地方政府公共政策的评估，采取的方式主要有：一是设评估专员，一般是5万人口以上的城市采用；二是设评估处，主要是省级政府采用；三是设集体评估机构，如大区评估委员会，主要是对大区进行评估。评估大致分为前期论证、基础准备、资料收集、资料分析、综合汇总五个阶段，评估以定性为基础，以定量分析为手段，采用定性与定量相结合的方法进行。

（三）日本

日本政府的政策评估系统，是以各部门的自评估为基础。总务省主要是对各部门的自评估加以指导并对评估报告进行检查，同时还开展一些涉及广泛议题的跨部门评估活动。各中央政府部门按照《政府政策评估法案》的要求，形成各自的自评估体系，努力推动和提高对相关政策的评估。

政策评估是日本行政改革的核心，也是政府绩效评估的主要内容。20世纪90年代，日本的地方自治体率先引入政策评估制度。从1995年开始，日本三重县较早开展了政策评估工作，其他都、道、府、县借鉴它的做法，结合自己的特点相继推行以政策评估为核心的行政改革。1997年12月，桥本龙太郎在中央引入了“再评估制度”，并要求与公共事业有关的六省厅对全部公共事业进行评估。此后，建设省、运输省和农林水产省相继实施了“中间评估”和“再评估”。

2001年，日本颁布《政府政策评估法案》，为各行政主体客观、严格地开展政策评估提供了重要的制度保障。《政府政策评估法案》规定了政策评估基本事项，主要包括三个方面内容：一是政府各部门必须适时把握所管辖政策的效果，从必要性、效率性和有效性等视角进行自我评估，并将评估结果反映到相应的政策上；二是在政府制定的关于政府总体政策评估的基本方针的基础上，各部门要制定中期基本计划和每年的实施计划，对政策评估的结果要编制评估报告予以公布；三是为保证政策评估的统一性、综合性和更加严谨的客观性，总务省要对政府各部门政策进行评估。总务省和政府各部门是政策评估的实施主体，每年需向国会提交年度政策评估报告书，并向社会公众公布。政府各部门均建立起相应的领导机制，设立由大臣或政务次官为首的政策评估会议等机构。总务省成立了作为总务大臣咨询机构的“政策评估与独立行政法人评估委员会”，其事务局设在行政评估局，委员由总务大臣任命，主要由外部专家、学者和企业家构成，委员长由委员们选任。该委员会负责对政府的政策评估制度和总务省所实施政策评估的相关重要事项进行调查审议，向总务大臣提出政策评估基本方针及其修改意见等，并进行与国民直接对话等沟通、宣传工作。总务大臣根据对政府各部门政策的检查和审议结果，必要时可向内阁总理提出相关意见建议。

与之相应，《执行政府政策评估法案的内阁命令》（2001年制定，2007年修订）、《执行政府政策评估法案的条例》（2007年）等相关法案，以及《实施政策评估的基本指南》（2007年）、《政策评估的信息公开指南》（2010年）等相关指南陆续出台，为各行政主体开展政策评估提出了更加具体的要求和更详细的指导。

日本政府的政策评估系统，是以各部门的自评估为基础。总务省主要是对各部门的自评估加以指导并对评估报告进行检查，同时还开展一些涉及广泛议题的跨部门评估活动。各中央政府部门按照《政府政策评估法案》的要求，形成各自的自评估体系，努力推动和提高对相关政策的评估。总务省在监督各部门完成自评估后，要对各部门完成的政策评估结果进行分析，并指出其中存在的问题。最终，各部门自评估报告和总务省的评估报告一起提交国会。在日本各级政府开展自评估的同时，根据需要也会组织开展第三方评估或外部评估，以增强评估的客观性、独立性和广泛性。第三方评估或外部评估通常是委托专门的外部评估机构进行。外部评估机构通过与政府合作的方式，主要发挥在政府部门与公众间的桥梁作用。目前，在日本很多地区都有这类外部评估机构，为当地政府提供支撑服务。

目前，日本的中央政府各部门全部都开展政策评估，地方政府也在逐步将政策评估引入到管理中。所有47个县级政府、17个政令指定都市和782个（约占43%）市町村已开展政策评估。

日本多数政府部门开展事前评估、在执行

过程中要进行中期评估、在执行结束时进行结题评估、在实施完成后一段时间还要开展事后评估。而且在每个评估做完后，都有反馈的环节，将结果及时提供给管理者参考和使用。评估结果的应用主要体现在对政府的预算编制和政策调整产生影响。一方面，政府部门依据评估发现的问题，及时对不合理或不适当的项目或计划进行调整，并体现在下一财年的政府预算编制中；另一方面，各部门还依据评估结果相应增加、修改或取消有关政策或措施。

（四）韩国

韩国政策评估主要在总理办公室的协助下由政策分析和评估委员会的成员来实施，他们负责制定评估的指导方针和评估结果标准，对政策实施评估，并着重研究提高和改善评估系统的方法。政策实施能力的评估主要由总理办公室的官员来实施。

韩国是较早开展公共政策评估的国家，并将公共政策评估纳入政府绩效评估。早在20世纪60年代早期，韩国政府已经开始对政策和项目进行评估，当时主要集中在投入和产出的测量上。20世纪八九十年代中期，政府绩效评估侧重于对政策和项目的效率和效益的测定。金大中上台后，改革传统政府绩效评估制度，发展了一种以公共政策绩效评估为重点的新评估体制——制度评估。2001年，韩国通过了《政策评估框架法案》，对政策评估原则、评估主体、评估类型、评估程序、评估结果的使用和公开等内容，都作出了明确、详细的规定。这项法案的出台对韩国政府公共政策绩效评估的广泛、深入开展，起到了极大的推动作用。2006年4月，韩国政府实施《政府业务评估基本法》，该法的实施把原先依据不同法令进行的片面的或重复的各种评估制度，综合为一体，使之系统化，确立了一体化的绩效评估制度。

制度评估是监督、分析、评估主要政策的实施及其效果、政府机构和代理机构执行政策的能力、公民对政府提供的公共服务的满意度。其主要内容包括三个方面：一是政策评估；二是政策实施能力评估；三是公民、客户对政府提供的服务和政策实施的满意度的调查。政策评估着重评估政府机构和代理机构实施政策的效果；政策实施能力的评估侧重评估政府机构对计划要实施的政策实际执行能力；公民、客户满意度的调查既衡量公民满意的程度，又衡量公民、客户对服务提供和政策实施满意层次的增加程度。

韩国政府绩效评估工作的开展由政府绩效评估委员会统筹，委员会由15名成员组成，包括4名部长和9名来自民间的专家。委员会由总理和一位民间专家共同主持。其中，政府政策协调办公室主管政策评估方面的工作，下设政策分析和评估办公室，由1名部长助理分管。作为一种外部性的综合评估，制度评估内容三个方面分别由不同的部门来进行评估。政策评估主要在总理办公室的协助下由政策分析和评估委员会的成员来实施，他们负责制定评估的指导方针和评估结果标准，对政策实施评估，并着重研究提高和改善评估系统的方法；政策实施能力的评估主要由总理办公室的官员来实施；公民满意度的调查由韩国公共行政研究所来完成，它负责客户满意度调查问卷的设计、处理、数据分析并最终报告结果。

（五）南非

南非主要评估机构有：绩效监督与评估部、财政部、公共服务与行政部、公共服务委员会、公共行政领导和管理学院、审计长监督与评估协会等。其中，绩效监督与评估部是政府整个监督与评估职能的守护者，负责领导和推动政策评估工作。

2005年，南非政府出台了《政府监督与评估制度的政策框架》，奠定监督与评估制度的三种资料基础：一是项目绩效信息；二是社会、经济和人口等方面的统计；三是评估。在这个制度中，总统对整个《政府监督与评估制度的政策框架》负责，财政部则公布《项目绩效信息框架》，统计局则出版了《南非统计质量框架》，绩效监督、评估与行政部于2011年11月出版了《国家评估政策框架》，从而集成了《政府监督与评估制度的政策框架》所要求的政策。

《国家评估政策框架》指出：政策评估是对有关公共政策、项目、工程、职能与组织的信息进行系统性搜集与客观性分析，从而对相关性、绩效（效果与效率）、持续性等进行评估，并针对未来作出建议。《国家评估政策框架》突出评估在政策制定与管理中的重要性，并且将评估和计划与预算过程联系起来。它要求提升评估质量，保证评估结果被用来提升绩效。

根据《国家评估政策框架》，到2012年与2013年间，绩效监督与评估部将制订具体的年度评估方案，并由内阁通过，评估范围包括各部门推荐的大型、战略性和创新性的项目与政策。到2013年与2014年间，总理办公室将针对各省起草类似的评估方案。各部门可以选择增加其他的评估。各部门要把政策评估纳入具体管理职能中，作为绩效管理的重要内容。

在南非，主要评估机构有：绩效监督与评估部、财政部、公共服务与行政部、公共服务委员会、公共行政领导和管理学院、审计长监督与评估协会等。其中，绩效监督与评估部是政府整个监督与评估职能的守护者，负责领导和推动政策评估工作。

三、对我国开展公共政策评估工作的启示

近年来，我国有些部门和地方开展了一些公共政策评估工作，对本部门本地区制定实施的公共政策项目进行了自我评估或委托第三方进行评估。总体上讲，这些评估不是法定的，是部门自己组织的，是随意的、零散的，并且缺少独立的第三方评估，透明度和公信力不足。造成这种状况的主要原因是我国政策评估工作起步较晚，政策评估理论方法研究滞后，

实践经验不足。由于没有专门的法律和完善的评估制度，导致政策评估工作的客观性、独立性不强，政策评估职责和目的不明确，组织建设和机制建设难以落实，评估经费无法有效保障，严重制约了政策评估工作的规范发展，影响了公共政策质量的提高。当前，我国公共政策评估工作状况明显不适应经济社会发展需要。要深刻认识公共政策评估对经济社会发展的重要意义，抓紧建立我国重大公共政策评估制度。

国外公共政策评估的实践，为我国提供了有益的启示和借鉴。

（一）确立公共政策评估的法律地位

公共政策评估比较规范的国家，均制定和出台了相关的法律、规章和制度，这些法规和制度尽管立法机关和制定部门不同，效力也各异，但都对公共政策评估的主体、内容、标准、方式和程序等进行规定，从法律上保证了公共政策评估的地位，有力地推动了公共政策绩效评估在国内的开展和推行。政策评估工作具有独立性、规范性和法制化的特点。

（二）加强评估机构和人才队伍建设

从各国的实践看，独立的政策评估组织既是保证评估结论客观、公正的前提，也是政策评估体系趋于成熟的重要标志之一。在许多发达国家，公共政策评估的组织化和专业化已成为一种主要发展趋势。国外从中央政府各部门到地方政府的各个部门都有专门的评估机构，建立了各自的评估专家队伍，而且有许多大学、研究机构和社会中介机构进行评估研究，并作为第三方承担政府委托的评估工作。与此同时，各国都注意加大对政策评估专业人才的培养，充分发挥外部专家、专业咨询机构和技术支持部门在评估中的作用。

（三）强化财政、审计部门的监督

尽管许多国家设有专门的政策评估机构，或者由各职能部门自身开展评估，但财政、审计部门都是发挥重要作用的。一方面许多政策的执行需要财政部门的资金投入和审计部门的监督评估；另一方面各个职能部门的评估指标、评估项目往往都是在财政部门的指导下进行。

（四）探索科学的评估理论和方法

各国结合国情和实际，加强评估理论和方法体系建设，拥有先进、实用的评估方法与制度设计，比如内部评估与外部评估相结合、定量分析与定性分析相结合、专家评估与民众参与相结合、事前评估与事中事后评估相结合、中央部门和地方政府相区别等，不断提高政策评估的针对性、有效性。

（五）提高公共政策评估的透明度

建立政策评估信息系统，完善政府信息公开制度。在评估过程中，要扩大公众参与面。这样不仅可以保证评估的客观公正，提高评估的质量，同时有利于真正实现政策制定过程和执行过程的责、权、利相统一。根据不同情况，把可公开的政策评估信息对公众发布，接受公众监督和评议。

（六）重视评估结果的应用

作为政府绩效管理的重要组成部分，政策评估主要是通过发现政策在设计和执行中存在的问题，对不合理或不适当的政策目标加以修改，最终改善政策结构。通过政策评估，不断地改进、修订和补充公共政策的内容，使整个政策形成“制定——执行——评估——完善”的良性循环。

（李志军主编的《重大公共政策评估理论、方法与实践》一书已由中国发展出版社出版）

什么是中国人的“好生活”

“好生活”的“好”是一个综合的评价指标，它当然应该包括好的经济增长方式，但是又不仅仅是好的经济增长方式，它还应该包括：好（合理）的政治体制，好（优良）的道德环境，好（正确）的价值观和世界观，好（和谐）的人际关系（好社会），好（愉快）的心情，等等

陶东风

首都师范大学中文系教授、博士生导师，首都师范大学中国诗歌中心兼职研究员，北京师范大学文艺学研究中心专职研究员、兼职博士生导师，中南大学文学院特聘教授

为什么要讨论“好生活”这个问题

中国的发展取得了惊人的成就，也产生了惊人的危机。无论你走到沿海发达地区，还是西北发展中地区，都可以感觉到这几年的巨大变化，一切都在迅速变化之中，到处是建筑工地，新大楼、新马路、新街道雨后春笋般涌现。但在这一切背后，你也可以发现：大片耕地不见了，大量河流和池塘消失了，空气中充斥着有毒气体（因此导致癌症患者数量大幅上升，特别是肺癌）。与此同时，消费主义和享乐主义作为绝对强势的生活态度几乎控制了所有人的精神生活。虽然到处是新建的庙宇，但没有人真正拥有超越性信仰，求神拜佛全部是出于实用动机（升官发财）。还有，几乎人人都知道制度的缺陷，都在骂贪官污吏、权钱交易、社会不公、两极分化……但一旦有利可图，一旦涉及自己的切身利益，这些人就会想尽办法利用制度的缺陷为自己牟私利。

一句话，我们的经济奇迹建立在巨大的危机之上，这是一种很难持续的发展模式，难持续在此有三个方面的含义：资源的枯竭、道德的坏死、制度的坏死。这三者加在一起就是：我们生活的“世界”在坏死①。

首先，我们居住的地球正在坏死。我们是地球的儿子，但是我们的大地母亲因为我们的贪得无厌、我们的疯狂榨取而不堪重负，伤痕累累，奄奄一息。对于自然环境的破坏造成的后果，我们每个人都有切身体会：空气和水的污染，臭氧层破坏造成气温升高，北极冰川融化，海平面上升。有人预测，世界上43个岛国未来将要在地球上要消失②。我们都知道，地球资源十分有限，随着人口的一再增长和现代化的步步推进，资源紧张状况一直在进一步加剧，大地母亲已经不堪重负。但是我们这些地球的不孝之子，却依然在疯狂开掘。长此以往，人类将很快由资源危机陷入资源枯竭，面临灭顶之灾。这绝非危言耸听，而是不断见诸媒体的事实。为了赚取所谓的外汇，我们大量砍伐森林，制作成一次性的方便筷和集装箱；为了谋求所谓的政绩，在高楼林立的地方，耕地大片大片丧失；在家庭工业、乡镇企业飞速发展的地方，空气中充满了各种有毒气体……请看一组数字：“全国75%的湖泊和一半左右的河流被污染；世界上污染最严重的十个城市至少有七个在中国；黄河93%的水流不符合中国自己制定的品质标准；全国60%人口的饮用水低于世界卫生组织的标准。”③

美国著名生态经济学家、美国中美后现代发展研究院院长小约翰·柯布（John B.Cobb,Jr.）曾经预言：生态系统会在50年内崩溃，一个更为切近、很可能很快成为现实的威胁是：青藏高原的冰川有可能在不到50年后融化，这是很可怕的，因为不仅是印度河、恒河和湄公河，长江和黄河都在很大程度上依赖于这些冰川④。

其次，我们的制度正在坏死。作为人工制品的制度也是我们生活的“世界”的一部分，我们不仅生活在地球上，也生活在制度中。制约人类行为的最重要因素就是制度，因此，地球的坏死实际上缘于制度的坏死。制度坏死的标志与其说是众所周知的制度缺陷及其导致的种种现象（比如贪官越抓越多，权钱交易越来越猖獗，不受限制的权力导致越来越严重的腐败，等等），不如说是人们对正在坏死的制度所持的犬儒态度：不是改善、疗救它，而是争先恐后地利用它的漏洞、它的缺陷来中饱私囊，满足自己的贪欲，从而加速它的坏死。很多人都认为自己是不良制度的牺牲品，但是却很少意识到自己的犬儒态度将使自己的子孙继续成为它的牺牲品。

再次，我们的道德和文化正在坏死。我们的大众文化或者在歌颂赤裸裸的暴力，或者热

① “世界”包含自然，首先是地球，但又不只是自然和地球。或者说，它不是自然意义上的地球，它是自然与人工制品——包括文化和制度——联系在一起、融合在一起、交织在一起、彼此依存的人类生存环境，“世界”的三个基本维度分别是自然、文化和制度。珍爱这个世界是我们人类得以存活的基本条件，毁坏这个世界则意味着自杀。

② http://blog.sina.com.cn/s/blog_497354500100e8rb.html。

③ 陈智宏：《中国在世界事务中的责任和遵守行为：一个分析框架》，转引自钱理群《毛泽东时代与后毛泽东时代》下册，第306页。

④ 参见王治河、李玲：《美国的主流城市化模式正是中国所要避免的》，《文汇报》，2013年2月4日。

衷于教导人们如何玩弄阴谋和权术；我们的学术明星在鼓吹“阿Q精神”（要适应不合理的现实而不是力图改变它）；我们的教育界在号召莘莘学子诵经下跪，借弘扬“国学”之名公然否定五四启蒙精神；我们的人际关系空前恶化，信任危机空前严重。

但是，文化与道德坏死的最显著标志还不只是这些，而是人们犯错和作恶并不是因为不能分辨是非。2011年间，大学里流行一种反反抄袭软件，是专门针对现在大学使用的反抄袭软件的。为了打击论文抄袭，现在各个高校正在全面实施一种叫做“机审”的论文质量检测，也就是用一个专门审查论文是否存心抄袭的反抄袭软件来检测学生论文。该软件的真正名字为“学位论文学术不端行为检测系统”，它通过数据库对比，来判定一篇论文是否有抄袭行为。令人哭笑不得的是，学校用反抄袭软件来检测学生论文是否抄袭，商家则推出了“反反抄袭软件”来进行对应。这个软件是专门对付“机审”的，其数据库比反抄袭软件更加全面，操作更加简易，短短十分钟，便能够检测出一篇论文中和数据库雷同的部分，用红字标出，并且给出修改建议。此外，商家还为付费者提供修改论文的注意事项和修改办法，比如把文字改为图表，改动语法、句式等。该服务价格便宜，学生只要花一两百元，就能通过该软件逃过论文检测系统顺利过关。据报道，仅淘宝网上提供“论文检测”服务的商家就有1600多家。真可谓“道高一尺，魔高一丈”。

我相信任何一个大学生、研究生都不可能没有基本的分辨是非对错的能力，他们不可能不知道抄袭是不应该的，甚至是可耻的。但他们仍然选择了抄袭，选择了为非和作恶。这就是我们这个时代的最大悲剧：不是因为不能分辨是非、对错、好坏而为非、犯错、作恶，而是在具备这种辨别能力的情况下仍然选择为非、作恶和犯错，明知其错而犯之，明知其恶而作之，明知其非而为之。这种犬儒主义和投机活动的大面积泛滥，是对道德的巨大腐蚀。

我不相信性恶论。我相信根本的问题是我们这个社会存在鼓励抄袭的土壤，鼓励作恶的环境，一个劣币追逐良币的环境。在这样的环境中，一个人如果遵纪守法，用自己的行动去实施合乎道德的行为，会发现自己和环境、和周围的人群、和体制格格不入，发现自己总是吃亏，总是被嘲笑、被冷落，甚至发现自己简直活不下去；相反，做坏事、做不道德的事则风险很低，甚至根本没有风险。不仅学术论文的写作是这样，其他领域也无不如此。本人坐出租车的一个深切体会就是：谁违规谁走得快，谁不违规谁就得没完没了地等着，被一辆接一辆的车子从前面插进去。今天中国社会最可怕的不是人们缺乏分辨是非好坏的能力，而是人们的生活环境让他很难遵纪守法，很难不做错事（更不要说做好事了，这点想想《离开雷锋的日子》就知道）。

在这样一个社会，就出现了一个怪现象：比坏。大家不是比着看谁比谁更好，有没有比我更好的，而是比着看谁比谁更坏，有没有比我更坏的。网上很多匿名帖子为学生论文抄袭辩护，其中最重要的一个理由就是：难道只是学生在抄袭吗？教授论文不也有大量抄袭的吗？为什么只拿学生说事？为人师表的老师还抄袭呢，学生怎么能不抄袭？再说了，我们这个社会各行各业不都在造假吗？食品、医疗器材，哪样不造假？为什么只是苛求学术界？在整个社会缺失诚信的情况下，要求学生或学术界谨守诚信，“出淤泥而不染”显然不现实。

在这种比坏心理的基础上，不仅不会产生悔过、罪疚心理，相反还会产生冤屈和倒霉心理：与我一样坏或比我更坏的人不是大量存在而且逍遥法外，春风得意吗？为什么我这么倒霉？为什么只惩罚我一个人？我冤不冤啊？本人曾经写过一篇博文，讲赖昌星、赖昌图等罪犯在法庭上总是显得理直气壮，比法官、检察官还神气。我猜想原因之一是他们根本不觉得自己有罪，即使有罪也不是最大的罪。相反，他们觉得自己冤，自己倒霉。

如果大家都这样比坏比下去，我们的社会、我们的道德只会越来越坏。良知根本不可能在比坏的过程中生长出来，只能在比坏的过程中坏死。要改变抄袭的现象，当然必须首先树立起诚信观念，培育诚信文化。这句话谁都能说，但做起来难。因为诚信文化离开了维护诚信的制度就成为一句空话。最好的社会是大家都有诚信，自觉地不作假；差一点的社会是有人想作假，但有完善的制度制约着他，让他不敢作假。要树立诚信观念，首先要建立维护诚信的制度环境。

以上就是我们重新思考什么是“好生活”的社会文化环境：我们的社会发展模式出了问题，我们不惜一切代价（自然环境的代价、社会制度的代价和文化道德的代价）追求GDP的发展模式必须得到认真反思，我们把奢侈生活等同于好生活，把豪宅、名表、好车、美女等同于“成功”“幸福”的价值观必须得到反思。

“好生活”是一个文化概念

中国政府近年来反复强调“科学发展观”，强调转换经济增长方式，强调经济和社会的“又好又快”发展，明确把“好”的标准提到首位，而不再简单地重复“发展是硬道理”。这是一个信号：中国的经济增长方式和社会发展模式将发生重大转变。

面对这一历史性的转变，思想文化界必须回答的问题是：这种转变需要什么样的文化支持？没有相应的文化转型，经济和社会发展模式的转变能够自己完成吗？

很长一段时间以来，我们对于“又快又好”的“好”的理解主要集中在环保、低耗、节能等方面，是环境、能源等物质方面的指标。节能、低碳、绿色、宜居等已经被确立为社会发展的重要考核指标。转变经济增长方式、优化产业结构、大力发展文化产业、建设宜居城市等，也已经成为地方政府的口头禅。

这些当然都是必要的，但是还不够。因为这些指标基本上还是着眼于经济，“转变经济增长方式”的核心概念依然是“经济”，其推论逻辑是：如果高能耗、高污染的增长方式继续下去，中国的经济就无法持续增长。但是经济的持续增长是“好”的全部含义吗？换言之，如果高能耗、高污染的能够持续下去，它就应该坚持吗？我以为不是。在经济增长的“好”背后还有一个更加根本性的标准，这就是“好生活”。

“好生活”的“好”是一个综合的评价指标，它当然应该包括好的经济增长方式，但是又不仅仅是好的经济增长方式，它还应该包括：好（合理）的政治体制，好（优良）的道德环境，好（正确）的价值观和世界观，好（和谐）的人际关系（好社会），好（愉快）的心情，等等。也就是说，好的经济增长方式所以好，就因为它和其他的好是协调一致、相互支持的。

因此，这个问题不是单纯的经济问题，也不是光靠经济学就能解决的问题。“好生活”的问题是一个涉及政治、经济、道德、审美等诸多层面的问题，能够概括这些层面的最合适术语，我以为是“文化”。因此，好生活的问题从根本上讲是一个文化问题。文化的定义很多，众说纷纭，但我以为，文化的核心就是对“好生活”的理解。

由于经济理性属于工具理性，它关心的核心问题是效益问题，因此，它无法从根本上回答何谓“好生活”的问题。或者说，它对好生活的理解只是停留在物质计量、工具理性、绩效考核的层次，无法进入实质理性、价值理性的层次。从经济理性层次理解和判断一个社会的发展模式或国民的生活质量，很难对其好坏做出实质性的价值判断。比如，一种以牺牲环境、浪费资源、践踏人权、漠视正义、忽略心灵感受为代价的发展模式是好的还是不好的？如果说它是不好的，可它的效率不是很高吗？它的速度不是很快吗？为什么保护环境、资源、人权、正义乃至好心情那么重要呢？经济学回答不了这个问题。这是一个文化的问题，一个价值观的问题。享乐主义者就可能认为，以牺牲环境和资源为代价的断子绝孙的发展模式是“好”的，因为它能够让你迅速致富，在很短的时间内尽情地消费、挥霍、享乐，至于“子孙后代”，想那么多干什么？不在考虑之列。比如中国古代的享乐主义者杨朱就认为：我此时此刻的瞬间身体快乐才是最重要的，生命的质量表现为肉体感官刺激的强度，因此，此时此刻能够最大限度地满足我的贪欲的发展模式和生活方式就是好的。只有当你对这个世界的持久存在（阿伦特说的“尘世永恒”）和后代的福祉抱有深切的关怀，只有当你觉得在身体享乐之上还有更高的好生活的标准，你才会警惕和批判断子绝孙的发展模式。

至于正义、公平与经济发展的关系，则是一个政治哲学的问题，但从根本上说也是文化的问题。我们说以牺牲公平正义为代价的发展模式是不好的，是因为我们认为人不是动物，不能把金银珠宝装饰的笼子当作自由的天空，把奢侈的物质享受当作幸福的全部。人要活得像一个人，要有人的尊严。单是奢侈品无法给你这样的尊严。这就要有合理的政治制度，要有民主和法治，要能够保障公民的人权。之所以说这是一个文化的问题，是因为并不是所有的文化都认为人权、正义和尊严是好生活的基本条件。享乐主义者和发展至上主义者可能说嘲笑说："什么叫活得像一个人？难道不就是住豪宅、开好车、戴名表、抱美女吗？人权、尊严、正义算什么呢？"我们的很多广告不就在宣扬这样的价值观吗？广告所塑造的所谓"成功人士"不就是豪宅+香车+贤惠妻子+可爱儿子+美女情人吗？

可见，发展模式之争的实质是文化之争，价值观念之争，不同的"好生活"理念之争。现在我们讲经济增长方式的转变，讲"又好又快发展"，这表明我们认识到了原先的"发展就是一切"、GDP挂帅的发展模式是有问题的。什么地方有问题？我认为是这种发展模式背后的"好生活"理念有问题。因此，应该发起一场关于"何为好生活"的公众讨论，只有解决了这个问题，才能进而解决我们应该选择何种发展模式的问题[①]。

好生活不等于奢侈生活

当下国人最普遍的一个误解，就是把"好生活"等同于物质富足或奢华生活。我们的广告一直在塑造的所谓"成功人士"的标志，就是名车、名表、豪宅等奢侈品。

好生活真的等于物质富足的生活吗？请看下列报道：

2010年6月，南京的一位病人老周在北京阜外医院做了心脏移植手术，他自己的心脏被摘除，原因是2009年做手术时他的心脏被植入了一个非法支架，结果这个定时炸弹一年后爆发，导致老周差点丧命，靠换心脏才保住生命。媒体报道说，由于暴利，大量"水货"，也就是未被批准临床使用的心脏支架，被植入人体，让医疗器械成了可能致人丧命的"定时炸弹"。医院和专家之所以在病人身上用那些无证心脏支架，无非是因为其回扣更高。事情的严重性还在于：由于相关管理制度的弊病以及法律法规的不健全，有过类似遭遇的病人，不仅难讨公道，甚至连真相也无法得知[②]。

一个能够花费百万元植入心脏支架进而换心的病人，应该是一个有钱人，可是他幸福吗？他的生活可以说是好生活吗？

也许有人会说，这是个别现象。那么请看另一个报道：一份《2010~2011消费者食品安全信心报告》显示，近七成人对中国的食品"没有安全感"。另有一则笑话这样写道：

① 有这样一份富士康员工的工资单："时间：2009年11月。底薪900元；正常工作21.75天，平均加班60.50小时，报酬469元；周六日加班75小时，报酬776元。工资总额2149.50元。"这名员工当月收入的60%靠超时加工赚得，总计136小时的加班，比劳动法规定的最高加班时间多出100个小时——这是一条以外向型为主导的劳动密集型的"世界工厂"的发展之路，由于跨国公司控制着产业链条的关键环节，代工者能赚取的就只是人力成本差，于是就导致了用员工超时、超量、超强度的劳动追求利润，这样的"低人权"的发展，正是典型的"中国发展模式"。这些年，包括2010年，总有些学者在那里高谈"中国模式"，用经济高速发展的辉煌数字来掩盖背后低人权的血腥。富士康大跳楼事件，正是一个警醒，一个当头棒喝。

② http://www.100md.com/html/paper/1672-5085C/2011/02/19.htm。

早晨掀开黑心棉被子，用致癌牙膏刷牙，喝杯过期的碘超标还掺了三聚氰胺的牛奶，吃根柴油炸的洗衣粉油条，外加一个苏丹红咸蛋。中午在餐馆点一盘用地沟油炒的避孕药喂的黄鳝，加一碟敌敌畏喷过的白菜，盛两碗陈化粮煮的米饭。晚上蒸一盘瘦肉精养大的死猪肉做的腊肉，沾上点毛发勾兑的毒酱油，夹两片大粪水浸泡的臭豆腐，还有用福尔马林泡过的凉拌海蜇皮，抓两个添加了漂白粉和吊白块的大馒头，还喝上两杯富含甲醇的白酒，看看中国足球，高喊加油奥运！这日子过得真叫一个爽！这就是一个中国人彪悍的一天。预祝20年后所有适龄中国人都能参加残奥会，并包揽所有奖牌！

笑话难免夸大，但生活在当下中国的人恐怕都会同意：绝非无中生有。就算我们的生活水平提高了，食品丰富了，可是如果我们的食品中隔三岔五被曝光含有有毒元素，我们会觉得这样的生活是好生活么？

时下媒体经常有物质生活越来越好，可大家的心情却越来越坏的报道。原因就是我们生活的环境中，社会正义还有待进一步伸张，公民权利还有待于进一步落实，法制还有待进一步完善。一个人如果经常无故受到权力的伤害，无法通过法律手段捍卫自己的尊严，如果感受不到周围人群的信任和关爱，相反被猜测和怀疑所包围，即使每天山珍海味，他的生活也不可能是好生活。

柯布一针见血地指出："人类最主要的错误观念，是对美好生活的定义或理解。世界各地的人们一直相信美好的生活就是奢侈的生活。'美好生活'的标准是由消费的多少来决定的；国家的发展则是依据产量的增加来评判的。"[①]他认为，只要这一"好生活"观念依然占据主导地位，我们的领导人就得被迫采取那些将会导致我们星球一步步走向灭亡的政策。尽管很多问题可以通过科技手段来解决，但只要不改变上述错误观念，保护生态发展所必要的深层变化是不可能发生的。

柯布注意到，像不丹这样一个小国，已经做出承诺，要以增加国民幸福指数为目标，而不再是以增加所拥有的财产为目标。这将引发人类真正认真思考"到底什么才是幸福生活"这一重大问题。

由于"好生活"的含义远远超出了物质富裕，因此，"好生活"还不等于好民生。学者徐贲曾经指出："中国90年代以后的改革解决了许多人衣食住行方面的'民生'困境问题，但是人们的总体生活质量，即'好生活'，则并不只是局限在物质和经济方面。'好生活'是一种必须同时包括精神、道德和群体价值目标的生活品质。民主是让所有人都积极主动参与、共同创建和维持社会性'好生活'的唯一通道。"[③]徐贲显然更多地看到和强调了民主政治对于好生活的意义，在当今中国，这样的

---

①② 参见王治河、李玲：《美国的主流城市化模式正是中国所要避免的》，《文汇报》，2013年2月4日。

③ 徐贲：《在傻子和英雄之间：群众社会的两张面孔》，广东省出版集团花城出版社2010年版，第506~507页。

强调是适时的和必要的。

好生活不等于审美化生活

"好生活"这个概念除了容易和"奢侈生活"混淆外，还容易和"审美化生活"混淆。这种情况在一个具有深厚审美主义文人传统的中国特别容易发生。例如，一个叫"采采卷耳"的网友在回应我的博文《应该发起一场关于"好生活"的大讨论》时，写了一篇题为《什么是好生活》的文章[①]，作者认为"好生活"就是"诗意人生、审美情怀"。文章写道："好生活，是在当下能够感受乐趣，对未来能够抱以希望"，而这"乐趣"，在作者看来欣赏"风流典雅的中国诗句和抑扬顿挫的中国书法"，就是"见识更多的棋友，分享更多的智慧"。

作为一个爱好艺术的人文知识分子，我当然很认同这类审美化的生活，这种诗意人生。我也理解在具有悠久审美主义传统的中国，这种审美化生活深得知识分子的青睐（赋诗饮酒、下棋遛鸟、赏山玩水等等是中国士大夫向往的东方式诗意人生），更何况随着今天生活节奏的迅速加快，人们过着一种空前紧张、浮躁的生活，丧失了应有的从容、淡定和优雅。真可谓千金易得，优雅难求。因此，把审美化的优雅生活视作好生活的同义语可以理解。

但必须指出，审美化的人生并不是好生活的全部，它最多只是好生活的一部分。而且一个真正的人，如果在一个政治黑暗、公民权利遭到随意践踏的时代仍然能够沉溺于下棋遛鸟，琴棋书画，怡然自得，其乐融融，那么，这种所谓"审美化人生"无异于不合理现实的间接帮凶，或者说，它本身就是不合理现实的一个病症。

我愿意再一次强调，好生活的"好"是一个综合的指标。富足的、有保障的物质生活，从容优雅的生活情调，健康的身体，快乐的心情等，都是好生活的组成部分。但仅仅这些还是不够的。就目前的情况看，政治权利的落实，公民权利的保障，社会正义的伸张，可能是好生活中更急于落实的部分。

亚里士多德说：人是政治的动物，人不同于动物之处在于人不满足于私人和家庭生活的安逸与富足，他总是要希望走出私人领域，投身于公共领域的政治实践，在公共空间呈现非凡和伟大。这是人之为人的本质规定。

好生活与"活得有尊严"

国务院前总理温家宝在2010年的《政府工作报告》中说："我们所做的一切都是要让人民生活得更加幸福、更有尊严，让社会更加公正、更加和谐。"这是"尊严"二字首次写入政府工作报告，"人民活得有尊严"首次成为政府工作的目标。这是一个了不起的进步。我以为，"让人民活得有尊严"也应该成为政府成绩考核的最核心指标，成为国家发展的最高纲领，乃至执政党的最高执政理念。

① http://blog.sina.com.cn/bailucircle。

在《政府工作报告》之前的2010年新春团拜会上，温家宝也提到“尊严”，并在解释这个词的时候说，“尊严”主要是指三个方面：第一，就是每个公民在宪法和法律规定的范围内都享有宪法和法律赋予的自由和权利。第二，国家发展的最终目的是为了满足人民群众日益增长的物质文化需求。第三，整个社会的全面发展必须以每个人的发展为前提，因此，我们要给人的自由和全面发展创造有利条件，让他们的聪明才智得到充分发挥。

结合我的“好生活”理念，我觉得“活得有尊严”是“好生活”的题中应有之义，它的含义可以解读如下。

首先，作为“尊严”三个含义的第一个，也是最重要的方面，是落实宪法赋予每个人的公民权利。一个人的生活是否有尊严，其根本标志是其公民权是否得到落实，而只有一个民主法治的社会才可能真正落实每个人的公民权。因此，“尊严”是一个与公民权利、民主政治紧密相关的政治概念。捍卫尊严就是捍卫自己的自由和权利，失去自由和权利的人不可能不失去尊严，过着不是人的生活。同样，政府工作报告中提到的“公正”也是一个政治概念。有尊严的生活是要以制度作为保证的，没有民主法治的政治体制，有尊严的生活就是一句空话。公正的社会也只能是一个民主法治的社会。由此可以得出：有尊严的生活的前提是建设民主法治的国家。

其次，由于“尊严”根本上是一个政治概念，因此必须避免对尊严的庸俗唯物论理解。决不能把“有尊严的生活”简单理解为脱离了贫困线的、小康的甚至是富足的生活。尊严绝对不只是一个物质的、经济的指标，而且首先不是一个物质的、经济的指标。一个人在极度贫困、生存不保的情况下当然谈不上尊严（比如大跃进时期那些陷于极度饥饿状态的人，哪怕是有文化有知识的知识分子，也普遍失去了尊严，顾不上尊严），但是，一个吃得饱穿得暖、衣食无忧的人不见得活得有尊严。尊严的标准比这个高得多。如果一个人除了活着，其他公民权利都得不到落实，没有选举权，没有实质性的政治参与，不能自由发表言论，他的物质生活再富裕也是没有尊严的，哪怕他住着高级别墅，开着豪华轿车，整天山珍海味，花天酒地。打一个比方，生活在天鹅绒“监狱”（这里的“监狱”是隐喻）里的人是没有尊严的，即使这个监狱铺上了地毯，装饰了天鹅绒，还有空调、彩电、冰箱、电脑等各种现代化设备，而且绝无饥寒之忧。尊严的核心是自由。正因为“尊严”超越了一个人的物质和生理需要，因此它才成为人和动物的基本区别。

第三，尊严的另一个核心是个人本位，尊重个性，尊重每个人的自由和权利，不能以“集体”“国家”“社会”的名义牺牲个人权利和个人利益，拿“社会”“集体”“国家”这样的大帽子来压制个人。尊严必须是一个人的尊严，必须落实到每个人。如果一个群体中的每个个体是活得没有尊严的，那么，这个群体也绝不可能活得有尊严。如果每个中国人的自由和权利得不到保证，作为集体名词的中国人是不可能活得有尊严的。这是一个方面，而另一个方面，由于尊严关乎体制，因此，任何一个国家中的个体，都不可能单独一个人享受有尊严的生活，而别人全过着没尊严的生活，或者单独某一个群体过着有尊严的生活，而别的群体全部受到欺凌和侮辱。对于一个人的尊严的剥夺，同时也是对每个人尊严的剥夺。一个社会、一个国家中的人，要不大家都有尊严（由于非制度的原因造成的某些人自己糟蹋自己的尊严是另一个问题），要不大家都没有尊严。这是一种结构性的现象。不合理的社会剥夺的是所有人的尊严。这不是说极权社会中没有人在捍卫自己的尊严并通过这种勇敢的行为获得了自己的尊严。电影《勇敢的心》里面的主人公，一个生活在殖民主义统治下的人，他在制度的层面上被剥夺了自由和尊严，但是他用自己的行动捍卫了自己的尊严。这样的个体尊严和集体性、社会性、制度性的尊严缺失并不矛盾。张志新、遇罗克等也是这方面的例子。但是这种现象正好说明这个社会本质上是不让人活得有尊严的，正因为当时的社会制度剥夺了他们的尊严，正因为在这样的社会制度下人只能没有尊严地活着，只有失去尊严才能活着，所以他们才需要用自己的生命来换取个人的尊严，他们面临的是要么活着而没有尊严，要么有尊严却必须死这样严酷的选择。这不正是极权社会的标志吗?

由于上述原因，有尊严的生活这个目标的真正落实必将从根本上完善我们的国家发展目标和政府工作纲领，必将成为一个历史性的伟大事件。

好生活：宝马车还是自行车?

江苏卫视征婚节目《非诚勿扰》第3期（2010年1月17日）中据说曾经出现这样的情节：当一位爱好骑自行车且无业的男嘉宾问女嘉宾马诺：“你喜欢和我一起骑自行车逛街吗?”她毫不犹豫地回答：“我更喜欢在宝马里哭。”此后，“我宁愿坐在宝马里哭，不愿坐在自行车上笑”就成为一句口头禅，在全国不胫而走，火遍大江南北，也被当成当代女青年的择偶标准语。

我没有看过这集节目，不知道其确切上下文。但是浏览网上关于这句话的评论，这句话之所以成为经典流行语，是因为它被认为典型地反映了当代人，尤其是年轻人在择偶的时候对于物质和精神关系的理解。比如：如果一个男人很有钱，可以让你在物质上坐享其成，过现成的奢侈生活，但是你不爱他，他也不爱你；另一个男人很爱你，你也很爱他，但他却没有钱。你选择哪个？哪个符合“好生活”的标准？答案当然是“坐在宝马车里哭”。

这句话实际上超越了婚恋择偶标准，而成为当代中国人的价值观和生活方式的典型表达，反映了人们对于“好生活”的标准和内涵的理解。其内含的信息是相当丰富的。下面是我对这句话的解读。

第一层意思：一个在宝马车里哭的人，一定不是因为没有饭吃没有衣穿没有地方住，也不会因为吃不好穿不好住不好，因为宝马是高档名车，甚至已成为有钱人的标志、奢侈品的象征。她哭的原因一定不是物质的，而是精神的，是有关她的做人尊严的，比如用着男人的宝马车，只好忍气吞声，对其寻花问柳、荒淫无度的行为听之任之，甚至做二奶这样的屈辱也不得不忍气吞声地接受。

同样，在自行车上笑的人一定是因为精神的原因而不是因为物质的原因而笑（除非他是为了健身而骑车，但是在目前流行的这句话里显然不是这个意思）。自行车想当年还是“三大件”之一，是有钱人至少是家境殷实之人的身份标志，但在今天早已经成为下层人的象征。“宁在宝马车里哭，不在自行车上笑”这句话的第一层含义显然表明今天的中国人更看重物质享受，而不是精神快乐，也不是人格尊严，表明我们的好生活理念发生了畸变。

第二层意思：既然这个女人有了宝马还哭，大约表明她并没有丧失对尊严、对精神等的意识和需要，还没有彻底沦为动物，还不至于因为有了宝马就可以笑对任何屈辱，并一直笑将下去，否则也不至于哭，只是这些精神的东西与物质享受相比不那么重要罢了。如果这样的分析是成立的，那么，这个女人就没有丧失理智能力和分析能力，她的选择并不是被动的、强迫的、被蒙蔽的，而是自愿自觉、明明白白的。也就是说，她知道这两种选择各自的优点和缺点是什么，知道物质享受的代价是丧失尊严，但如果没有两全其美的方法，就宁愿选择不要尊严而要享受。这种自觉的择错行为实际上是今天中国非常普遍的现象：人们不是没有判断是非好坏的能力，而是没有坚持“是”（真理）和“好”（价值）的勇气。

第三层意思：坐在宝马车里还要哭，必定还有一个最关键的原因：这个宝马不是她自己的，不是自己奋斗的果实，而是别人恩赐的（没准所有权也是人家的）。也就是说，她向往的奢侈生活不是自足的，而是依赖别人的，她是一个寄生虫。否则，如果对方做了有损自己尊严的事情，即可与之分道扬镳，为什么还要无奈地哭泣呢？进一步说，和自己爱的人骑着自行车去创业，把自行车变宝马车，不是更好吗？由此看来，这句话还表明了现在的年轻人对创业过程、奋斗过程的不重视或没信心，他们或者是对创业的过程缺乏信心和耐心，或者是对奢侈生活的需求过于急切，希望马上获得，因此，他们要的是奢侈生活这个结果，而且越快越好，而不管这个结果是怎么来的、代价是什么，而不是创业的过程。在他们看来，创业的过程是没有乐趣的，也没有成就感，他们要省略这个过程直接进入奢侈享受的结果：大概前脚走出校门后脚踏进宝马——这才是今天一些时尚女孩的生活目标。以创业的过程为乐这个我们这代人奉行的人生准则和幸福观，大概已经过时了。这就使得我想起现在的所谓“穿越小说”：地位低下的丑小鸭、灰姑娘直接穿越到大清王朝成为公主、格格。这种白日梦大约是今天很多女孩的欲望投射：省略了奋斗过程直接进入幸福生活，否则穿越小说想必也不会如此流行。

“好生活”讨论并不剥夺个人选择生活方式的权利

一提到“好生活”，自然会联想到生活方式；而关于生活方式，自然又会联想到生活方式不可比较论（就像口味不可比较），联想到生活方式选择是每个人不可剥夺的神圣权利，因而也就没有讨论的必要性和可能性，甚至一旦进行公众讨论，就容易被指责为干涉人们选择“生活方式”的自由。自由主义的精义之一就是主张人人有选择自己生活方式的权利，别人，包括政府，均无权干涉。“民主思想的典范与否定权威的观点是一体的。欣然接受也好，强烈反对也罢，当代人大都无法忍受仅仅因为某种观点系由某一更高的机构从外部强加于人就信以为真的做法。我们反抗的不只是地方长官，还有政党路线等。”[①]因此，要讨论什么是好生活，就不能回避个人对“生活方式”或“好生活”选择权利这个问题。如果我们联系到历史上的极权主义者曾经把自己的所谓“好生活”理念冒充公众的好生活理想，将之强加给所有公民，而且不允许讨论，我们就会更加理解每个人的生活方式不可侵犯这一“原则”的神圣性，理解强调个体选择生活方式的权利的必要性。吕克·费希的《什么是好生活》中提到：“每个人都是自己及其生命的价值与意义的唯一仲裁者，这一点难道不是不言自明的么？”[②]

但是我认为，坚持个体生活方式的选择权与发起关于好生活的公众讨论并不必然矛盾，而是可以兼顾。更重要的是，关于好生活的公众讨论不仅不同于通过权威强制推行一种好生活理想，而且恰恰是对这种强制的最有力抵制。

一方面，个人有在不损害他人和公众利益的前提下选择自己认为好的生活方式的权利；但另一方面，公众又有讨论何为好生活，特别是好的公民生活（因为作为公民的人，尽管在其他方面个体差异很大，但是其公民权利是共同的、普遍性的）的必要性。这是因为，民主的公共讨论和个人的自由选择不但不矛盾，而且相互补充，使得个人的选择更加理性。须知个体不是在绝对的信息真空、文化真空、意识形态真空中理解和选择自己的生活方式，他本身就生活在诸多的信息、文化、意识形态中，生活在他人组成的社会关系网络中，生活在各种明言的或隐含的好生活理念中。一个人根本不可能完全不受文化和他人的影响选择自己的生活方式。正因为这样，一个人可以而且应该在一种自觉反思——包括对文化、对流行的好生活观念的自觉反思——的状态下进行自己生活方式的选择，只有这样的选择才是真正理性和自觉，而不是盲目的、随大流的、非理性的。正是在这里，凸显出民主的公众讨论的必要性，因为民主的公众讨论就是塑造公民的自觉反思能力的最重要渠道。公民只有在民主、平等、自由的条件下就好生活和生活方式进行充分、自觉的理性讨论，才能一方面

①② 吕克·费希：《什么是好生活》，第15页。

避免自上而下强加的“好生活理想”，另一方面避免“你走你的阳关道，我走我的独木桥”的一盘散沙状态（其实一盘散沙的群众最容易被自上而下强加的“好生活”理想迷惑）。把关于好生活的公众讨论不加分辨地等同于剥夺个人的生活方式选择是似是而非的。我曾经经历过的那种自上而下强加“好生活理想”的极权主义行径，恰恰是建立在对公民的民主权利侵害之上的。

更进一步，我认为，公众虽然不一定能够就好生活的全部方面达成共识的，但是却完全可能在好生活的某些方面，特别是公共生活方面达成共识。一方面我们要承认不同的文化习俗会有不同的关于好生活的解释，但是我也相信在充分的文化交往、民主讨论的基础上仍然会达成一致或大体一致的好生活理念。如果不是建立在愚民和信息封锁的基础上，没有人会认为饥寒交迫的生活是好生活，也没有人会认为以丧失政治权利为代价的所谓“温饱”就是好生活的全部[①]。

① 当然，并不是好生活的所有层面都能够或应该进入公共讨论并达成共识。我们可以把好生活分为公共意义上的好生活，即好的公民生活（或徐贲说的“好的公共生活”）与个人私人意义上的好生活（比如人的审美偏好）。可以而且应该进行公共讨论的，是公共意义上的好生活，这种讨论基本上是世俗政治哲学或道德哲学层面的讨论。

日本国有铁路改革之路

文 王忠宏（国务院发展研究中心产业经济研究部调研员、副研究员）
陈亮辉（清华大学经济管理学院）

日本于1987年对国有铁路实施了改革，主要内容包括铁路区域拆分、调整债务承担主体、铁路职工安置、放松铁路管制、分步推进民营化，很快实现扭亏为盈，生产效率大幅提高，运行事故明显减少。日本国有铁路改革坚持政企分开、引入市场机制和竞争机制、注重处理好债务问题、高层坚定的决心和舆论引导，对我国铁路改革有着积极的借鉴意义

一、日本国有铁路改革的具体内容

日本国有铁路改革于1987年4月起实施，主要内容包括：铁路区域拆分，调整债务承担主体，铁路职工安置，放松铁路管制，分步推进民营化。

（一）对国铁进行区域拆分

改革前日本国铁对全国实现一元化经营，无法应对区域经营差异，缺乏内部竞争机制。基于对铁路地理特征、客货流通情况的综合权衡，1987年日本铁路改革将国铁核心资产拆分为6家客运企业、1家货运公司与1家高速铁路资产持有机构，分别为北海道客运铁道公司、东日本客运铁道公司、东海客运铁道公司、西日本客运铁道公司、四国客运铁道公司、九州客运铁道公司、日本货运铁道公司、新干线铁道保有公司。

各客运铁道公司以各自区域的土地、路网及相关资产进行运营并承担部分公益性事业。日本货运铁道公司以货物运输设施、货物专用线路及租赁客运公司路线进行运营并承担部分公益性事业。新干线铁道保有公司通过将高速铁路租赁给客运公司进行运营。

在内部竞争方面，各铁道公司既存在企业经营管理层面的竞争，也存在同一铁道上以开放通路权方式形成的具体铁道使用层面的竞争。在对外竞争方面，各铁道公司可通过自主增加投资、开发新车型、调整运行车次与时间、提高服务水平等方式，参与对公路、民航等其他运输方式的竞争。

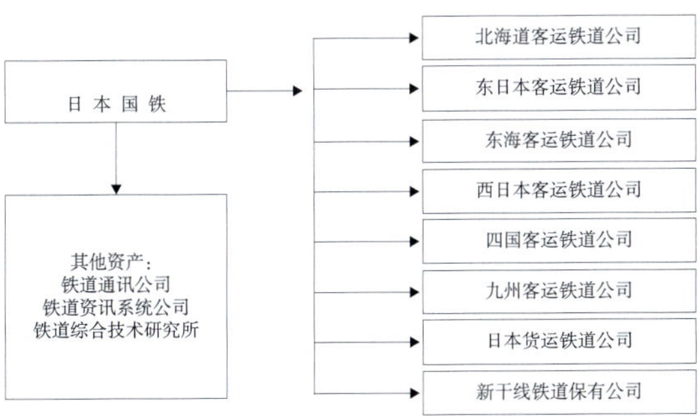

图1　1987年日本国铁改革示意图

（二）对债务承担主体进行调整

1987年日本国铁改革之际，铁路债务负担累计达37.1万亿日元。为逐步减轻债务、顺利推动改革，日本设立国铁清算事业团，代表政府持有客运公司与货运公司的全部股票、客运公司与货运公司资产以外的剩余土地，负责资产管理与债务偿还。预期效益较好的3家客运公司，即东日本客运铁道公司、东海客运铁道公司、西日本客运铁道公司，按收益能力比例分担总额5.9万亿日元债务，以各自盈利偿还各自分担债务。新干线铁道保有公司承担8.6万亿日元债务，以新干线租赁费收益偿还债务。国铁清算事业团承担剩余的22.7万亿日元债务，通过出售所持有的土地与股票偿还债务。

（三）安置铁路改革剩余职工

1987年日本国铁改革时，27.7万原国铁职工中有20.1万人被新成立的铁道公司录用，剩余约7万职工的就业问题成为当时改革最困难的问题。为此，日本专门成立了以首相中曾根为本部长（委员长）、内阁各部门领导为委员的“国铁剩余人员雇佣对策本部”（国铁剩余人员雇佣工作委员会），多管齐下推进国铁职工就业。一是责成警察厅录用3000名铁路公安人员作为示范和突破口，要求中央与地方的各公共部门吸纳国铁职工近2.5万人；二是推促铁路关联企业及私营铁路企业录用国铁职工2.5万人；三是通过提供再就业培训和鼓励接近退休年龄职工带薪提前退休等方式，逐步减少国铁剩余失业职工数量。

（四）放松对铁路经营的管制

铁路改革前，国铁的经营预算、人事任免、运价制定、重大投资均受到国会和政府的管制，铁路经营权名义上由国铁总裁掌握，而实质上已丧失。1987年日本铁路改革将原有国铁从事的铁道业务全部交由新成立的铁道公司，政府部门对铁道业务基本不予干预，只参与重大事件的决策与管理。在铁路建设方面，政府负责审查新建铁路的勘测设计报告、线路运行速度、建设主体工程预算，审批工程计划；各铁道企业根据自身经营需求，在获得政府审批后自主投资建设铁路。在铁路运营方面，政府主要负责制定铁路技术标准，检查监督运输安全情况，审批运输价格，防止不正当竞争；各铁道企业按规定获得准入营业执照即可自主经营。在运价制定方面，政府实施上限认可制，各铁道企业在上限范围内自主确定运价。

（五）分步推进铁路民营化改革

日本铁路民营化改革分两步推进。第一步，将各铁路企业股份化。东日本客运铁道公司总股本为400万股，东海客运铁道公司总股本为224万股，西日本客运铁道公司总股本为200万股，北海道客运铁道公司总股本为18万股,四国客运铁道公司总股本为7万股,九州客运铁道公司总股本为32万股，货运铁道公司总股本为38万股，均由政府全部持股。第二步，政府逐步售出铁路企业股份。1993年，铁路公司股票首次上市，日本政府卖出东日本客运铁道公司250万股，获得收入1.1万亿日元。随后，各铁道公司逐步上市售出。截至2012年5月，东日本客运铁道公司总股本400万股、东海客运铁道公司总股本224万股、西日本客运铁道公司总股本200万股均全部售出，北海道客运铁道公司总股本18万股、四国客运铁道公司总股本7万股、九州客运铁道公司总股本32万股与货运铁道公司总股本38万股，尚未出售。

二、日本国有铁路体制改革的推进方法

（一）高层坚持不懈亲自推进改革

日本国铁改革初始，反对改革的舆论甚嚣，国铁当局曾经抵制分割、民营化政策，阻碍外界对真实情况的了解，试图维持国铁的原有体制框架，使改革困难重重。在此过程中，第七十届首相铃木善幸、第七十一届首相中曾根康弘，都把日本国铁改革作为政府重要工作亲自推进。面对阻挠铁路改革的不同意见，他们坚决支持由专家智囊组成的中立机构提出的改革方案，并要求内阁下的运输、财政、卫生、福利、劳动等各相关部门全力支持配合铁路改革。遇到改革阻力时他们不手软，如改革前的国铁负责人反对国铁改革，中曾根首相将其解任，使国铁对待改革的态度发生骤变，并很快对国铁分割、民营化予以合作支持。

（二）成立由各界专家智囊组成的中立改革机构

为设计出国铁改革的具体方案，时任日本首相中曾根在内阁中设置了中立的改革机构“国铁再建监理委员会”，由五位来自社会各界的专家智囊构成。委员长龟井正夫，是日本最大的电线电缆生产商日本住友电气工业株式会社董事长；委员加藤宽，是主张铁路改革的日本著名经济学家、庆应大学教授；委员住田正二，是原运输省次官（原运输部副部长）；

委员吉濑雄哉，是日本开发银行总裁；委员隅谷三喜男，是东京女子大学校长。为设计国铁改革的具体方案，国铁再建监理委员会敢于在国铁改革反对派的压力和阻挠下深入一线调研，广纳各界智慧，经过两年时间的反复斟酌审议，于1985年7月向内阁首相中曾根提出了国铁改革的具体方案《关于国铁改革的意见》，并最终获得国会批准，成为1987年日本铁路改革的具体指导意见。

（三）加快国铁改革的相关立法

在讨论并接受了国铁再建监理委员会提交的《关于国铁改革的意见》后，中曾根内阁迅速推动国铁改革的相关立法，于1986年2月提交国会关于国铁改革的八个关联法案。一是《日本国有铁路改革法案》，规定国铁改革的基本方针与需实施的基本事项，是国铁改革关联法案的根本性法案。二是《有关旅客铁路股份公司及日本货物铁路股份公司的法律案》，规定成立6家客运公司与1家货物公司的相关事项。三是《新干线铁路保有机构法案》，规定高速铁路保有机构的设立及业务实施相关事项。四是《日本国有铁路清算事业团法案》，规定日本国有铁路清算事业团的设立及负责处理过渡时期的铁路资产、债务等相关事项。五是《有关日本国有铁路希望退休职员及促进日本国有铁路清算事业团职员再就职特别措施法案》，规定促进改革期间铁路职工再就业的相关措施。六是《铁路事业法案》，规定国铁变成民营铁路的相关政策。七是《日本国有铁路改革法等施行法案》，规定了上述六部法律实施过程中的必要事项。八是《有关地方税法及国有资产等所在市町村补助金及捐献金法律的部分改正法律案》，规定铁路改革后的课税调整事项。这些立法于1986年11月在国会两院获得通过，为下一步改革提供了法律基础。

（四）加强舆论引导形成改革共识

通过舆论引导的方式赢得各界支持，消除改革推进过程中可能出现的政治阻力，是日本推进国铁改革的重要方法。为引导民众支持国铁改革，1982年媒体对有关国铁工作现场的荒废现象进行报道，掀开了国铁改革的大讨论，不少对国铁低效运营的揭露和指责在报纸杂志上发表，赢得了日本国民对国铁改革的支持与鼓励。1985年，为顺利实施国铁再建监理委员会提出的国铁改革方案，内阁在国铁再建监理委员会提交《关于国铁改革的意见》的第二天，便让日本各大中央和地方报纸均就《关于国铁改革的意见》发表社论，既有对国铁改革积极的支持，也有对国铁改革具体方式的探讨，为下一步改革的实施创造积极的舆论氛围。

三、日本铁路改革对我国的启示

（一）铁路改革应坚持政企分开

日本铁路改革的经验表明，坚持铁路政企分开，明确界定铁路主管部门的责任与权力，适度放松对铁路企业的管制，对改善铁路企业的运营效率与效益起着重要的积极作用。我国铁路改革政企分开后，应进一步理清铁路内部各利益主体之间的关系，逐渐放松经济管制，建立适应市场竞争需要的运输服务管理体制。应设立独立的运输安全监管机构，专门负责铁路建设运输的安全监管与事故调查，强化铁路的运输与建设安全管理。国家铁路局主要承担铁路行业规划、安全监管、市场监管等职能。

（二）铁路产业应充分引入市场机制与竞争机制

铁路产业健康发展的关键，是坚持铁路改革的市场化取向，充分发挥市场机制、竞争机制在铁路产业资源配置中的基础性作用。应进一步改革铁路投融资体制，建立合理机制吸纳社会资金参与铁路产业建设、运营项目，使铁路投资决策分层化、投资结构多样化、投资收益制度化。应适时推进铁路企业民营化，逐步将铁路企业股权上市出售，通过民营化推动铁路企业建立现代企业管理制度，使铁路企业真正成为市场主体，释放企业经营活力。

（三）重点处理好铁路改革的债务难题

日本铁路改革的一大难题，是37.1万亿日元的债务偿还问题。我国铁路改革，同样涉及超过2万亿元的铁路债务问题。应借鉴日本铁路改革经验，对铁路债务问题，应不失时机地通过卖出非主营资产、适度民营化来置换现金偿还债务，尽快将铁路的资产负债率降至合理范围。

（四）铁路改革需要坚定的决心与有力的支持

日本铁路改革的成功，离不开两任首相坚持成立由专家智囊组成的中立机构推进铁路改革，离不开内阁对国铁改革方案的坚决采纳与实施，离不开首相中曾根将阻碍改革的有关人士解任。我国的铁路改革同样需要理顺铁路体制的顶层关系，同样必须面对铁路长期历史债务等难题。在推进铁路改革中，必须有坚定的改革决心，有面对各方阻力时坚持不懈的耐心和勇气，有国家、地方政府等方面强有力的支持，从而使改革得到毫不动摇地实施。

（五）积极做好舆论引导

日本铁路改革经验表明，在改革的困难阶段、攻坚阶段，通过舆论引导形成改革共识，对突破改革阻力、迈进改革步伐具有重要的积极作用。我国铁路改革应借鉴日本铁路改革经验，主动公开当前铁路产业发展的现实问题，积极引导民众关注铁路产业的体制弊端与改革方向。特别在遇到改革阻力阶段、改革进展缓慢阶段，可通过强化舆论引导来凝聚改革共识，形成改革合力，为改革的顺利推进赢得更广泛、更扎实的民众基础。

珀金斯教授谈建立国际一流智库

文/王　雪

美国哈佛大学教授德怀特·珀金斯（Dwight Perkins）在2012年访问中国发展研究基金会时，对如何建立国际一流智库谈了自己的一些看法

珀金斯教授有丰富的在国际一流智库工作和管理的经验。他曾任哈佛大学国际发展研究所所长长达15年，与韩国开发研究院开展合作近40年，并与布鲁金斯学会、剑桥能源研究协会、东西方中心等多个知名智库有过合作

经中国发展研究基金会授权，《中国智库》刊发珀金斯教授的观点摘要

一、国际一流智库的分类

珀金斯教授认为目前国际上主要的智库可分为四类：政府出资的研究机构；半独立与政府关系密切的研究机构；基于大学的研究机构；咨询类研究机构。

1. 政府出资的研究机构

此类研究机构以韩国开发研究院（KDI）、雅加达实践研究中心（CPIS）和美国兰德公司（Rand Corporation）等智库为代表。这类机构有较强的政府背景，如韩国开发研究院由时任韩国总统建立；雅加达实践研究中心的主任时任印尼财政部长；兰德公司虽然是一家独立机构，但其实际效果是一家政府出资的研究机构，在其建立的最初十年，主要为美国空军服务，美国空军为兰德公司提供所有资金。

珀金斯教授认为，在政府出资的研究机构当中，韩国开发研究院和美国兰德公司都取得了成功。韩国开发研究院在韩国国内外均被广泛认知，与哈佛大学合作出版了10余本关于韩国经济的著作。兰德公司是第一家做出中国GDP总量研究的西方研究机构。他吸引了大量的世界顶尖人才汇聚，有24位诺贝尔经济学奖的获得者在兰德公司工作过，其中包括刚刚获得诺贝尔经济学奖的托马斯·萨金特(Thomas Sargent)，这些诺贝尔经济学奖获得者中有些人就是凭着在兰德公司工作的成果而获奖的。

2. 半独立与政府关系密切的研究机构

此类研究机构中，布鲁金斯学会（Brookings Institution）、美国企业研究所（AEI）、彼得森国际经济研究所（PIIE）都享有较高声誉；中华经济研究院、东西方中心（East West Center）也属于此类研究机构，这类机构经常与政府保持多种联系。布鲁金斯学会为了更好地与政府建立关系，将总部设在华盛顿。尽管布鲁金斯学会是一个独立的研究机构，但是它与政府间人员交流很常见，学会的很多工作人员拥有政府就职经历。同样，布鲁金斯学会前任工作人员也会重新到政府就职。美国企业研究所和布鲁金斯学会不同，拥有共和党背景，但它尽量与共和党保持一定距离，进行一些客观研究。东西方中心则主要从事一些美国政府所需要的研究工作。

在半独立与政府关系密切的研究机构中，声誉最高的布鲁金斯学会和美国企业研究所都相当成功。美国四五十年前的第一个宏观经模型就是布鲁金斯学会的研究成果。另外，彼得森国际经济研究所也很有影响力。该所由著名经济学家弗雷德·伯格斯坦（Fred Bergsten）创建，并且拥有像“华盛顿共识”的理论创始人约翰·威廉姆森（John Williamson）这样研究世界经济的国际著名经济学家。

3. 基于大学的研究机构和资讯类研究机构

哈佛大学国际发展研究所（HIID）为这类研究机构的代表。此类研究机构研究质量和方向都依赖于所在的大学，大多数高水平的研究成果是在最顶尖的大学完成的。比较知名的咨询类研究机构有剑桥能源研究协会（CERA）和摩立特集团（Monitor）等。这一类研究机构在某一领域内具有较高的成就。比如剑桥能源研究协会主要为石油企业提供服务，前协会会长尤金（Daniel Yergin）对于全球的石油行业写过很多非常有影响力的书，并获得过普利策奖。摩立特集团同样由一位知名学者——哈佛大学迈克尔·波特（Michael Porter）教授领导。

相对而言，珀金斯教授认为基于大学的研究机构和咨询类研究机构在成为世界一流智库的竞争中似乎不具优势。原因是基于大学的研究机构要保证研究成果的公开和发布研究成果的自由，而政府机构的很多研究和政策制定需要有一定的保密性，这就造成基于大学的研究机构和政府机构的合作只能限于有限的层面或需要依靠于每个机构的道德素养以及自律程度。咨询类研究机构要为具体行业服务或通过人脉关系与政府或其他组织建立联系，这就使得咨询类研究机构成为世界一流智库的情况比较少见。

二、成为国际一流智库应具备的条件

通过珀金斯教授对现有智库的分析和评价，如果要成为世界一流智库应符合以下标准。

1. 与政府保持适当联系的同时还要保持独立的研究环境

所谓适当，就是既存在一定联系但同时又不至过于紧密。与政府保持联系有利于准确、及时地了解政策制定者所关心的核心问题，众多成功的智库均与政府机构保持密切联系，但值得注意的是，在保持联系的同时又不能缺乏独立性。

独立性对一个研究机构能否成为世界一流的智库至关重要。智库研究成果并不是面对广大民众发布，其受众为全球一流的权威人士和专家。如果研究机构与政府走得过近，按照政府的意志进行研究，为政府的政策或观点发表一些文章，将会使得国际学术界和其他受众对智库的研究成果产生质疑。一流智库应该是站在相对中立的角度，对政策进行优、缺点两方面的分析。研究成果既要能够被学术机构、学术界人士认可，也能够为决策者提供决策依据。

韩国开发研究院和兰德公司在保持研究的独立性方面做得不错。韩国开发研究院采取与大学合作研究的方式来保持自己相对的独立性。兰德公司虽然由美国空军为其提供资金，但美国政府并不对其研究进行干涉，这也有利于兰德公司吸引一流的研究人才，并为他们提供比较开放的研究空间。独立的研究空间也可以保证智库将其研究成果公布，而不会因为政府政策制定需要保密的因素，无法公开研究成果。只有公布研究成果后，智库才能够在世界范围内建立其学术地位和影响力。

2. 一流的研究人才储备和广泛的国际人才合作

一流的研究人才是成为国际一流智库的必备条件。韩国开发研究院在人才储备方面就做得很好。该院网罗了当时韩国国内的大量人才，聘请了6名具有博士学位的经济学家，而当时韩国全国具有博士学位的经济学家一共只有12位。此外，研究院还通过哈佛大学进行广泛的国际人才合作，并通过与世界银行合作，引进国际专家，对当时韩国的五年计划进行了独立评估。

兰德公司在吸引人才方面做得更加成功，共有24名诺贝尔经济学奖获得者曾经任职于兰德公司。这些学者并不完全在获得了诺贝尔经济学奖后才进入兰德公司，而有些学者恰恰是因为在兰德公司进行了研究之后获得了经济学奖。

这些比较成功的智库在吸引外部人员方面，除了提供自由的研究空间、丰富的研究资源支持外，还提供了比较丰富的人才合作方式。如兰德公司中评估中国GDP的研究人员是康奈尔大学的教授，他们其实并不是兰德公司的员工，是以兰德公司的顾问身份积极参与研究工作的。

除此之外，作为世界一流智库，与本国学

术机构的合作和建立起完善的内部人才培养体系也同样重要。

3. 不具备政府机构的特征

作为世界一流智库，其智库的功能应该相对独立，不具备政府机构的特征和职能。一般来说，智库对政府的政策应进行评估，而不是解读。解读政策应该是政府的职能，智库的行为是站在第三方中立的角度，对政策进行分析，一流智库则应站在更高的角度，对于政府以及经济发展进行长期趋势的研究。如果智库属于政府机构或者拥有过多的政府机构职能，国际学术界有可能会对智库研究成果的认可程度下降。总而言之，珀金斯教授认为智库的角色是为政府决策提供素材和建议，而不是替政府做出决策。

4. 稳定和具有很高国际学术声誉的领导人

彼得森国际经济研究所创始人伯格斯坦、韩国开发研究院前院长等智库领导人都是具有很高国际学术声誉的学者。并不成功的雅加达实践研究中心失败的主要原因是缺乏一个这样的领导人。该机构的领导人是当时印尼的财政部长，作为一名政府官员，他没有足够的精力再对一家智库进行管理，而其他印尼人在这个机构当中担任的是研究助理一类的职务，主要研究人员由外部人员担任，这种人员结构直接造成了该机构最终的失败。韩国开发研究院近几年也因目前的领导人并不是有能力的研究人员而导致研究水平大大下降。

由于研究的持续性，智库的领导人也需要稳定性。有些机构的领导人每2年换届，但是2年时间并不足以完成相应的研究工作。韩国开发研究院的前任领导人曾担任职务10年之久，正是在这样的前提下，该研究院才可能有今天的成绩。

5. 稳定而丰富的资金来源

稳定而丰富的资金来源对于建立国际一流智库非常必要。韩国开发研究院、兰德公司、布鲁金斯学会等研究机构的资金就很充裕。韩国开发研究院由韩国经济规划局提供大笔资金，同时也获得大量外部资金。兰德公司曾经由美国空军提供所有经费。布鲁金斯学会有两方面资金来源：一方面是规模相当大的捐赠资金，比如外国的基金会或者其他的外部来源，另一方面是通过自己研究的一些项目所筹得的资金。

珀金斯教授认为，如果不能获得稳定而丰富的资金来源，一方面会影响吸引世界一流权威学者；另一方面，研究机构会为了获得更多收入而去进行超出自己能力范围的研究，因而使得研究成果的水准难以获得保证。但是珀金斯教授还认为，资金来得太容易也未必是件好事，东西方中心就是一个例子。多年来，它每年都接受美国国会的大笔捐赠，这样研究人员则没有动力去做高质量的研究了。

（本文由中国发展研究基金会授权《中国智库》刊登）

构建世界一流智库的国际经验与启示

文/雷　颖

智库即思想库、智囊机构、智囊团，或称咨询公司、顾问公司， 主要是指由各方面专家、研究人员组成的专门的研究咨询机构，这样的机构主要是为决策者在处理社会、政治、经济、军事、文化、科技、外交等各方面问题时出谋划策，以提供最佳理论、策略和方案

进入21世纪，随着我国国家经济实力快速增长、中国未来适应日益激烈的国际战略竞争需要，国家对智库的作用也越来越重视，特别是近年来中国发展的国内外环境急剧变化，国民经济高速增长和社会深层次矛盾日益凸显，迫切需要智库机构对国家各项政策提供智力支持。大力推进中国的智库建设不仅是国内经济社会创新驱动、转型发展的迫切需要，也是提升国家“软实力”参与全球竞争、谋求新优势的重大战略举措

一、国外智库建设成功因素

西方智库经过一个世纪的发展，已经形成了全球最为发达的思想市场和成熟的运作机制。智库的发展和兴盛，有其独特而深厚的土壤。从经济学的视角，智库作为一个在思想的市场自由竞争的经济体，其产品是“思想”，其目标“消费者”是公共政策制定者和影响政策制定的群体。知名智库之所以能保证自己的产品产生强大的舆论影响力，主要因为四个成就因素：良好的环境、充足的需求、高质量的产品及全方位的传播营销。

1. 良好的环境是智库得以生存、发展、繁荣的土壤

良好的环境是智库得以生存、发展、繁荣的土壤，主要包括政治环境、经济环境和文化环境。西方分权与制衡的政治制度结构促成了权力的分散和决策机制的公开性和开放性，为智库的发展创造了有利的政治环境。经济上，商业繁荣产生了很多富可敌国的财团，企业家传统和慈善家传统以及宗教文化，为智库的发展提供了稳定的资金支持。另一方面，强

烈的竞争理念和市场观念促成思想自由市场的形成，各种观点得以自由辩论、碰撞，各类智库形成互相竞争、优胜劣汰的格局。文化上，西方政治文化传统所倡导的个人主义、自由主义、实用主义和普世主义等，使知识分子和社会公众关注、参与政治，希望通过智库的创新思想提高政府的政策制定能力和水平。除此之外，建立在言论自由基础上的发达媒体，为智库舆论影响力的拓展提供了通道，客观上起到了传播和放大智库舆论影响力的作用。

2. 对思想与人才的需求造就了智库市场的繁荣

没有市场的需求就不可能有智库市场的繁荣。西方发达国家政治运行机制的开放性，决定了对智库的强烈需求，为智库的各展所长、施加影响提供了可能。这种需求又分为三个层面：第一个层面是指政府面临复杂的国内、国际局势，需要智库提供思想支持。第二个层面是指媒体需要智库以舆论领袖和舆论精英的身份提供政策解读和创新观点。第三个层面是指广大社会公众对智库的需求。

3. 智库产品的质量取决于研究人员的素质、智库本身的独立性和有效的运行机制

产品质量的优劣是决定市场成功的关键因素，而决定智库产品质量的决定因素又在于智库研究人员的素质、智库本身的独立性和有效的运行机制。智库的核心资产是智慧，但它并不是一种个人智慧，而是一种组织智慧。国外智库正是通过科学的研究管理、人员管理与激励制度，实现有效的管理知识，促进创新。

国外智库的资金来源多种多样，而不是单纯依靠政府拨款或是企业赞助。特别是在美国，智库资金主要是来自自有基金利息、基金会、企业及政府的资助等多种渠道。智库在体制上相对独立于政府和财团权力控制之外，而且它们也在强调和努力维持自己的独立性，这是整个智库体系的基础。因为，只有具有充分独立性的智库，才能有效避免揣摩上意的倾向，突破信息在行政体系内部的自我循环，将更广泛的精英见识和民众意见导入立法与决策过程中，从而保障智库引导下的政策思想有足够的公共性和正当性。一流智库应该是站在相对中立的角度，对政策进行优、缺点两方面的分析。研究成果既要能够被学术机构、学术界人士认可，也要能够为决策者提供决策依据。

4. 全方位的传播体系造就智库的影响力

智库的价值在于其影响力，而影响力的获得则主要是通过对其成果的传播和推广。智库作为生产舆论和思想的工厂，其目标受众是政府决策者和社会公众。在这方面，国外智库最为看重的就是通过多种渠道影响社会舆论，从而引导社会思潮，以此对公共决策施加影响。

近二十几年来，随着智库数量的蓬勃发展和信息传播的全球化，知名智库逐渐加强传播其研究成果的力度，采取各种方式和渠道影响舆论和政策。具体而言，智库采取的主要传播方式有人际传播、组织传播和大众传播。在大多数情况下，三种传播方式都是同时采用，互为补充和促进。人际传播有助于智库的研究成果直接影响决策者，组织传播和大众传播担负

着议程设置和制造公共舆论的作用，从而间接影响决策者。

所谓人际传播方式，主要是指智库在传播思想的过程中依靠个人关系网，使人际传播方式得以发挥重要的作用。组织传播是通过各种类型的公开或闭门会议、短期培训项目邀请专家就所关注的热点问题进行讨论，或者宣布研究成果。除此之外，智库还会举办各种中小型的会议，受众仅限于被邀请的特定人士，会议内容不对公众开放。通过组织传播，智库为社会公众、决策者、专业人士构建意见交流的平台，同时也为决策者提供了了解公众意见的渠道。

在智库的早期发展阶段，大众传播模式一直是被忽略的，随着全球化进一步加剧，新技术革命打开大众获得信息的渠道，智库都加强了对大众传播模式的重视。在智库管理结构中，大都设有专门负责信息传播的部门，所有的智库都有自己专门的网站。智库借助纸媒介、电子媒介、网络媒介、社交媒介等大众传播渠道可以设置政治议程，塑造公共舆论，进而影响到决策者，最终影响到外交政策。

二、国际知名智库的共同特点

尽管中西方社会背景不同，政府体制不同，智库发展的路径也不一样，但从全球智库排名的评选标准与量化指标中我们可以看出，智库的核心竞争优势是运用有效机制确保对产生创新思想的人才的高质量产出，并使影响最大化。分析世界知名智库，它们具备以下共同点。

1. 与政府既保持适当联系又坚持研究独立性

所谓适当，就是既存在一定联系，但同时又不至过于紧密。与政府保持联系有利于准确、及时地了解政策制定者所关心的核心问题以及推动研究成果对政策的影响力。众多成功的智库均与政府机构保持密切联系，但值得注意的是在保持联系的同时又不能缺乏独立性。

独立性是几乎所有知名智库的特色。智库研究成果主要受众是全球一流的权威人士和专家。如果研究机构与政府走得过近，按照政府的意志进行研究，为政府的政策或观点发表一些文章，将会使得国际学术界和其他受众对智库的研究成果产生质疑。一流智库站在相对中立的角度，对政策进行优、缺点两方面的分析。研究成果既要能够被学术机构、学术界人士认可，也要能够为决策者提供决策依据。独立的研究空间也可以保证智库将其研究成果公布，而不会因为政府政策制定需要保密，无法公开研究成果。只有公布研究成果后，智库才能够在世界范围内建立其学术地位和影响力。

2. 明确的组织定位与研究特色

目前，国际上主要的智库可分为四类：政府出资的研究机构、半独立与政府关系密切的研究机构、基于大学的研究机构、咨询类研究机构。政府出资的研究机构以美国兰德公司（Rand Corporation）等智库为代表，这类机构有较强的政府背景，运营与研究以政府出资为主。半独立与政府关系密切的研究机构以布鲁金斯学会（Brookings Institution）为代表，这类机构经常与政府保持多种联系。哈佛大学国际发展研究所（HIID）则是基于大学的研究机构的代表，此类研究机构研究质量和方向都依赖于所在的大学，大多数高水平的研究成果是在最顶尖的大学完成的。比较知名的咨询类研究机构有剑桥能源研究协会（CERA）和摩立特集团（Monitor）等，这一类研究机构在某一领域内具有较高的成就，由业界或世界知名学者领导。

尽管类型划分多种多样，但运行优秀的智库都会有自己明确的组织定位，并由此确定开展工作的领域、服务对象、价值立场以及所能发挥的作用。研究课题组织从选题、立项、成果表现形式、公共传播等一系列环节都有较强的系统性。智库选题一般兼顾长期跟踪领域与近期热点研究，并接受委托课题项目。但无论是哪种，都会有严格的体系对成功质量进行层层把关。

3. 一流的研究人才储备与广泛的国际合作

一流的研究人才是成为国际一流智库的必备条件。知名智库研究人员来源多渠道，学科综合，一般都是管理能力与研究能力兼备的“两栖人才”，具有开放性、交流性、综合性的特点。智库要提升知名度与研究实力，扩大良性网络，提高影响政府与公众的能力，往往通过多种形式邀请或聘请知名的学者、政府与企业的高管以不同的方式加入智库，使智库人才更具开放性与灵活性。比较成功的智库在吸引人员方面，除了提供自由的研究空间、丰富的研究资源支持外，还提供了比较丰富的人才合作方式，他们对于与知名学术机构合作和建立完善内部人才培养体系也高度重视。

4. 专业化的管理

国外智库的人员一般都是管理能力与研究能力兼备的“两栖人才”。国外智库在用人上都享有完全或高度的自主权，它们特别注重科研人员与行政人员、高级研究人员与中低级研究人员的比例，并有一套行之有效的人员培训、交流与考核、晋升、淘汰机制。与研究匹配有一套完整的研究管理制度，对研究立项、中期、成果与研究质量进行严格的监督与管理。

5. 稳定和具有很高国际学术声誉的领导人

纵观全球智库排名的变化，与智库领导人的更替有直接影响。许多知名智库的领导人，如彼得森国际经济研究所创始人伯格斯坦，都是具有很高国际学术声誉的学者。由于研究的持续性，智库的领导人也需要稳定性。有些机构的领导人每2年换届，但是2年时间并不足以完成相应的研究工作。韩国发展研究院的前任领导人曾担任职务10年之久，正是在这样的前提下，该研究院才可能有今天的成绩。在去年一年中，兰德公司、彼得森国际经济研究所、伍德罗·威尔逊国际学者中心的领导进行了更换，而如传统基金会和布鲁金斯学会等重量级的智库也在进行着新领导的过渡更替。智库领导人创立和/或带领团队多年，他们的形象与智库品牌直接相关。具有高学术声誉的领导人对智库发展至关重要，他们的稳定性对组织的影响巨大。

6. 丰富而多元的资金来源

丰富而多元的资金来源是知名智库得以持续发展的必要条件。如果不能获得稳定而丰富的资金来源，一方面会影响吸引世界一流权威学者，另一方面，研究机构就会为了获得更多收入而去进行超出自己能力范围的研究，因而使得研究成果的水准难以获得保证。国际智库研究经费的来源主要有创始基金、政府拨款、企业组织捐助、会员会费、政府或企业的委托项目收入以及自我经营与出版的收入等。

7. 权威的公共影响力

智库的生命力和价值在于其影响力，而影响力的获得则主要是通过对其成果的传播和推广。在这方面，国外智库最为看重的就是通过多种渠道影响社会舆论，从而引导社会思潮，以此对公共决策施加影响。影响力是智库得以存在和发展的立身之本。智库本身就是以议政论政为己任的，而议政论政的最终结果就是要对公共决策产生影响。如果达不到这样一个目标，智库也就失去了其存在的价值。在美国，许多智库将其经费的相当大一部分用于宣传和推销自己的政策主张，而只将一部分经费用于研究工作，其用意也在于此。

三、对构建世界一流中国智库的启示

根据全球智库排名报告统计，中国智库虽然在数量上排名全球第二，但是创新能力与政策舆论影响力却与知名智库相差甚远。与全球知名智库的强大舆论影响力以及国际话语权相比，中国智库的舆论影响力还很弱小，国际话语权也相对缺失。构建世界一流中国智库，需要在市场环境、产品质量和市场营销三个层面上下工夫，提升责任意识、全球意识和品牌意识，进一步改进组织体制与工作机制，加强研究能力，向世界一流水平的智库看齐。

1. 从战略上重视智库建设，提供宽松的政治与社会环境

中国智库在国际话语权和影响力的缺失，已影响到中国在国际上的发展。目前，中国高层有建设高素质智库的决心，这无疑是中国智库队伍建设的重要政治保障。国家必须从战略上高度重视智库建设，并不断扩大研究视野。一流智库要具有全球眼光，着眼世界，影响世界，不但要展开对我国有影响或者有潜在影响的议题的研究，而且要研究未来可能会对世界格局产生影响的议题，为我国未来发展拓展国际空间，争夺国际规则的话语权和影响力。

政府应提供宽松的政治与社会环境促进一流智库的建设。首先，政治决策过程要进一步透明，建立民间政策咨询机制，为智库的生存发展创造更多的空间；其次，政府在法律、政策和资金上要对智库给予大力的扶持，鼓励基金会形式的发展，鼓励企业和个人对政策研究的捐助；再次，政府要通过各种方式和渠道培养社会公众的政治意识和参政能力，提高社会公众对智库的认识，并且要引导社会公众对智库所表达的不同观点的宽容度；最后，政府要

给媒体的政治信息传播更加宽松的空间，让各种智库的观点和言论可以充分表达。

2. 清晰“独立性”的定位，与政府应保持“若即若离”

国外智库之所以能拥有那么高的地位和发挥那么大的作用，最为关键的一点，是它们都具有非常高的独立性。但中国目前的各类智库大都属于官方和半官方性质，主要功能是作为政府政策的宣传者和诠释者，很难提出具有质疑精神的意见建议以及具有替代性的“储备性政策”，从而导致中国“智库不少，思想不多”的尴尬局面。

智库的功能应该相对独立。鉴于中国的现实国情，我们的智库短期内不可能做到西方智库那样的“独立”，因此这种“相对独立性”，也就是所谓的“若即若离”，即在充分掌握政府各方面信息的基础上，充分发挥智库专家学者的专业修养优势和理论创新优势，创造出足以破解各种现实难题的有效对策。

从定位而言，智库对政府的政策应进行前瞻建议、可行性分析以及执行评估，而不是解读。解读政策应该是政府的职能，智库的行为是站在第三方中立的角度，对政策进行分析，一流智库则应站在更高的角度，对于政府以及经济社会发展进行长期趋势的研究。如果智库属于政府机构或者拥有过多的政府机构职能，国际学术界有可能会对智库研究成果的认可程度下降。总而言之，智库的角色是为政府决策提供素材和建议，而不是替政府做出决策。

3. 对现有智库结构进行改制

由于历史与体制的原因，我国的智库大都归属不同的“系统”，各自实行垂直型管理，即使同一系统的智库，相互之间的横向联系与协调也相对较弱，甚至出现重复建设，导致工作效率低下，研究资源浪费，成果雷同。应整合资源，强调专业化差异化，提高智库的知识层次、工作效率及管理能力，构建可以互为补充的智库集群，提高中国智库的整体水平。

4. 健全机构的管理机制，促进科研成果的政策、社会营销多元化和专业化

中国智库要真正成长为具有国际影响力的大国智库，必须建立起一套有利于激发智库创新能力的机制，要形成思想的市场。我们必须清醒面对的一个事实是，所谓智库，它必须要以政策研究为己任，以影响政府决策和舆论为目的。也就是说，智库的核心竞争力是创新能力和舆论影响力。智库的创新能力来自于其完善、科学的运行机制，有了制度保障，才可能有一流的研究人员和宽松的研究环境，也才可能有思想的创新。而有了思想的创新，也才可能最终产生智库的影响力。

智库是否能产生高质量的政策建议、是否具有创新能力，很大程度上取决于其独立性、人才和运行机制。因此，中国智库需要进行机构改革，建立高效的运行机制，在内部机构设置上，要明确智库以管理部门为统筹，研究部门为核心，支持部门辅助，为政策研究创造良好的研究环境；为了保证研究的相对独立性，在资金来源上，除了政府资金外，要引进基金

会、企业和个人资金，并确保资金来源不影响研究过程和结果；在研究人员设置上，要改变原有的单一学术背景，大胆启用不同年龄、背景的综合型人才；在推广上，与传播规律进行有机结合，使研究成果的政策与社会营销更多元化专业化。

首先，需要以研究为导向加强内部科研管理的建设。一是按照研究需求界定组织内部的机构，理顺研究部门与支持部门的关系，按行政支持部门的职能和功能，加强行政支持部门对研究工作的支撑作用。二是加强研究立项的管理，重视前期调查和政策需求分析，发挥多领域专家咨询委员会在课题立项过程中的作用。三是重视研究方法的应用和改进，通过科学研究方法提供政策方案和建议。四是建设课题研究标准和评审制度，把好课题研究的质量关。

其次，围绕研究工作做好人才管理。一是重视研究人员学科多样性，注重专才和博才的搭配，尤其是加强有研究能力的行政人才的培育和引进机制。二是重视研究人员和辅助人员的搭配，发挥科研辅助人才，包括研究助理人员、技术辅助人员、新闻宣传人员等在课题研究过程中的作用。三是扩大研究人员的范围，除了公开招聘大学毕业生作为公务员外，也可通过客座教授、研究顾问、借调等方式引入部委、高校等高级研究人才，还可通过非正式聘用方式引入行政管理人员。四是建立科学的研究人员考核体系，研究人员的晋升、留任以其研究专长是否得以发挥作为准绳，对管理能力强的研究人员确定多种发展方向。

再次，围绕研究需求加强硬件设施建设和筹资机制。一是加强硬件设施的建设，尤其是研究信息系统和图书馆体系的建设。二是加强研究资料的收集和整理工作，将数据库进行对接，方便获取研究数据和资料。三是拓展经费来源，实现资金渠道多元化，如设立研究基金，接受社会捐赠等，为研究工作提供充分保障。

最后，围绕研究建设开放的合作交流机制与多元的推广营销。一是加强智库与政府各部门、企业、研究机构和高校的多方位合作，形成科研院所研究人员、政府官员、企业管理者的良好互动机制。二是加强与国外智库、研究机构、国际组织之间的合作研究，及时了解国外政策研究的动态，建立区域与全球的信息网络，为中央决策提供参考。三是加强智库运用各自媒体渠道资源进行推广的能力及完善品牌建设，提高智库的社会知名度、公信力和影响力。四是围绕智库核心资源配合论坛、国际研讨会及其它交流活动，建立一个贯穿国内外的交流互动机制。

5. 积极参与国际合作与竞争，在国际关系的舞台发挥重要作用

国际知名度是智库国际影响力最显性的特征，也是最核心的影响因素和组成条件，它包括智库在国际上的行业地位、业界和国际社会对其科研实力和行业地位的评价以及认可程度。从全球智库排名情况看，目前中国国内具有国际知名度的智库屈指可数，中国智库的国

际认可度并不高。虽然排名收录的中国智库有429家，但在前150排位中只有六家位列其中，这说明中国智库的总体质量在国际上并没有得到广泛的接受和认可。

智库越来越呈现全球化趋势。在当前情况下，中国智库可以通过一些突破口来提升国际知名度与影响力，走出国门，走向世界。一是通过开展国际交流提高国际影响力。二是注重研究国际性、全球性问题研究，随着亚洲和中国成为当前热点，中国智库可以选择一些重点领域先行突破。三是积极开展跨国合作与覆盖，有目标有选择性地和知名智库进行合作研究。四是组建全球或地区性智库网络。五是在“第二轨道”外交中发挥智库独特的作用。

四、结语

智库是一个国家思想创新的源泉，更是一个国家软实力和国际话语权的重要体现。而今，大国崛起，其智库的发展和舆论影响力不容滞后。中国智库要真正成长为具有国际影响力的大国智库，需要尽快提升自己的实力。

（本文为中国发展研究基金会研究报告，由中国发展研究基金会授权《中国智库》刊登，本刊略有删节）

对中国特色新型智库的思考

国务院发展研究中心"国外智库管理体系研究"课题组

新型智库体系的结构主要体现在智库体系的层次性上。在整个智库体系中，智库所提供的产品主要分为四个层次。在体系的最低层是基础研究层，在基础研究层之上是综合研究层，在综合研究层之上是对"五性"问题（全局性、综合性、战略性、长期性、前瞻性）提出"管用"方案的超前研究层，体系中最高层次是应急研究层。

这种结构反映了智库所提供的产品和最终决策需求之间的距离。第一层智库产品将基础研究结果转化为学术成果，构成决策咨询所需要的知识储备和智力基石。这种智库产品和决策者需求的距离最远，决策者难以直接利用为决策服务。第二层智库产品将各方面基础研究成果进行综合后得到研究成果，这种产品的生产过程类似于将各种信息原材料进行综合分析和提炼加工。由于决策越来越成为一种系统工程，研究分析各种因素之间如何相互作用对于智库研究人员是一项极富挑战的工作，也只有将这个工作做好才能够使基础研究成果和决策实际所需之间的距离拉近。第三层智库产品则直接为决策者解决问题提供服务，在综合研究的基础上，针对决策者所关心的全局性、综合性、战略性、长期性和前瞻性问题提出管用的解决方案。这就要求智库研究人员能够进行适度超前的研究，想领导之未想和领导之将想的问题，并在需要的时候拿出高质量的成果，这种智库产品和决策者的距离比较近。第四层智库产品满足决策者最迫切的需要。针对突然发生的重大事件，需要智库在很短的时间内提出一系列的应对措施和解决方法。这种应急研究对智库的要求最高，智库和智库研究人员如果没有前面三种产品作为支撑，应急研究也就难以提供高质量的支持。这种智库产品和决策者的距离最近，往往在决策者提出要求的时候就需要马上有所响应。

在智库体系的外围，应该思考政府和社会分别承担什么责任。政府需要考虑如何对整个行业进行组织、管理、评价和监督；社会则需要考虑为行业发展提供基础数据、宣传、人才服务，以及其他软硬件条件等。政府应先将智库作为智力密集型行业，思考与之相适应的组织形式和管理方式。创新性和创新精神对智库十分重要。探索中国新型智库体系的组织形式和管理方式本身就是一次解放思想、坚持改革的创新活动。通过有效的组织管理使智库的创新精神充分发挥出来，让各领域、各层次、各类型的智库力量汇集起来，这样才能为决策提供高质量的智力支持。

德国和英国智库某些组织管理方式对我们有很好的启发。

德国智库依靠行业协会发挥组织管理作用。一是德国咨询协会。该协会帮助会员单位改善智库的经济环境，定期出版刊物、资料，推介智库。同时，为会员单位提供咨询经验和信息方面的交流服务，培训智库研究人员，帮助会员单位协调各种社会关系，有时还帮助会员单位开发市场，寻找客户等。二是莱布尼茨协会。按照德国《基本法》中的相关规定，所有资金来源于国家的研究机构，必须受到组织的评估和监督，就必须加入到莱布尼茨协会。

英国智库组织形式的一个典型当属经济政策研究中心。该机构是一个研究网络，主要以学术研究为基础，当政策研究需要学术研究提供支持时，他们就体现出了自己的优势。该中心的研究网络包括各大学、各国政府和中央银行等，研究人员其实是这些地方的学者、研究人员和官员。由于研究人员完全不固定，因此研究成果极富活力和创造性。很多欧洲国家央行的负责人或主要研究人员都与该机构有关系。

在新型智库体系中，智库或智库研究人员寻找自身定位需要考虑以下三个方面的因素：

第一是考虑自身有哪些机会，面临哪些挑战。机会和挑战主要来自于智库或其研究人员与决策者的距离远近。对有些智库来说，智库或其研究人员和决策者关系密切，利用这种有利条件和机会，智库产品能够比其他智库更快、更有效地送达决策者手中；而对于没有这种有利条件和机会的智库，要将自己的研究成果送达决策者手中则面临很多挑战，并且具有很大的不确定性。正因为如此，对于没有条件和机会的智库则需要用其他方式来实现自己的目的，例如利用网络、利用媒体等。但需要考虑，如果采用方式不当，会给自己及机构带来不利影响。

第二是考虑自身有哪些优势和不足。各类智库应该根据自身优势和不足明确自身定位，找到发挥作用的合适方式，而不是盲目追求一个唯一的目标，只认定一种发挥作用的方式。在当前智库体系中，官方智库贴近决策层，有明显的政治和体制优势，人财物基础较好，但资源分散问题突出，缺乏统一协调。官方智库中，高等教育机构的智库更偏于基础研究，在综合研究方面也有有利条件。人大、政协的智库善于进行综合研究，针对重大问题有提出管用解决方法的实力。政府的智库不擅长基础研究，但最贴近实际工作，综合研究的能力较强，还需要提高应急研究的能力。党的智库最贴近决策者，这是其他类型智库不具备的优势，但在组织协调社会力量、开展国际合作交流等方面有局限性。

第三是考虑自己的主要专业领域。智库还应该根据不同研究领域来确定自身定位。决策者所遇到问题涉及领域十分广泛，包括外交、军事、能源、环境、科学技术、司法、教育、人口、医疗保健、儿童与青年、交通与基础设施、国家安全、公共安全、国际贫困与援助、反恐、宗教等多个方面。有些领域因获得信息的便利程度不同，官方智库具有天然优势；有些领域则没有进入障碍，任何研究机构和人员均可根据自己的兴趣进行选择，学校和民间智库参与研究的人员多，有些领域的研究比较深入，在这些领域比官方智库有优势。

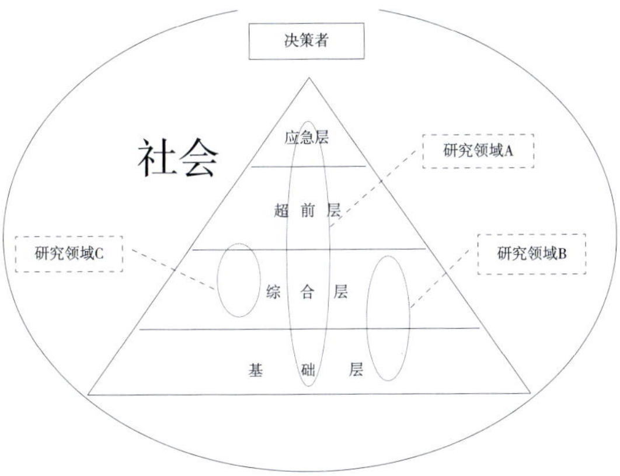

图1　新型智库体系结构图

最终，新型智库体系的结构呈现两个主要维度。横向维度是四个层次，即基础层、综合层、超前层、应急层。纵向维度是专业领域，一个专业领域有可能形成一个子体系，在这个专业领域中，分别存在四个层次的智库；另一种可能是，在某些专业领域，智库主要集中在四个层次中的某一个或几个层次中。在智库体系的外围是政府和社会，政府在外围的顶端，是智库最终服务对象，社会是智库的依托，为智库的建设和发展提供政府所不及的支持。新型智库体系的结构可用图1表示。

国务院发展研究中心
公共管理与人力资源研究所
“国外智库管理体系研究”课题组
负责人：王佩亨
执笔人：陈　波

从城镇化看基础设施投资重点

从理论上说，网络化城市群的发展模式，既能够实现大城市的规模效益，又可以避免单个城市盲目扩张带来的大城市病；既可以降低大城市生活成本，又可以避免小城镇缺乏就业机会的现象

巴曙松

国务院发展研究中心金融研究所研究员、博士生导师、中国银行业协会首席经济学家

围绕城镇化和基础设施投资这个线索，需要研究的问题包括至少三个层次：其一，是否还需要投资？其二，到底需要多少投资？其三，这些投资如何布局？研究表明：① 从人均资本存量和资本产出比衡量，2020年中国尚需要超过40万亿元的基础设施投资，中部六省投资空间更大。② 虽然基础设施仍然存在投资空间，但是也应该看到结构性不足和结构性过度目前已经出现并存格局，例如公路的相对过剩和铁路的相对不足。③ 下一阶段的基础设施投资重点，从趋势看，将是围绕城市群的互连互通、转移人口市民化引致的公共服务以及人口进一步集聚引致的能源、资源和供应链配置与建设需求。

一、是否需要以及需要多少投资

参考国际经验，关于城镇化中的基础设施投资，人均资本存量和资本产出比是两个最重要的衡量指标。以2005年不变价计算，中国现有基础设施资本存量达到25万亿元，国际排名仅次于美国和日本，居第3位。尽管存量总额处于较高水平，但是高总量背后却隐藏着极低的人均存量，其远远低于所有OECD国家。分区域来看，长、珠三角人均存量最高，中部地区远远落后，环渤海和西部资源带的存量相当，即便是长、珠三角地区，当前的存量也

仅仅和美国1972年、加拿大1979年以及日本的1976年水平相当，落后了40年。

从资本产出比来看，2011年中国的这一指标大约在0.8，高于世界平均水平0.55，目前看仍然处于上升阶段，这说明基础设施投资仍然存在合理的投资回报。分区域来看，长、珠三角地区似乎已经出现拐点，达到一个稳定的增长期，高峰在2009年，之后出现略微的下降，至2010年长、珠三角地区的资本产出比为0.55，是理论上公认的长期均衡比例。假使未来该区域延续趋缓趋稳的资本产出比，基本维持在0.5的水平，那么可以确定的是西部地区的基础设施建设当前确实存在某种程度的“超前”，未来一段时间，需要更大的经济发展规模来支撑现有的基础设施建设。西部地区现有的人均资本存量已经达到长、珠三角地区的85%，但是资本产出比是长、珠三角的2倍，显然西部的经济尚不能支撑如此高的比例。中部地区还需要较大的基础设施投资以带动经济的发展，数据上看，中部六省地区的资本产出比还处于周期性的上升期，同时地区的人均资本存量也非常低，仅为长、珠三角地区的60%。

总体上分析，中部六省、环渤海以及东部、西部的现有资本存量存在较大差异，从合理性的角度看，西部以及东部的投资增长率将会维持在一个较低水平，而中部六省将会保持一个较高的增长。虽然诸如西部大开发等战略可以缩小地区间的基础设施建设差异，但是大规模的政策干预未必能缩小经济发展的区域性差异。也就是说，仅仅靠基础设施投资来推动经济增长是不够的，而且过快的基础设施增长很可能会导致生产率的低下。

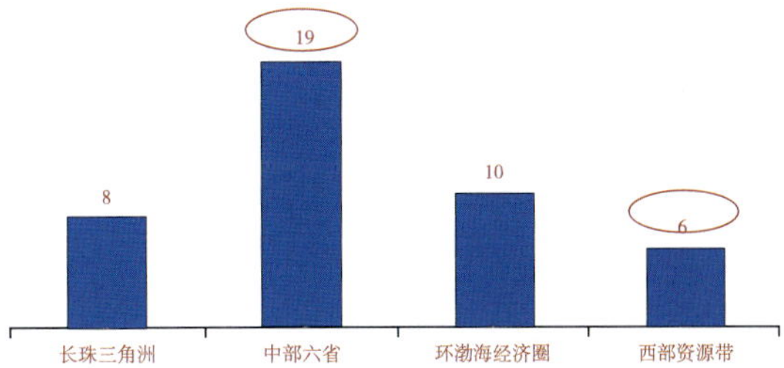

图1　至2020年各区域基建投资空间（万亿元）

如果采取联合国对人口增长率的预测以及对区域赋予梯度人均资本存量增速，同时将过去十年的平均增速作为一个参考标的，可以测算至2020年的各个区域基础设施投资需求，十年间将产生42万亿元的资金需求，同时看到中部地区的投资需求最大，达到19万亿元，其次是环渤海地区。

二、未来的投资如何布局

虽然中国的基础设施仍然存在投资空间，但是也应该看到结构性不足和结构性过度在当前并存的格局。例如，从国际比较来看，当前中国的公路建设是过剩的。从每公里道路上行驶的车辆数来看，我国为16辆/公里，远远低于德国和日本的72、63辆/公里，甚至低于一般的中等收入国家。与此同时，从路网密度来看，中国铁路建设相对滞后。2011年中国铁路营业里程达到9.3万公里，比上年增加2071.1公里，增长2.3%，里程长度居世界第二位。然而从路网密度的国际视野来看，不论是基于国土面积还是基于国家总人口，中国都是处于较低水平，每万平方公里上的铁路在2010年为69公里，是英国的1/20，印度的1/7；每万人拥有的铁路里程更是不到0.5公里，处于较低水平，体现我国铁路建设的滞后。因此，中国下一阶段的基础设施投资应该有所区分，并非所有行业、所有领域都需要投资。

（一）围绕城市群“连接性”的基础设施投资需求

在经过多年的大城市与中小城市发展的争论之后，中国基本已经确定以城市群、网络化城市为未来城镇化进一步推进的主体形态，即通过现代化的交通、通信体系，把一个区域内特大城市和中小城镇整合起来，形成城市网络，通过城市间基础设施一体化实现大中小城市的“同城化”。

从理论上说，网络化城市群的发展模式，既能够实现大城市的规模效益，又可以避免单个城市盲目扩张带来的大城市病；既可以降低大城市生活成本，又可以避免小城镇缺乏就业机会的现象。在这一模式下，大城市尤其是特大城市更多提供市场和就业机会，而中小城镇侧重为转移人口提供住房和教育、医疗等公共产品，这样的模式安排使市场行为主体、地方政府和中央政府都可以实现预期目标：个人收入增加、公共服务职能优化和国家发展战略顺利实施。

目前，在中国珠三角、长三角、京津唐地区，已经出现了这个发展趋势，在欧洲、日本则有先例，这可能是国家需要的、也是农村转移人口可以接受的城市化发展模式，需要通过基础设施投资积极加以引导。具体而言，城市群之间、城市群内部的交通网络布局都因城市群区域的发展程度而异。第一层次是城市群与城市群之间城际干线的建设，规划的重点建设在于国家的重点开发区，通过城际干线的建设，构建都市交通圈。第二层次是城市群内部的城市点的连接，首先是由中心城市到区域主要城市的城际快速通道的建设，这里依城市群区域的发展程度而异，对于发展较快的城市群区域，以轨道交通和高速公路为主，而对于尚处形成初期的城市群区域，以高等级公路为主。另外，在城市群内部的中小城市和城镇之间，主要以公路网络为主。

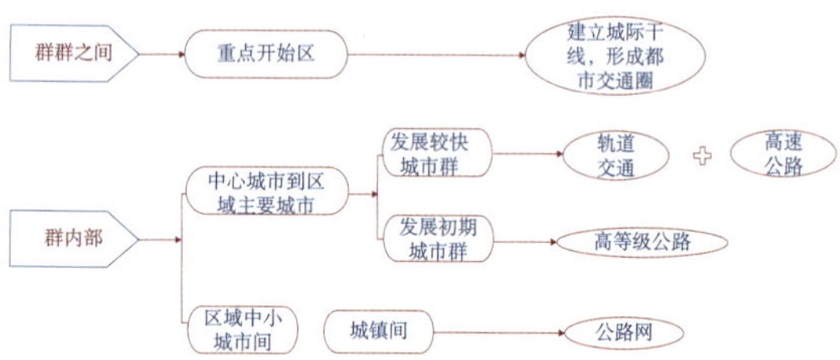

图2 城市群网络建设

资料来源：《全国主体功能区规划》，作者梳理。

（二）城镇化进程中的公共设施投资

随着基本的道路、桥梁等建设完善之后，政府的社会公共职能就愈显重要，城市公共交通、城市污水的处理、燃气管道的铺设、城市绿化、垃圾处理、公园的建设等公共设施投资续期加大。

第一，以地铁和快速公交为代表的城市交通体系建设，预计至2020年，城市内部的轨道交通至少有3万亿元的投资需求。花费较长的平均上班时间正是“以人为本”的城市化建设滞后的表现。2010年，英国的一家咨询公司对全球主要国家的工作人员上班时间做了一个调查，其中中国以42分钟居首位，高于主要的发达经济体，也高于印度等新兴经济体。就各个地区而言，北京以人均52分钟位列全国首位，广州、上海、深圳的人均上班时间也都超过45分钟，50个主要城市有1/4上班时间超过30分钟。研究表明，城市的拥堵正是城市的基础设施未跟上人的发展步伐所致。以北京为例，一个人口超过2000万的特大都市，运营的地铁总长度仅372公里，人均不到2厘米，天津、重庆相比则更是缺乏，这些离国际尚有较大差距，纽约市公共交通占总交通量的53%，市区铁路共27条，长443公里，所有车站通宵服务。

如果仅以轨道交通建设为例，可以大致测算出具体的资金需求空间。北京地铁1号线是中国第一条开工建设的地铁，至2011年底，已有10多个城市建成城市轨道交通，全部长度达到1700公里。截至目前，已有30多个城市的轨道交通项目通过发改委的审批，东北地区的沈阳、长春和哈尔滨也开始走上建设地铁的道路。根据各地公开资料统计，33个城市合计在“十二五”期间将新增轨道交通里程2467公里，2016~2020年间新增5538公里。如果以每公里5.5亿元的平均建设资本计算，那么到2020年将会有3万亿元的资金投入。

第二，城市供水供气、垃圾处理等生活服务体系的投资需求。从国家相关部门的估算看，黑龙江、内蒙古最基本的用水普及率有待提高；河南、甘肃、云南、贵州需要优先解决城市燃气的供气体系；全国的生活垃圾无害化处理都有待提高，特别是甘肃、黑龙江和吉林等省。具体而言：① 我国当前的城市居民用水普及率达到97%，其中北京、天津、河北以及上海已经达到了100%，但是黑龙江、内蒙古、贵州、四川以及西藏等地的用水普及率仍较低，尚不到92%。② 全国城市的用气普及率为92.4%，其中北京、天津达到了100%，但是贵州、云南、甘肃等地的用气普及率尚不足75%。③ 对于生活垃圾的无害化处理，全国都尚处于一个较低的水平，普及率仅79%，仅天津达到了100%的生活垃圾无害化处理，甘肃、黑龙江、吉林三省的无害化处理率未达到50%，宁夏、上海、湖北的无害化处理率也在70%以下。围绕城市居民的生活息息相关的投资是城市发展最基本的标杆。

（三）农民工市民化引致的公务服务均等化投资需求

存量农民工的市民化带来教育、医疗以及文化等领域的均等化投资需求。在评估城镇化带来的基建投资需求时，存量流动人口的市民化以及新增农村居民向城市居民的转移带来的各方面需求存在较大的差异。广义口径的城镇化率提高带动的是最基本的城市生活设施的建立，如供水、供气以及相关的交通、生活垃圾的处理等。另一方面，随着户籍制度的改革等，现居城市的无城市户籍的各行业从业者将主要带来城市教育、医疗、文化等的公共服务均等化的需求。

从目前的公共服务水平测算，对于现有流动人口，有至少1万所小学、400个剧场和50万张医院床位需要投资建设。户籍制度放开以后，现居城市的从业者后顾之忧减少，成为真正的“城里人”，其子女可以接受城市里的教育，他们也可以享受城市的医疗卫生。可以进行一个基本的测算：基于现有城市市辖区人口的人均拥有小学数、人均拥有剧场数以及人均医院床位数水平；假使各个省市的“人口十二五”规划计划吸纳落户的农民工数目（每年1837万人）全部达到现有的水平一共需要的投资；也假使全部的存量流动人口市民化之后带来的投资需求。以医院床位为例，现全部城市市辖区拥有228.1万张医院床位，每万人拥有59张，假使全部现有流动人口都在城里就医，那么就还需要92.7万张新床位。

以郑州为例，医疗的平等化带来的医院建设正在如火如荼地进行。据调查，2013年郑州市由于新农合覆盖面不断加大以及报销比例提高，越来越多的农村居民去城市就医，随着郑州市城镇化率的不断提升，对医院的建设需求不断增加。数据显示，2011年郑州市人口已达886万人，但是卫生机构的床位数为52754张，每万人不及60张，人均占有量相比深圳、上海、广州、苏州水平较低。当然，在全国的200多个地级市中，郑州的人均床位人均占有量排名尚处前60，可见在整个城镇化进程中，医疗保障建设市场空间广大。

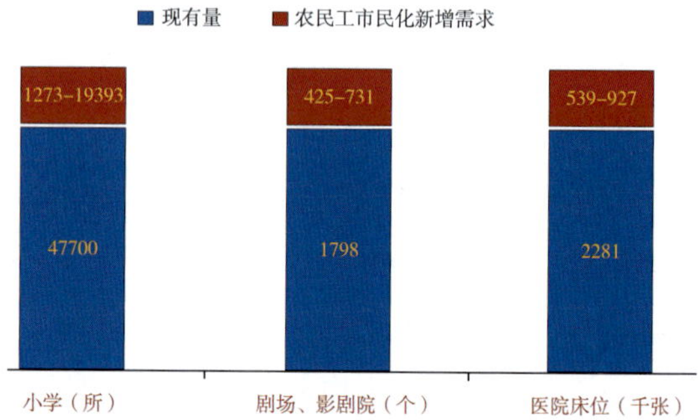

图3　存量流动人口市民化带来的需求

资料来源：《中国城市年鉴2011年》，作者测算。

（四）人口进一步集聚引致的能源、资源、供应链配置与建设需求

我国幅员辽阔，人口和资源分布很不平衡，在人口进一步集聚的趋势下，解决资源与人口不匹配的空间调度的支出就显得尤为重要。以天然气和特高压为例，可以观察其中的投资空间。

第一，预计至2020年供气系统有4.4万亿元的投资需求。我国四大产区的天然气产量占全国73%，但是分布不均。鄂尔多斯盆地、四川盆地、塔里木盆地和南海海域是我国四大天然气产区，合计探明剩余技术可采储量和产量分别约占全国的78%、73%，是今后增储上产的重要地区。针对以上的天然气自然禀赋与需求之间的空间分布不均衡问题，国家也出台了天然气的“十二五”规划。

对于城市的供气系统，国家出台了《天然气“十二五”规划》，明确提出“十二五”期间，新建天然气管道（含支线）4.4万公里，新增干线管输能力约1500亿立方米/年。大致测算，在“十二五”期间，主要规划建成主干管网，在下一个五年，将逐步完善支线的建设，所以假设“十三五”期间依旧保持建成4.4万公里的规模，同时以5000万元/公里的成本计算，那么到2020年将会有4.4万亿元的资金投入。

第二，特高压投资空间较大。根据我国目前的电压等级划分，在交流输电电压等级中110kV属于高压，220~750kV属于超高压，线路额定电压大于等于1000kV的输电线路称为特高压。较之于其他的输电设备，特高压具备点对点、超远距离、大容量送电能力，主要定位于超远距离、超大容量。

国家电网的工作规划提出，自2013年的8年间，将投资1.2万亿元，投产特高压线路9.4万公里，到2015年、2017年和2020年，分别建成“三纵两横”“三纵三横”和“五纵五横”特高压“三华”同步电网，同时到2020年建成27项特高压直流工程。从国家电网和南方电网的具体规划可以看出，在2013~2020年将会有17条特高压直流建设投运，其中计划在2015年投入运营的有1.9万公里，计划总投资达到2137亿元，在2016~2020年竣工投运特高压直流达1.2万公里，投资1352亿元。

坊市制与城市宪章——迥然不同的中西城市发展道路

中世纪的欧洲城市基本是经济发展的自然产物，这与中国占主导地位的作为行政控制中心的郡县制城市不同，也是东西方城市发展道路巨大差异之所在

包月阳
中国发展出版社社长

在福州市中心，有一片历史文化街区，叫“三坊七巷”。三坊七巷是南后街两旁十条坊巷的简称，街西三片称“坊”，自北而南依次为衣锦坊、文儒坊、光禄坊；街东七条称“巷”，依次为杨桥巷、郎官巷、安民巷、黄巷、塔巷、宫巷、吉庇巷。整个街区呈“非”字形布局。三坊七巷基本保留了唐宋的坊巷格局，堪称末期坊市制度的活化石。

“三坊七巷”初成于唐末王审知建罗城时。王审知（862～925年），字信通，光州固始（今属河南省）人。唐末与其兄王潮随王绪起兵，唐光启元年（885年）入闽，唐光化元年（898年）任福州威武军节度使，五代梁开平四年（910年）受封为闽王。901年，王审知扩建福州城，在子城（内城）之外建造罗城（外城）。政治中心与贵族居住区在城北，平民居住区及商业区在城南。三坊七巷位于当时的城南。城南中轴两边，分段围墙建成居民区，这些居民区成为坊、巷之始。

宋代，三坊七巷是福州城东、西两市中的“西市”所在地。据考古发掘，西市就位于文儒坊西段，为前店后坊格局。

王审知入闽时福建尚欠开发，人烟稀少。由于王审知来自中原，福州城最初的规划和建设带有浓厚的中原风格。其强调中轴对称的坊巷布局，其东西两市的设置，非常

类似当时的长安。此后千年，概因与中原相对疏离，这片较晚形成的坊市制街区得以比较完整地保存下来。

不过，三坊七巷保存的坊市制遗存已经是行将崩溃时的格局，其与早期坊市制的主要区别在于已经允许临街开市。

坊市制起于汉魏，盛行于隋唐，唐末宋初走向解体。

坊是居住区。自汉代以来，坊、里常可混称。《洛阳伽蓝记》卷5记载洛阳有11万户，“合有三百二十里”。这里的“里”就是坊。

市是商贸聚集之处。《说文》：“市，买卖之所也。”汉人应劭《风俗通》：“市亦谓之市井。”是说人们到市上出售鲜活物品，须于井上洗濯干净，然后再卖。

坊市制盛时，有着严格的规制。最大特点是空间和时间上的封闭性。其一，坊与市严格分开。汉代“长安立九市，其六市在道西，三市在道东”（《昭明文选》卷1）；唐代长安分为东西二市，市的规模比汉代大。其二，居民和商户不得向大街开门，只能在坊、市围墙内的小巷开门。汉魏时的万户侯、唐代的三品以上大员才有资格临大街开门。其三，坊、市之门，有严格的开闭时间，“禁止犯夜”。

唐代，州县及以上的城市才能设市，且名义上各县须满3000户才能设市。

由上可知，中国城市发展过程中，“市”曾经受到诸多人为的限制。这与郡县城市为主流的城市发展模式密切相关。

战国时期，中国曾出现一个城市发展的黄金时代，“千丈之城，万家之邑相望”。主要原因是当时各国为了争霸的需要，大都采行重商政策。秦实现中国的大一统之后，郡县制度建立，郡府州县治所，都是按行政编制、地理区划和人口分布情况统一布置和兴建的，郡县城市成为此后中国城市发展的主要线索。当然，也有一些城市是由于商业和交通的发展而形成的，但发展起来后，封建政府就不可避免地要干预和管理，使其纳入政治轨道。

高德步、王珏在《世界经济史》中对中国古代城市的特点作出了精当分析：① 由于其主要是由统治者建立的，一般都作为封建统治中心而存在，因此，商业发展一般比较慢，而政治统治严格。② 与此相关，中国城市没有形成独立的市民阶级。③ 没有独立的经济。城市的手工业基本都具有官工业性质，而商业一方面主要为满足统治阶级需要而设，市场狭窄；另一方面受到政府严格管制，不能独立发展。④ 没有独立的行会制度，行会是官府管理工商业的组织而不是自治组织。

这些特点，大致持续到清末。它与西方城市大异其趣，决定了千余年以来中国与西方迥然不同的城市发展道路，进而也带来经济、政治、社会、文化诸领域差异巨大的发展结果。

那么，西方的城市发展走过了什么样的轨迹？

欧洲城市的大规模发展始于公元1~3世纪的第一次城市化运动。罗马帝国时代，城市文明曾经达到很高水平，但罗马帝国后期，城市走向衰落。在日耳曼征服的几个世纪，城市遭到毁灭性破坏。“沦为农奴的罗马公民的后裔们，在壮丽的古代建筑废墟上播种粮食，放牧牲畜。”①

10~11世纪，欧洲出现第二次城市化运动或曰城市复兴运动。与通常人们印象中的“黑暗时期”不同，中世纪后半期，从11世纪到14世纪，是欧洲的城市化和文明化进程高歌猛进的时期。

在中世纪的欧洲城市，发生了一件影响深远的事情，这就是“城市宪章”的签署。

中世纪西欧的城市一般是建立在教俗封建主的土地上。领主管辖城市，征收各种税赋，委派代表行使统治权和审判权。领主的各项政策损害城市市民阶级的利益，阻碍了城市经济的发展。城市市民阶级与领主展开斗争，逐步争取到各种权利。随着自治权的逐步扩大，有的城市最终摆脱了领主的控制，成为自由城市。自由城市的表征是城市宪章。

城市宪章有时被称为特许状，是一种具有宪法性质的法律文献。它往往不是由城市立法机构自行规定的法律文件，而是由国王或大主教颁布，用以承认城市的自治权利，规定城市的基本制度和市民的基本权利。中世纪著名的城市宪章有1111年德皇亨利五世颁布的《斯拜尔特权宪章》、1135年马因斯大主教颁布的《马因斯宪章》、1215年英国的《自由大宪章》、1160年的《比萨城市法典》、1216年的《米兰城市法典》等。

① 高德步、王珏著：《世界经济史》，中国人民大学出版社2011年版。

城市宪章一般包括以下内容：

人身自由。城市商人到处经商，不属于任何领主，所以是自由人而不是农奴。

土地自由。尽管城市的土地在法律上是领主的财产，但城市居民以自由的条件领有土地，不负担沉重的劳役义务，没有人身依附关系，不受领主审判，一般只缴纳一定的货币地租。城市土地的使用者虽然名义上不是土地的主人，却拥有处分土地的自由。

司法权。大部分城市取得的特权证书中，都声明市民只能由城市的司法机关审判，这就意味着城市的司法独立，把市民从领主审判权下解放出来。城市的法官一般由选举产生，大部分由商人担任。

财政自由。城市与领主约定，城市每年向领主交一笔固定款项，以取代领主所拥有的对城市征收各种捐税的权力，这些税款主要包括市场税、法庭罚金、任意税以及地租等。

贸易自由。城市可以定期举行市场或集市贸易，市民免交市场税。

显然，城市宪章的核心在于自由：城市的自由和市民的自由。因此，德国谚语说：“城市的空气使人自由。”

城市宪章对于商人的规定意义深远。“从这里，有一个新生阶级通过获得庇护抵挡了盗贼袭扰和官府的横征暴敛，而在此永久地居住下来了……这个阶级就是商人。当商人成为城市自治机构的永久性成员后，一个新时代便开始了。”“虽然说任何一个中世纪城市都不曾充分实现过自由、平等、民主参与和自治管理，但中世纪城市对于这些事物的限度也许要大于以前任何时代。”①

为什么西欧出现了城市宪章而中国却没有？

首先，德国社会学家马克斯·韦伯认为，西方城市的居民基本上摆脱了家族统治的束缚，而这种以血缘为纽带的支配关系却是东方中古社会赖以存续的基础。欧洲中世纪各国通常都奉行严格的长子继承制，其他的子嗣只得离开父辈的产业另谋出路。中世纪城市中最早的一批居民便是这些只身闯天下的人。而在奉行“析产不分家”的中国和其他东方社会中，城市手工业者和商人受到他们所归属的宗族的束缚，难以形成一种独立的力量。

其次，欧洲中世纪并不存在像中国这样的中央集权国家，国王的权力十分有限，他们没有自己独立的财政资源和军队，完全依靠封建领主的供奉和效忠。这样，市民阶层便有可能与封建领主进行直接的斗争。在东方中世纪社会中，统治者对财政和军事拥有绝对的控制权，市民即使能够组织成武装力量，也无法与庞大的国家军队相抗衡。

再次，由于共同的利益和共同的宗教信仰，中世纪欧洲城市内部各阶层之间能够团结起来，组成维持内部秩序、抵抗外来侵犯的团体。而东方中世纪城市中的手工业者由于宗教信仰的分散化，难以实现政治上的联合（参见郑戈《马克斯·韦伯法律思想研究》）。

当然，中世纪的欧洲城市基本是经济发展的自然产物，这与中国占主导地位的作为行政控制中心的郡县制城市不同，也是东西方城市发展道路巨大差异之所在。

欧洲的城市发展也并非直线向前，中世纪的自由城市此后不久被巴洛克城市埋葬，城市宪章与现代城市管理体系之间也并非直接的继承关系。但城市宪章无疑是欧洲城市的一个重要基因。“古代城市积极的和消极的因素，两者都在某种程度上传递给后世的每一个城市。”②

韦伯指出，从事工商业的市民阶层是欧洲中世纪封建社会中出现的一种革命性力量，他们就是资产阶级的前身。由于这个阶层掌握了城市的管理权，使资本主义因素得以悄悄生长。大约在14世纪，意大利北部的城市里已经稀疏地出现资本主义生产的萌芽。

15世纪后半期起，德国的资本主义生产迅速发展。15世纪末、16世纪初，当地理大发现带来世界经济史上最大的一次商业冲击，当世界市场逐步形成，尼德兰、英国、法国等濒临大西洋的西欧诸国的资本主义生产发展进入快速通道。资本主义时代开始了。

此后，中国与西欧渐行渐远，其城市发展也日渐缺少活力。数百年之后，中国的城市化以及整体发展才遇到一个迎头赶上的机会。

①② 刘易斯·芒福德著，宋俊岭、倪文彦译：《城市发展史》，中国建筑出版社2005年版。

中美新博弈

G2一度被热议，但这个想法似乎是剃头挑子一头热，美国人热脸贴到了中国冷屁股上。中国不仅不接招G2，反而加强与金砖国家的合作深度。在美国人看来，中国不仅无意与美国共治，而且试图通过领导新兴经济体来挑战美国全球地位

刘 杉
《中华工商时报》副总编

中国和美国，两个经济联系密切却拥有不同价值观的国家，能否朝着建立新型大国关系的方向前进，时刻充满变数。

就在中美两国元首举行庄园会晤后，前美国中央情报局雇员斯诺登爆出了“棱镜门”事件，不仅让中美网络安全之争位势逆转，更因香港放行斯诺登而让中美关系出现挫折。突发事件必然扰乱中美交往轨道，两国关系长期趋势仍不明朗。无论何时都不要指望这两个大国能够重温上个世纪80年代的“蜜月”柔情，在实现价值观认同之前，中美关系注定是在互相警惕中摸索前行。

五年前，我读过一本哈佛大学教授弗格森的书《货币崛起》，该书讲述了金融对世界的影响。作者在书中提出了“中美国”概念，这个概念一度引发全球学术界和政界热烈关注，部分美国政界人士就此提出了中美共治G2话题。

尽管中国淡化对“中美共治”话题处理，但在国际财经外交圈对G2还是颇为赞同。我的一位经常参与G20事务的同学说，老外们经常笑言，所谓G20，其实就是G2加0。这虽是笑谈，但突显了中美两国在全球治理中的特殊作用。

不过，彼一时也，此一时也。

金融危机后建立的G20全球治理平台影响力正在减弱，全球治理改革也并未按照中国和

新兴经济体的愿望继续前行。相反，在美国主导下，全球治理框架正在重新架构。美国主导的TPP和TTIP谈判，就是美国重建全球治理格局的重要工具。

所谓TPP，就是“跨太平洋伙伴关系协议”，原本是新加坡、新西兰等亚太地区四个小国参与的多边贸易协定，奥巴马上台后，开始借用TPP平台，全方位主导并强力推行美国在亚太地区的投资与贸易议题。所谓TTIP就是“跨大西洋贸易和投资伙伴协定”，为美国与欧盟即将全面启动的贸易与投资协定谈判，一旦谈判完成，该协定将成为全球最大的双边贸易协定。

TPP谈判目前已经有12个国家参与，奥巴马政府于当地时间4月24日通知美国国会，表示有意接纳日本加入TPP谈判，美国会或在90日内批准，而美欧决定在7月8日开启首轮TTIP谈判。

无论TPP，还是TTIP，其市场开放水平和对成员经济体的约束力，都高于多边体制WTO。这两个谈判若完成，将建立一个以美国为轴心，横跨太平洋和大西洋的全球两大经济体，其经济总量将占全球GDP六成以上。虽然美国公开讲APEC成员都可以加入TPP谈判，但中国至今未被邀请加入谈判，因而中国在美国主导的全球治理格局重构中，处于被边缘化局面。

一旦这两个自由贸易区形成，不仅会降低多边体制WTO的重要性，也会因区域内的“贸易创造”和“贸易转移”，导致中国对亚太主要经济体和欧盟的出口竞争力降低。

尽管美国强调，建设两个自由贸易区的目的是重振美国制造业，但美国如此大动干戈地开展双线谈判，其目的显然不局限于经济复苏。除了制定更高标准贸易和投资规范外，更给美国带来长远战略利益。

G2一度被热议，但这个想法似乎是剃头挑子一头热，美国人热脸贴到了中国冷屁股上。中国不仅不接招G2，反而加强与金砖国家的合作深度。在美国人看来，中国不仅无意与美国共治，而且试图通过领导新兴经济体来挑战美国全球地位。美国主导TPP和TTIP谈判，就是要抑制中国影响力，此举被国际战略专家解读为ABC，即“中国除外”（Anyone But China），不带中国玩儿。

美国主导TPP和TTIP谈判战略目的突出，不仅要在全球经济合作和全球治理中主导进程，更要抑制中国崛起。

其一，削弱中国在东亚经济圈领头羊作用。无论是10+1，还是10+3，中国在东亚地区经济合作中一直处于战略主导地位。随着TPP对日本和韩国，乃至对东盟国家吸引力增强，东亚经济合作处于被动之中，日本和韩国一方面可以加入TPP，扩大贸易竞争力，另一方面可以利用TPP谈判来施压中国，这不仅损害中国在中日韩自贸区谈判中的利益，而且会削弱中国的地区影响力。

其二，降低中国战略红利。中国主导东亚地区合作，不仅经济上利益显著，而且取得战略收益。台湾地区一度有自己的国际合作战略，但随着中国东盟自贸区建立以及中日韩自贸区设想付诸谈判，台湾为避免边缘化，被迫加强和大陆的经济合作。两岸经济联系日益密切，降低了其作为美国棋子的价值。而美国启动TPP谈判后，将重新为台湾拓展战略空间，这增加了两岸发展的不确定性。

其三，美国欲确定老大地位，抑制中国全球发声。

鉴于TPP和TTIP囊括了全球主要发达经济体和众多新兴经济体，其经济总量和贸易总量也超过全球总量一半以上，这两个自贸区确定的贸易和投资标准，不仅影响这两个经济集团，而且提高其他非成员进入这两个市场的交易成本。这使得WTO多边机制价值下降，美国再度成为全球经济规则主导者。

虽然短期内这两个协定谈判对中国影响有限，但从战略看，中国必须加以重视，以应对美国发出的挑战。

从经济层面看，TPP协定将对中国经贸交流产生深远影响。TPP谈判几乎囊括了成员间所有商业关系，核心议题包括九方面：① 商品贸易免税，对1.1万种商品取消关税；② 开放服务贸易，采用“否定列表”，除非明确规定保留的项目，其他所有部门一律开放，包括未来出现的新部门；③ 取消农业保护性关税和补贴；④ 实行单一TPP原产地规则，对敏感行业实行保护性原产地规则，即生产全过程必须在TPP成员国内完成；⑤ 保护直接投资，允许外资企业以一国法律损害企业权益为由，援引国际法起诉该国政府，谋求国际仲裁；⑥ 强调竞争中立，要求在融资、监管和透明度等方面，确保没有给予国有企业不公平竞争优势；⑦ 保护知识产权，保持美国在优势领域竞争地位；⑧ 维护劳工权益，执行国际劳工组织五大基本原则，包括结社自由、集体谈判、禁止强制劳动、禁止就业歧视等；⑨ 加强环保，禁止通过降低环保标准来吸引投资。

这些协定内容对中国企业竞争力带来深远影响，特别是对国有企业保护的禁止和对劳工权益的维护，不仅会抑制中国产品竞争力，更要求中国改革内部经济制度和政治制度，以符合大多数经济体的价值观。

目前，国内学者对美国主导的贸易谈判认识不足，不仅对经济影响缺乏了解，更对美国的战略意图缺乏认知，因而中国如何应对TPP，乃至TTIP，急需拿出清晰和富有眼光的对策报告。

美国是一个善于建立和实现国家战略的国家，面对中国新领导集体提出的“中国梦”，其多次表示怀疑态度，更对中国不断崛起的经济和军事实力充满担忧。因此，美国一方面要发展与中国的国家关系，另一方面不可避免要构建抑制中国力量的国家战略。目前，美国开展的双线贸易谈判，就是抑制中国的全球话语权力和未来战略空间。

中国国家主席习近平多次强调，宽广的太平洋有足够空间容纳中美两个大国。但美国不仅在太平洋容不下中国，更在大西洋构筑防御阵地。中美博弈，已经是一个全方位的较量格局。

在美国没有邀请中国参加TPP谈判之前，中国似乎处于被动局面，但中国应该主动出手迎接挑战。一方面中国应加快东亚地区合作步伐，另一方面中国也应探索与欧盟建立自由贸易区的可能性。更为重要的是，中国应做好参与TPP谈判的准备。虽然美国没有邀请中国参加谈判，但美国表示TPP是开放的，不管中美在贸易博弈中结果如何，中国都应利用外部压力推动内部改革，特别是国企改革。目前，国企地位不清，其利用垄断地位获取了大部分经济资源，不仅降低了资源配置效率，更阻碍了民营经济健康发展，但由于利益坚固，推动其改革并不容易，借用外部压力倒逼内部改革，不失为务实之举。

中美贸易的新博弈，预示着中美建立大国关系的过程注定是复杂而曲折的，充满未知。

"用工荒"和大学生就业难将长期并存

近年的情况表明，劳动力短缺并非"局部性、暂时性、结构性"问题，而是愈演愈烈、全线告急，珠三角告急，长三角告急，甚至江西、四川、湖南这些以往的劳动力输出大省也告急

易富贤
美国威斯康星大学妇产科系scientist，《大国空巢》作者

一、年轻劳动力减少导致"用工荒"

人们从来就没有想到，作为第一人口大国的中国会出现劳动力短缺的问题。2003年之前，计生委、人口学家、经济学家都在强调劳动力过剩，并以此强调计划生育的必要性，媒体也都在炒作"民工潮"。

然而从2003年开始，中国沿海开始出现"用工荒"。笔者在2004年就认为"用工荒"是由于计划生育导致年轻劳动力数量的减少。但当时蔡昉等主流人口学家却认为这是和经济形势相关的局部的、暂时性的劳动力短缺，不足为虑（2007年后才改口承认是劳动力总供给相对不足导致民工荒）。2006年公布的《国家人口发展战略报告》也认为中国劳动力短缺只是结构性短缺，中国劳动年龄人口规模庞大，2016年将达到高峰10.1亿人，比发达国家劳动年龄人口的总和还要多，在相当长的时期内，中国不会缺少劳动力，必须坚持计划生育不动摇。

然而近年的情况表明，劳动力短缺并非"局部性、暂时性、结构性"问题，而是愈演愈烈、全线告急，珠三角告急，长三角告急，甚至江西、四川、湖南这些以往的劳动力输出大省也告急。

其实，从人口学角度是能够解释民工荒的。中国20~39岁黄金年龄劳动力在2002年达

到4.6亿顶峰后，从2003年开始负增长，几乎同时出现民工荒。2008年的国际金融危机（从中国进口减少）暂时掩盖了中国的劳动力短缺问题，2010年中国经济增速回升后用工荒更加凸显。2012年20~39岁人口只比2002年下降了5%，对经济的影响已经如此之大；而到2032年，该年龄组人口只有3亿（比2002年减少1/3），对经济的影响可想而知。

二、“用工荒”与“就业难”将长期并存

“人口多导致就业压力”自始至终都是中国实行计划生育的重要理由，这其实与亚里士多德的“落体速度与其重量成正比”一样荒谬。伽利略用两个铁球同时落地的实验推翻了亚里士多德的理论，但是中国不少人口学家和经济学家至今理解不了“两个铁球”的原理。

巴西面积相当于美国的91%，人口只相当于美国的63%，但是巴西的失业率略高于美国。阿根廷面积是印度的84%，人口只有印度的3.5%，但阿根廷失业率也比印度还高。

工业革命以来，失业问题一直存在。随着农业生产率的提高，农业所需劳动力不断减少；大量“失业”的农民进入工厂，生产服装、电视、洗衣机、玩具等，人们的生活水平不断提高。但是工业生产的效率也不断提高，机器逐步代替人力；“失业”的工人涌向第三产业，人们享受的服务越来越好。现在发达国家只需要不到30%的劳动力就能满足全社会的工农业需求，如果没有第三产业，70%以上的人就得失业。但是如果人口减少一半，消费市场也减少一半，仍然有70%以上的人找不到工作 。

社会作为整体，人口决定需求，需求决定消费，消费决定生产，有生产才能提供就业。一个正常的社会大概是2个消费人口提供1个就业机会。美国3.1亿人口能提供1.6亿就业机会；日本1.27亿人口能提供0.66亿就业机会；巴西2亿人口能提供1亿就业机会。中国内需市场只能提供6亿多就业机会，而实际劳动力却有8亿，这是因为计划生育既减少了年幼消费人口，又使得妇女劳动参与率高达67.4%（世界平均只有48%，发达国家也只有50%左右），导致“额外过剩”约1.4亿劳动力。

如果1980年就停止计划生育，那么现在总人口是14亿多；由于妇女需要照看孩子，劳动参与率降低，总劳动力反而只有7亿多。那么中国劳动力与总人口的比例也在50%左右，就业压力大为降低。

也就是说，中国内需不足不仅仅是因为人均消费能力不足，更是由于消费者数量的不足。为了保证国内的就业，中国必须发展外向型经济，就业高度依赖于国际市场。

而印度由于人口结构比较合理，内需市场能够满足就业需求，经济增长更主要依赖内需。

中国目前的失业问题之所以还不严重，是因为国际社会给中国提供了大量的就业机会。但这种外向型经济模式即将走到尽头。

第一，中国年轻劳动力正在快速减少，大量的企业将转移到印度、菲律宾、拉美等年轻劳动力丰富的地区，给中国提供的就业机会也会减少。

第二，发达国家由于老年化，购买力下降，导致国际市场萎缩。根据世界银行《世界发展指标2012》的数据，高收入国家占全球进口商品的比重从1999年的81.5%下降到2011年的67.7%。

第三，发达国家将保护本国制造业。比如美国近年就出台了一系列政策，旨在帮助制造业复苏，增加就业。

因此，今后中国“用工荒”（年轻劳动力）与“就业难”（总劳动力）将长期并存。“保增长”是曾经的经济目标，“保就业”将是中国今后长期的政治任务。

有人说中国民工荒只是春节后才有，说明其只是季节性的。其实不然，紧接着春节后民工荒的，是大量企业破产或转移，这意味着就业机会在逐年萎缩。

有人认为，产业升级可以减少对劳动力的需求，解决劳动力短缺的问题。其实劳动力短缺并不意味着充分就业，相反，失业率会更高。年轻人能胜任的工作，老年人并不一定能胜任，这是一个结构性失衡的问题。由于需求和消费信心不一样，年轻消费者比老年消费者创造的工作机会要多得多，年轻消费者促使产业升级，而老年消费者却使得产业停滞。欧洲各国的经验表明，老龄化不但导致劳动力短缺，也增加就业压力。日本劳动力短缺后，失业率反而从1980~1989年的2.5%升高到2000~2009年的4.65%。

三、高等教育超前和城市化滞后导致大学生就业难

大学生不是回农村当农民，不是当普通工人，而主要是在城市从事第三产业，少部分当技术工人。如果城市化进程跟不上大学扩招的进程，必然导致大学生就业难。

1999年中国高等教育毛入学率只有6.7%，不但低于同等发展水平的其他国家，甚至低于比中国落后十多年的印度。

1999年之后的大学扩招是必要的。但是中国大学扩招的速度远远超前于经济增长和城市化进程，也比发达国家当年要快。中国大学招生从1999年的108万增加到2012年的689万。高等教育毛入学率从1999年的6.7%提升到2013年的30%，只花了14年时间。日本高等教育毛入学率从1955年的10%提高到1978年的30%，用了23年时间。英国高等教育毛入学率从1971年的14.5%提高到1991年的30%，用了20年时间。法国高等教育毛入学率从1971年的18.6%提高到1987年的30%，用了16年时间。

而计划生育却导致中国城市化滞后于经济发展。如果工资合理，那么一个劳动力的收入就完全能够让全家进城生活。由于消费在城市，又增加城市的服务业就业机会，第三产业从业人员比例不断增加，城市化水平将不断

提高。企业也有产业升级的动力。中国由于计划生育导致劳动力“额外过剩”，长期处于低工资状态（最近几年在劳动力短缺的倒逼下才涨工资），消费者数量和人均消费能力双重降低，企业也没有及时进行产业升级（自主创新落后，对大学生需求不足），使得中国工业化不能转变为城市化。农民工无法承担全家人进城的开销，出现了中国独特的“留守儿童”“留守妇女”现象。生产与消费异地，导致城市消费不足，城市化滞后，第三产业迟迟发展不起来。以可比的1990年国际元为标准，2013年中国人均GDP为10000国际元，相当于英国1967年、法国1968年、日本1971年、韩国1993年的水平，当年这些地区的城市化率分别为77.5%、69.5%、72.6%、76.5%。而中国2013年城市化只有53%。可见，中国的城市化是滞后的。

而2013年中国高等教育毛入学率却高达30%，相当于法国1987年、英国1991年、日本1978年的水平。当时，这些国家的城市化率分别为73.8%、78.2%、76.0%，劳动力中从事第一产业（农业）的比例分别为6.6%、2.2%、11%，从事第二产业（工业）的比例分别为30.4%、31.1%、35%，从事第三产业（服务业）的比例分别为63.1%、65.6%、54%。中国2013年劳动力中从事第一、第二、第三产业的比例分别为34%、30%、36%。第三产业发展滞后，根本不可能容纳如此高比例的大学生就业，导致大学生就业难。中国的高校毕业生已经从2001年的103.6万增加到624.7万，今后几年还将继续增加。累计不能就业的大学毕业生数量不断增加，将成为一个严重的社会问题。

四、劳动力短缺、大学扩招导致中国制造业衰退

劳动力短缺加上高等教育大跃进，将降低制造业的竞争力。高等教育入学率提高，也意

味着企业所需的技术工人、普通工人将补充不足（毕竟完整的产业链需要各层次的劳动力，某些员工由企业培训比由大学培训更好）。

日本就是前车之鉴，1980~1994年日本劳动力中从事工业的比例稳定在34%、35%。但是1995年后15~64岁劳动力开始负增长后，一方面由于年轻劳动力绝对数量的下降，一方面由于高等教育毛入学率从1994年的38.7%上升到2010年的59.7%，导致制造业所需的年轻劳动力补充不足，日本劳动力中从事工业的比例从1994年的34%下降到2010年的25%，同期从事工业的劳动力数量从2200多万下降到1600多万（并且年龄结构老化），出口占全球比例从1994年9.2%下降到2011年的4.5%，进入全球500强的企业从1994年149家下降到2012年的68家。

欧盟在1999年前，30%以上的劳动力从事工业，出口占全球比例一直在40%以上。但是从事工业的劳动力比例从1998年的30.3%下降到2011年的24.1%后，出口占全球比例也从1998年的42.9%下降到2011年的33.1%。

韩国是另一个例子。韩国的高等教育也是大跃进，高等教育毛入学率从1971年的7.25%提高到1990年的36.8%、2000年的78.8%、2010年的103%（世界第一）。由于制造业补员不足，韩国从事工业的劳动力比例从1991年的36%下降到2000年的28.1%、2010年的17%（低于日本和欧盟）。这意味着韩国制造业可能即将衰退，出口占全球比例可能即将下降，并且下降幅度可能将比日本1995年之后要大。

韩国高等教育的大跃进也导致了生育率的快速下降（从1980年的2.8下降到2010年的1.2）：增加了家长的养育成本，提高了年轻人的就业压力（从而降低生育愿意），挤压了生育时间，改变了生育观念，抬高了婚育门槛。由于韩国2000年以后的生育率比日本还要低，今后劳动力下降速度将快于日本，今后经济衰退速度将超过日本。

中国20~39岁年轻劳动力在2003年开始负增长，15~64岁总劳动年龄人口在2014年开始负增长。2012年中国高校招生689万，已经相当于该年18岁人口的36.7%了。而18岁的人口却从2006年开始负增长，从2005年的2577万减少到2012年的1878万、2028年的1367万（比2005年下降差不多一半）。高考报名人数在2008年后负增长。如果继续保持2012年的招生规模，那么2028年招生人数将相当于18岁人口的50.4%。这意味着今后大量高校将破产，也意味着中国制造业将衰落。

今后中国高校生源短缺，在家长（独生子女身上寄托了家长所有希望）和高校强大的推动力下，高等教育毛入学率将步韩国的老路而继续飙升，并将导致“人口制造业”和“物质制造业”双重下降。

普通工人的补员不足和结构老化（40岁以下的农民工占比已从2008年的70%下降至2012年的59.3%），将导致中国制造业萎缩，也会阻碍第三产业的发展，并将进一步加剧“大学生就业难”。中国将出现“用工荒”和“大学生就业难”长期并存的局面。

日本没有“郭美美”

桥本隆则

本文首发于搜狐评论专栏，作者为在日华人，通晓日本政治、风俗

日本是一个多灾多难的国家，有了灾难肯定有慈善事业，有了慈善事业就有捐款。那么，日本是怎么捐款的？捐款怎么管理？日本有没有红十字会？怎么保证捐款专用？有没有挪用捐款的情况？

地震后，日本的路上一般会有很多捐款箱，特别是在大城市的繁华街头，打着各种旗号的募捐队伍时常可见。就拿前几天来说，东京街头就有一群学生排着队向行人齐呼：“我们是东北地区出身的学生，希望大家为东北大地震捐出一份爱心。”路过的白领与家庭主妇们一般都会停下来，投钱进募捐箱。我稍稍看了一下透明的募捐箱，里面最多的是1000日元和2000日元的票子。

2011年东日本大地震时，日本到处都在呼吁为灾民募捐，按照现在的捐款趋势，这次大地震的国内捐款将是日本有史以来最高金额的捐款。如此巨额的个人捐款，是如何管理的呢？

据我所知，日本的捐款大多是善意捐款，可也有人趁火打劫。最近日本警方就接到了很多关于捐款被骗的报案，最多的时候一天要接受10多件报案。有些谎言很明显，但善良的人也会上当。比如说，为了给灾区捐献注射用的针头，要收集金或者塑料材料，一个老妇人就被骗掉了手上的两个大金戒指。

日本对于街头募捐几乎没有任何限制，事前不需要向有关部门请示获得许可，捐完款以后也不需要有账单签名。有些团体会公布收到捐款情况，但是大多数的团体几乎没有公布捐款内容，换句话讲，要想搞点小动作不是没有可能。7年前有一个民间志愿组织雇佣临时工，3个月时间在街头募捐到了近3000万日元（约合250万元人民币），最后被证实是一桩骗局。

有些人的捐款是冲着名人的呼吁而去，比如日本著名歌手GACKT设立了SHOW YOUR HEART基金专门为灾区捐款，但这个基金的账户却是一般的企业账户，有公私不分的嫌疑。实际上，在上次的新潟大地震时，GACKT参加了义演，并且为地震举行义卖获得了7000万日元（约合560万元人民币），不过他实际捐赠给灾区的只有200万日元左右。

就算是正规的政府机构所主持的捐款，也会发生这样或那样的事情。例如日本全国为了响应南相马市市长的呼吁，募集了大量的碗面送到灾区，南相马市的职员们讲“这是给灾民的物资，我们不能乱动”，实际上很多人整箱搬回了自己家。

就像中国国内一样，很多名人以及大企业捐款会成为话题。包括《朝日新闻》在内的各大新闻媒体都设立了募捐窗口，接受来自社会各界的地震捐款，捐款数目基本上都会刊登在各自的版面上。除了之前讲的“骗捐”行为，日本的捐款大约有三个去向：第一个去向是日本红十字协会向受害者分配现金；第二个是向在当地进行地震救灾的团体捐款，作为物资以及活动经费使用；第三个则是直接捐给受灾当地政府，作为灾后重建资金。

日本红十字协会是日本战后根据日本红十字社法成立的一个特殊法人组织，同时它也是一个由个人参加者组合的社团法人，在日本各地都有相应的分支机构统管日本各项公益事业，如医院、诊疗所以及献血中心等。日本红十字会接受包括网上捐款、信用卡捐款以及海外捐款。

日本红会几乎是各种捐款的捐赠接收方，对于大宗捐款，有几种处理以及监督办法。当国内发生灾害时，在受灾所在地设置募捐接受委员会，专门处理来自海内外的各种捐款，专款专用，这个委员会由政府部门、专门的监察方人员以及大量义工组成，期间所有捐款做到专款专用，公布明细以及监察委员会的报告，接受民众的公开监督。此外，日本红会总部会派出特别会计巡查进行抽检，而所有部门每年还要年检，这个年检的执行者都是具有日本最高职称的公认会计师来完成，甚至有些支部的监察委员就是外部聘请的会计师。

有鉴于此，日本红会的信赖度很高，每次天灾人祸之后都会收到整个捐款额一半的捐款。日本东部大地震后红会每天大约会收到10亿日元的捐款，一年下来捐款总额超过3600亿日元。当然，这些捐款真要到灾民手中，还要花很长一段时间。

在写这篇文章时，日本千叶县富津支部（相当于中国的一个县级单位）职员采用做假账的手段贪污善款被揭发，东京的日本红会本部派来专门的审计，对这个支部的账目进行审查，并向警方报案，要求以业务占有罪逮捕当事人。不过，这件事并没有动摇民众对日本红会的信任，因为红会与一般的私人基金不同，募捐款的使用不是由日本红会来决定的，而是由第三方的“义援金分配委员会”决定，如此一来，就可以防止监守自盗，以及资金的不正当流向。

日本有规定，不管个人或者组织，如果向红会捐款可以抵税。除了红会，日本还有中央共同基金、NHK厚生文化事业团等组织，这些组织对于募集的捐款管理都大同小异，主要是设立“义援金分配委员会”来分配捐款。在东日本大地震时，“义援金分配委员会”根据每个受灾者的情况分配捐款，被灾区民众认为是一个公平合理的办法。

需要注意的是，这个义援金（捐款）只能用于受灾民众，不能另外挪作他用（换作物资），更不能作为活动经费。有了这条，大家就可以明白，日本红会没有“郭美美”的生存空间，因为没有经费，“郭美美”们也就不会趋之若鹜了。

总体来讲，日本对于灾区捐款的管理非常严格，尽管也有少数人费心思趁火打劫，但大多数善款还是到了该到的地方，这样的专款专用，使得善心有了用武之地，慈善之水由此也源源不断了。

《中国智库》征稿启事

为让决策者更多了解民间声音，让决策过程为更多民众认可，在政府与理论界和民众之间搭建桥梁，中国发展出版社特策划推出具有杂志特点和思想库色彩的智库论丛——《中国智库》。

《中国智库》每两月出版一期，以主题文章与栏目相结合的形式，主要就理论、对策和战略问题进行探讨。刊物以经济和社会改革与发展问题为主体，兼顾文化、国家战略等领域。在传达学术观点和政策建议的同时，提供对现实问题的思考与批判。学术文章加评论与深度调查，构成理论与热点的结合，既体现智库文章的深度，也体现刊物的社会参与意识。

《中国智库》由来自国务院发展研究中心和其他研究机构、高校的知名专家学者们组成编委会。编委会将本着严肃、认真、公平、公正的原则对刊物内容进行编审，以保证刊物内容具有较高水准和全局性、战略性、权威性、前瞻性的视野。

《中国智库》的基本架构为：以主题文章为重点，以战略研究做主线，结合栏目化，形成特定读者与固定读者相结合的受众群体。

具体栏目设置：

1. 封面文章：以重大课题研究报告为主，配以相关文章，将重要观点表达透彻。

2. 战略：涉及国家发展战略的理论与建议。

3. 宏观：中长期视角的宏观经济观察与政策建议。

4. 世界与中国：世界经济与国别经济及其与中国的关系。

5. 制度与市场：制度建设与变革，政府与市场。

6. 中国评论：对中国热点问题进行评论，以进行批判性思索。

7. 事件：将热点新闻事件的背景、发生过程和结局进行全景式梳理和探索，向读者展示新闻事件背后的故事和对社会生活的深刻影响。

8. 公共政策：公共产品的制度安排与政策，如医疗、教育、人口、住房等理论探讨与政策建议。

9. 文化与社会：文化发展战略及其与经济社会发展的关系。

10. 前沿：标志性的科技与产业发展动态。

11. 全球智库：全球智库动向及著名智库运作介绍。

12. 理论经典：前沿理论简介，普及、传播和批判。

投稿要求：

1. 投稿形式：请以电子版形式投稿（cheerfulreading@sina.com）。

2. 稿件文字：封面主题2万～3万字，其他文章5000～15000字，评论专栏文章2000～3000字（以word字数为准）。

3. 稿件格式：参照学术论文标准格式，图表内容请规范化，引文请注明出处。

4. 稿酬：原创作品每千字200～400元（汉字，人民币）。每期《中国智库》出版后即付当期稿酬。

我们真诚欢迎上述相关领域的专家学者们踊跃投稿，对于您的鼎力支持，我们深表感谢，让我们共同打造国内一流刊物！

中国发展出版社《中国智库》编辑部